编委会

主任

程艳霞

编委（以姓氏笔画为序）

王 敏　刘 沛　杜伦芳　余世浩
程弘夏　潘梽橼

华夏高等教育论坛

（第1辑·第1卷 总第1卷）

主编 程艳霞

华中科技大学出版社
http://press.hust.edu.cn
中国·武汉

内 容 提 要

本书坚持以马列主义、毛泽东思想、邓小平理论、"三个代表"重要思想、科学发展观和习近平新时代中国特色社会主义思想为指导，紧密围绕中国教育事业建设的人才培养大局，以全面客观地展现高等教育发展领域的最新研究成果为办刊宗旨，集学术性、思想性、政策性、交流性为一体，以前沿学术论坛、教育教学研究、人才培养探索等栏目，研究如何培养高质量人才，为中国特色社会主义教育事业发展服务。

图书在版编目（CIP）数据

华夏高等教育论坛. 第1辑. 第1卷：总第1卷 / 程艳霞主编. -- 武汉：华中科技大学出版社，2024. 6.--ISBN 978-7-5772-0823-7

Ⅰ. G649.2

中国国家版本馆 CIP 数据核字第 2024WQ9708 号

华夏高等教育论坛（第1辑·第1卷 总第1卷）   程艳霞   主编

Huaxia Gaodeng Jiaoyu Luntan（Di 1 Ji · Di 1 Juan Zong Di 1 Juan）

责任编辑：苏克超	
封面设计：原色设计	
责任校对：张汇娟	
责任监印：周治超	
出版发行：华中科技大学出版社（中国·武汉）	电话：(027) 81321913
武汉市东湖新技术开发区华工科技园	邮编：430223
录　　排：华中科技大学出版社美编室	
印　　刷：武汉开心印印刷有限公司	
开　　本：787mm×1092mm　1/16	
印　　张：15.25　　插页：2	
字　　数：384 千字	
版　　次：2024 年 6 月第 1 版第 1 次印刷	
定　　价：98.00 元	

本书若有印装质量问题，请向出版社营销中心调换
全国免费服务热线：400-6679-118　竭诚为您服务
版权所有　侵权必究

目录

加强政治生态治理的理论逻辑研究_杜伦芳　罗琦为　2

以发展学科核心素养为导向的形成性评价研究——基于大学英语教学
　　实践_杨　帆　10

城市群与产业集群耦合协调发展的实证研究——以武汉城市圈
　　为例_伍　娜　21

名臣健康公司跨界并购对短期财务绩效的影响研究_黄　甜　姚宇轩　32

基于全域土地综合整治的实用性村庄规划编制路径研究_张力文
　　张城芳　姚　瑶　47

基于大数据的武汉市街区活力研究_杨　喧　熊　峰　王振伟　60

基于微服务框架的智慧水务综合信息管理系统_罗　瑜　钱小红
　　李永成　66

一种基于智能网联汽车的智慧城市交通规划方法_杜　琳　徐　勇　83

循环经济下绿色快递包装盒的研究与设计_熊　映　李　茂　朱希夫　90

教育教学研究 Chapter 2

应用型高校通识教育实施效果研究——以武汉华夏理工学院
    为例_李　琼　王耀曲　98
论中华优秀传统文化与高校思政课教学的有机融合_王星玥　112
大中小学思政课一体化视域下高校思政教育的挑战与创新_罗琦为　119
课程思政建设的"痛点"分析和对策研究_王　东　127
智慧学习环境中外语教师创新教学策略探究_江　倩　135
基于数据驱动教学的教学质量保障机制研究_王绪梅　夏　婷　梁梦凡　145
产教融合背景下汽车类专业实践教学改革探究_宰文洁　155
以成果输出为导向的课程教学改革研究与实践_朱凤霞　162
专业认证下的单片机课程教学改革研究与
    实践_黄　英　叶仁虎　王　睿　168
应用型高校软件工程专业课程体系改革与
    实践_苏永红　杜　琳　钱小红　176
基于"五星-问题链教学法"的混合式课堂教学改革
    ——以"计算机组成原理"课堂教学为例_李小艳　陈　利　184
民办高校科研经费的财务管理问题及对策_陈志忠　彭贝贝　191

人才培养探索 Chapter 3

基于学生"五会"能力培养的大学英语通识教育改革
    ——以武汉华夏理工学院为例_曹勇波　杨　帆　200
新工科背景下大数据专业人才培养模式研究与
    实践_谢　逸　夏　婷　梁梦凡　210
"1+X"培养的网络实践教学平台特色研究_田夏利　熊　莹　219
智慧学习环境中外语学习者体验度的影响因素
    研究_陈丹丹　刘　沛　227
新时代高校"以体育人"的价值意蕴与实施进路研究_吴　飞　234

Chapter 1

前沿学术论坛

加强政治生态治理的理论逻辑研究

● 杜伦芳 罗琦为

（武汉华夏理工学院 马克思主义学院，湖北 武汉 430223）

摘　要

　　本文从本体论、方法论、认识论、价值论四个维度阐明加强政治生态治理的理论逻辑，有助于进一步加强党的领导，发挥党在国家治理中的引领作用。加强政治生态治理的理论逻辑是：坚持马克思主义物质本体论，加强政治生态的源头治理；坚持唯物辩证法的方法论，加强政治生态的系统治理；坚持实践认识论，加强政治生态的综合治理；坚持"以人为本"的价值论，加强政治生态依法治理。

关键词

　　政治生态；政治生态治理；理论逻辑

引言

　　办好中国的事，关键在中国共产党。[1] 这表明党在国家治理中起着重要的引领作用。党的引领作用要求党始终保持先进性，不断增强治理能力，加强党的建设就成为国家治理的内在要求。在党的建设中，通过政治建设保持党的先进性，通过涵养政治生态保持党的纯洁性。政治生态在我国最初是作为政治术语，特指党内政治生态，与全面从严治党、反腐倡廉联系在一起，旨在营造风清气正的良好政治环境。此后该词在学界迅速热起来。目前学界对政治生态的定义尚未形成共识，但在学科领域，政治生态学与自然生态学从研究对象上已明确区分开来。笔者认为，政治生态治理是把政治系统看作一个生态系统，用生态治理理论和方法阐释政治系统的治理。生态学研究方法具有系统性、整体性、开放性、动态性等特点，对于复杂的政治现象和问题进行阐释和研究具有很强的适用性。因此，在新时代纷繁复杂的国内外形势下，生态学研究方法在政治领域

---

① 基金项目：湖北省教育厅哲学社会科学研究项目（名称：党建引领中国政治生态治理的理论逻辑与实践机制研究。编号：21G201）阶段性成果。
② 作者简介：杜伦芳（1966—　），女，硕士，教授，研究方向：马克思主义理论和党建。
③ 通讯作者：罗琦为（1985—　），女，硕士，助教，研究方向：思想政治教育和法制教育。

应用广泛。中国共产党在守正中创新，在坚持马克思主义前提下，汲取生态学的研究方法，系统谋划、统筹兼顾，全面加强国家治理。中共十八届三中全会提出了"国家治理体系和治理能力现代化"；中共十九届四中全会提出了加强国家治理效能的实践策略，即系统治理、依法治理、综合治理、源头治理。其中"系统""综合""源头"都体现了鲜明的生态学意蕴，凸显了国家治理的系统性、整体性思维特征。国家治理与本文的政治生态治理是不同的概念，国家治理是指一国范围内的所有治理，它包含经济、政治、文化等治理。本文中的"政治生态治理"一词，是政治治理的生态学视角，是国家治理的一部分。本文将马克思主义哲学与生态学研究方法相结合，从本体论、方法论、认识论、价值论四个维度，阐明加强政治生态治理的理论逻辑，有助于进一步加强党的领导，发挥党在国家治理中的引领作用。

1 本体论：加强政治生态的源头治理

1.1 本体论的内涵

本体论是西方哲学范畴，是探究世界本原或基质的哲学理论；"它是把系词'是'以及分有'是'的种种'所是'作为范畴，通过逻辑的方法构造出来的先验原理体系"[2]，这是非马克思主义的传统本体论，它远离人和现实，在抽象的领域中讨论问题。马克思主义哲学解构和否定传统本体论。"马克思恩格斯对传统本体论的扭曲的有先验论因素的内容做出了彻底的清算"[3]。马克思主义本体论是物质本体论，它否定将存在看成抽象的"是"，承认本体论的对象是存在，存在的内在规定性是它的客观实在性，而它的客观实在性又在于它的时空规定性，也即是否有运动的属性。从外延上，马克思主义所理解的"存在"，不包括非存在及虚幻的、想象的、抽象的存在，只包括处在时空和运动中的事物，那就是一切自然、社会和思维现象。在马克思主义的本体论范畴体系中，物质是最高的范畴，世界的真正的统一性在于它的物质性[4]。

1.2 马克思主义本体论

马克思主义本体论要求在实践中尊重客观实际、实事求是。习近平总书记认为，世界物质统一性原理是辩证唯物主义最基本、最核心的观点，是马克思主义哲学的基石[5]。他坚持一切从客观实际出发，科学应用矛盾运动基本原理，对新时代我国社会主要矛盾做出科学判断，把人民日益增长的美好生活需要和不平衡不充分的发展之间的矛盾作为推进各项工作的出发点。对这一主要矛盾的判断是符合我国现阶段基本国情的。在我国经济总量位居世界前列，进入小康社会后，人们的物质匮乏和落后的社会生产已极大改变，人们对物质的需要已转向对美好生活的需要，落后的社会生产已转向发展不平衡不充分的问题。抓住主要矛盾就争取了各项工作的主动权，否则会影响国家和社会的稳定。新的主要矛盾的提出是一个关系国家全局的重大判断。因此，准确把握客观实际和社会主要矛盾是政治治理的关键。政治生态的源头治理，就是要追根溯源，找到事物矛盾和问题的根源，治其根本，促进我国政治生态的良性循环和可持续发展。

1.3 政治生态源头治理的本体论意蕴及应用

百年党史实践证明，党和国家事业能不能取得成功，取决于党能否准确把握我国社会的主要矛盾并基于该矛盾制定正确的路线、方针、政策。在近代中国社会，帝国主义与中华民族的矛盾、封建主义与人民大众的矛盾是社会的主要矛盾，我党基于主要矛盾制定了革命总路线，取得了革命胜利。新中国成立后，毛泽东正确分析社会主要矛盾，提出敌我矛盾和人民内部矛盾。找准矛盾就找准了工作方向，就能确定正确的任务。党的八大正式提出了符合当时国情的主要矛盾，即人民对于建立先进的工业国的要求同落后的农业国的现实之间的矛盾，人民对于经济文化迅速发展的需要同当前经济文化不能满足人民需要的状况之间的矛盾。这对当时经济社会发展起到了积极的推动作用，为中国社会主义建设积累了物质财富，为改革开放和现代化发展奠定了物质基础。改革开放后，党正确确定我国所处的社会发展阶段是社会主义初级阶段，并将人民日益增长的物质文化需要同落后的社会生产之间的矛盾确立为社会主要矛盾，促进了工作重心从阶级斗争向经济建设转变。在短短的40多年里，创造了世界经济发展的中国奇迹。新时代又提出了新的社会主要矛盾，即人民日益增长的美好生活需要和不平衡不充分的发展之间的矛盾。为解决这一矛盾，我党带领全国人民实现了全面小康社会，实现了中华民族的千年梦想。

2 方法论：加强政治生态的系统、综合治理

2.1 方法论的内涵

哲学上的方法论与世界观是一致的，是指导人们认识和改造世界的根本方法的理论。马克思主义方法论就是唯物辩证法，它批判和超越了传统的唯心主义辩证法，成为辩证法发展的最高形态。它认为，事物无一不是普遍联系的，整个世界是一个有机联系的系统。该系统呈现出整体性、层次性和开放性特点。系统中的各要素不是静止的、一成不变的，而是相互作用的，"而它们的相互作用就是运动"。

2.2 系统治理的方法论意蕴及应用

坚持系统思维和观念是马克思主义唯物辩证法的宝贵精华和自觉应用，是我党重要的、基础性的思想和工作方法。毛泽东在《论十大关系》中指出，世界是由矛盾组成的……我们的任务，是要正确处理这些矛盾。这篇文章为我国协调、平衡各方面关系，为调动一切积极因素、凝聚综合力量开展社会主义现代化建设提供了方向。坚持系统观念是社会主义制度的内在要求。社会主义同资本主义比较，它的优越性就在于能做到全国一盘棋。[6] "全国一盘棋"就是系统性、整体性的通俗表达，就是要识大体、顾全局。邓小平的

大局观和全局性系统思维为改革开放成功实践起到了重要的指引作用。1988年邓小平正式提出"两个大局"战略构想，就是要让沿海地区先发展、先富起来，然后先富带后富，帮助内地发展，沿海地区和内地都要服从这个大局。习近平继承和坚持马克思主义唯物辩证法，发挥系统性思维的优势，指导解决党和国家各项重大问题，应对国内外各种复杂局面。他说，唯物主义和辩证法是中国共产党人的世界观和方法论，在实践中，要学习掌握唯物辩证法的根本方法，不断增强辩证思维能力，提高驾驭复杂局面、处理复杂问题的本领，我们要全面地而不是片面地、系统地而不是零散地、普遍联系地而不是单一孤立地观察事物。[7] 党的二十大报告进一步强调，要用普遍联系的、全面系统的、发展变化的观点观察事物。这充分体现了我党在新的奋斗目标和新的复杂形势面前，对系统性、整体性、协同性思维方式的高度重视和自觉应用。可见，中国政治发展呈现出从单纯的体制变革开始逐步转向整体性的体系建设的趋势。[8]

2.3 综合治理的方法论意蕴及应用

系统治理在提高治理效能方面起着基础性和关键性作用，其基本指向在于协同党的全面领导、政府宏观主导、市场微观运作以及社会力量广泛参与，实现多元治理主体的良性互动与共商共治。中国共产党作为执政党，对于国家治理体系的建构以及国家治理能力的提升都具有重要的引领和推动作用。系统治理就要加强党的集中统一领导，全面从严治党，构建国家制度体系和国家治理体系。其中，"集中统一""全面""体系"都彰显了全局性、整体性、系统性思维。这说明，系统治理是中国特色社会主义制度体系建设以及国家治理体系建设的必然要求。

系统治理必然要求综合治理。系统是由各个部分、方面和因素组成的，对待不同类别要有不同的治理方法，要多管齐下。综合治理与系统治理都有"总""合"的意蕴，但彼此强调的侧重点不同。综合治理强调的是多种要素和方法的结合，从单一向多种治理手段并用的转变；而系统治理则强调整体性、结构层次性、开放性和协同性。综合治理是我党在治国理政中的重要治理方法。新中国成立前后，经济凋敝，投机商人唯利是图，社会经济秩序一片混乱，我党通过"银元之战""米棉之战"，通过稳住人民币、调控物资等多项措施综合发力，根治了旧中国恶性通货膨胀痼疾，这是我党在新中国成立之际在国家综合治理方面打的一个大胜仗。20世纪70年代，社会存在诸多不稳定因素，针对各领域的问题，邓小平提出了"全面整顿"和"整顿的核心是党的整顿"。整顿的突破口在于解放思想、恢复党的实事求是的思想路线；接着从经济、政治、文化教育等多方面开展治理，由点到面推行改革开放。正是通过综合治理，使中国经济和综合国力实现飞跃式发展。党的十八大以后，随着国家财富的增长，一些人存在拜金主义、享乐主义思想。为铲除贪污腐败，我党重拳反腐，全面从严治党。全国上下实施"打虎""拍蝇""猎狐"，督察巡察，加强党规国法建设，以及推动国家监察体制改革等多项举措，取得了综合治理的重大成效。综合治理在国家治理中也体现充分，在中国发展的不同历史时期，党都运用了政治、经济、文化等多种治理手段，并积累了丰富的治理经验。

3 认识论：加强政治生态动态治理

3.1 认识论的内涵

马克思主义本体论要回答客观世界怎样"存在"，旨在揭示事物发生发展的内在联系；而马克思主义认识论则要回答客观世界能否被认识，如何正确认识，旨在揭示认识发生、发展的规律。虽然本体论与认识论各有不同，但两者关联密切，本体论决定认识论。马克思主义认识论，一方面克服了旧唯物主义消极被动的反映论的局限，提出认识是主体对客体能动的反映；另一方面，将实践引入认识论，实践成为联系认识主体与客体之间的桥梁，克服了传统认识论的主客体分离问题，实现了认识论发展史上的伟大变革。实践为检验真理提供了客观上、物质上的证明和标准。马克思说：人的思维是否具有客观的真理性，这不是一个理论的问题，而是一个实践的问题。[9] 唯物主义与辩证法的结合使马克思主义认识论突破了唯心主义、形而上学的枷锁，站到了哲学理论的科学高地，为人们找到了探寻规律、认识真理的金钥匙。使主体与客体、认识与实践在相互作用中考察认识活动。主体获得正确认识无法一次完成，一个正确的认识，往往需要经过从实践到认识再到实践的多次反复，这就是马克思主义的认识论，就是辩证唯物论的认识论。[10]

3.2 政治生态动态治理的认识论意蕴及应用

人的认识会伴随实践的发展而发展，为马克思主义理论的创新提供不竭的动力。习近平总书记指出，人的认识活动和实践活动，从根本上说就是不断认识矛盾、不断解决矛盾的过程。正是实践与认识的相互作用、无限反复、螺旋式上升的运动过程，决定了我党在国家治理中要充分认识到尊重事物变化规律、谋求应对变化之策的重要性；要在运动和发展中解决矛盾，在多元化主体参与下共同协商解决问题；在党的集中领导下与时俱进地调整和完善国家政策，以实现国家可持续发展的长远利益。因此，在马克思主义实践认识论指导下的国家治理必然要求动态治理，而不是孤立片面、一成不变的治理。动态治理这个概念率先在新加坡政界和学界出现，它为新加坡的有效治理，为其经济、社会、环境的持续协调发展，起到了十分重要的作用。我国对动态治理模式的研究和实践不断升温，一方面它符合马克思主义辩证法，另一方面动态性本身对解决复杂问题具有很强的适用性。党在革命、建设和改革实践中，非常成功地应用了动态治理。毛泽东在不同历史时期，分别提出游击战、运动战，边革命边生产，边社会主义改造边工业化建设，边学习苏联经验边探索独立自主。这些都是动态治理的生动写照。邓小平提出改革就要有闯的精神，摸着石头过河，先富带后富，发展是硬道理。这些都体现了邓小平的动态治理思想。他告诫党员干部不要纠缠在无谓的争辩上，要先行动起来，在实践中总结经验教训；改革的步伐要大一点、快一点，改革中难免会有矛盾，矛盾要在发展中解决。习近平总书记强调发展是解决一切问题的总钥匙，要促进国内国际双循环，用改革的方法解决发展中的难题。在当今世界百年未有之大变局背景下，党以习近平新时代中国特色社会主义思想为指导,秉持辩证思维、动态思维,科学谋划、主动应变,在危机中育新机,在变局中开新局,促进我国各项工作不断推向前进。

4 价值论:加强政治生态依法治理

4.1 价值论的内涵

价值是客体所具有的能满足主体需要和利益的特性。客体的价值在于对主体有用。主体的实践和认识活动都离不开价值判断和选择,很少有人愿意从事无价值的活动。价值论(价值哲学)作为哲学的一个主干学科,与其他关涉价值现象的学科之间的区别主要在于,它是从根本上、总体上研究价值现象,以揭示其本性、本质、规律等问题,为人们提供总体价值体系和基本价值原则。价值论所研究的主要领域也就是社会和生态,它所关注的终极问题还是个人、个人的生活。本体论也好,知识论和价值论也好,它们不以人为中心,不为解决人的问题来展开研究,就是没有意义的,而价值论更是如此,它要给人类提供理想世界的方案。[11] 马克思主义价值论把人视为绝对价值、绝对命令;奉行"以人为本"的价值理念,把人作为万物的根本和归宿,把人作为一切工作的出发点和目的。马克思说:对宗教的批判最后归结为人是人的最高本质这样一个学说。[12]

4.2 政治生态依法治理的价值论意蕴及应用

中国共产党作为马克思主义政党,必然要把人民的根本利益放在首位。如何有效保障人民的根本利益?通过党的领导和依法治国。人民当家作主的根本保障是党的领导,党领导人民治理国家的基本方略是依法治国。新中国成立后,我国的法制才起步,存在许多不健全不完善的地方,对民主与法制的关系认识不足。党的十一届三中全会后,加强民主法制被提到国家治理的重要议程。邓小平说,社会主义不能没有民主法制,"没有民主就没有社会主义";民主不能没有法制,"为了保障人民民主,必须加强法制";社会主义民主不能没有社会主义法制,不能没有党的领导,"不要社会主义法制的民主,不要党的领导的民主……决不是社会主义民主"[13]。党的十四大后,社会主义市场经济需要法制保驾护航,法制建设的重要性进一步凸显。党的十五大确立了依法治国基本方略以及社会主义法治的国家建设目标。党的十六大提出,社会主义民主法制建设就要将党的领导、人民当家作主和依法治国三者有机统一起来。2010年,中国特色社会主义法律体系基本建立,为我国国家治理实践提供了制度保障。党的十八大以来,依法治国全面推进,党的领导、人民当家作主、依法治国三者相辅相成,人民民主建设成效显著,全过程人民民主谱写了中国特色社会主义民主新篇章。

马克思主义政党与其他政党的显著区别标志是人民立场,即是否代表人民利益,是否以人民为中心,是否为人民服务,是否由人民当家作主。中国共产党始终坚持人民立场。毛泽东早在延安时期就明确指出:我们共产党人区别于其他任何政党的又一个显著的标志，就是和最广大的人民群众取得最密切的联系。全心全意地为人民服务，一刻也不脱离群众。[14] 习近平总书记指出，马克思主义是人民的理论。以人民为中心的发展思想就是对马克思主义的最好诠释，也是马克思主义唯物史观的现实应用和重要理论创新。以人民为中心将始终成为我党不懈的价值追求，依法治国将始终成为社会主义民主的坚强保障。

5 结语

建党一百多年来，中国共产党始终保持一个大党独有的政治清醒，保持党的先进性和纯洁性，这是党长期执政的前提和基础。党的先进性和纯洁性不会自然形成，要不断加强党的建设，牢记党的初心和使命，勇于进行自我革命。实践证明，党的建设不仅是中国革命的一大法宝，也是社会主义现代化建设的法宝。党的建设决定党的执政基础，决定国家的长治久安。新中国成立后，中国共产党从革命党转变为执政党，党的中心工作从武装斗争转向政治治理或国家治理。政治治理或国家治理经历了从根本制度建构到制度体系建设，再到治理体系和治理能力现代化建设，其中蕴含了政治治理或国家治理的内在逻辑：坚持马克思主义物质本体论，加强政治生态的源头治理；坚持唯物辩证法的方法论，加强政治生态的系统治理；坚持实践认识论，加强政治生态综合治理；坚持"以人为本"的价值论，加强政治生态依法治理。

在第二个百年奋斗目标的新征程上，在百年未有之大变局中，在纷繁复杂的国内外新形势下，全面加强党的领导，以系统工程推进党的建设，对于加强国家治理体系和治理能力的现代化建设显得尤为重要。有了党建引领，"中国之治"的前景必将更加辉煌。

参考文献

[1] 习近平. 习近平谈治国理政：第三卷 [M]. 北京：外文出版社，2020.

[2] 俞宣孟. 本体论研究 [M]. 3版. 上海：上海人民出版社，2012.

[3] 高新民，严景阳. 本体论理解的"元问题"与马克思主义的本体论 [J]. 武汉大学学报（人文科学版），2007（6）：758-762.

[4] 马克思，恩格斯. 马克思恩格斯选集：第三卷 [M]. 中共中央编译局，译. 3版. 北京：人民出版社，2012.

[5] 习近平. 辩证唯物主义是中国共产党人的世界观和方法论 [J]. 求是，2019（1）：4-8.

[6] 邓小平. 邓小平文选：第三卷 [M]. 北京：人民出版社，1993.

[7] 中共中央党史和文献研究院，中央"不忘初心、牢记使命"主题教育领导小组办公室. 习近平关于"不忘初心、牢记使命"论述选编 [M]. 北京：中央文献出版社，2019.

[8] 林尚立. 当代中国政治形态研究 [M]. 2版. 天津：天津人民出版社，2017.

[9] 马克思，恩格斯. 马克思恩格斯选集：第一卷 [M]. 中共中央编译局，译. 3版. 北京：人民出版社，2012.

[10] 毛泽东. 毛泽东文集：第八卷 [M]. 北京：人民出版社，1999.

[11] 江畅，左家辉. 重新认识价值论的性质 [J]. 华中师范大学学报（人文社会科学版），2021，60（5）：80-89.

[12] 马克思，恩格斯. 马克思恩格斯选集：第一卷 [M]. 中共中央编译局，译. 3版. 北京：人民出版社，2012.

[13] 邓小平. 邓小平文选：第二卷 [M]. 2版. 北京：人民出版社，1994.

[14] 毛泽东. 毛泽东选集：第三卷 [M]. 2版. 北京：人民出版社，1991.

以发展学科核心素养为导向的形成性评价研究
——基于大学英语教学实践

杨 帆

(武汉华夏理工学院 外国语学院，湖北 武汉 430223)

摘 要

形成性评价是教学的重要组成部分，也是促进教学的重要因素。本文以发展英语学科核心素养为导向，将形成性评价运用于大学英语教学评价实践，探索促学评价的原理和方法，反思评价效果，以发挥评价对教学的诊断、导向、激励功能。研究结果表明：形成性评价能够提高学生学习的参与感和有效性，促进学生的能力提升和素养发展，同时对教师的评价能力和素养也提出了更高要求。教师要注重评价设计，利用评估信息不断调整和改进教学，促进教学质量的提高。

关键词

形成性评价；英语学科核心素养；大学英语；教学

引言

评价是课程实施的保障，是教学的重要组成部分。新时代高等教育发展赋予外语教育以新的内容，现代信息技术催生着教学和学习方式的变化，原有的教学评价标准和方式已经不能全面反映学生在英语学习过程中的具体情况和学习需求。教学与评价的脱节也使不少学生对课堂教学过程不是十分重视，认为在期末突击复习就可以蒙混过关，完成课程考核要求。这样显然不利于课程教学质量的提高及学生自身能力、素养的发展。

随着评价理念的发展，各种评价理念开始应用于英语教学评价，例如形成性评价、总结性评价、表现性评价等。形成性评价是以诊断、促进、发展为目标，在教学过程中由教师和学生共同参与的评价活动。[1] 在外语课堂教学中，综合运用各种评价方法与手段，融

---

① 基金项目：武汉华夏理工学院科研基金项目（名称：构式习得对大学生核心素养的影响研究。编号：20010）；武汉华夏理工学院教学研究项目（名称：课程思政视角下大学英语教学设计与实践研究。编号：2108）；武汉华夏理工学院通识教育科学规划专项课题（名称：基于"五会"能力培养的大学英语通识教育改革研究。编号：21TS09）。

② 作者简介：杨帆（1983— ），女，硕士，副教授，研究方向：外语教学。

入教学全过程，整合教学目标、内容、活动和评价，对改进教学、促进学生的发展有重要意义。

国内外不少学者对不同评价方式的必要性进行了大量的探讨与研究，尤其是形成性评价对教学的作用。Black 和 Wiliam 在综述中认为高质量的形成性评价（例如频繁的反馈）能显著提高学生的学习收益，对学困生的帮助更明显[2]。De Guerrero 和 Villamil 从两名学习者合作修改文章的过程中发现同伴互评的双向作用，即读者和作者相互帮助、相互支持。[3] 李川在探索形成性评价方法的实验中，指出学习记录档案袋及网上学习记录与记分机制能有效地激发学习自觉性和主动性。[4] 石锡书在基于项目的大学英语协作学习过程中充分发挥评价主体的作用，认为形成性评价有效地培养了大学生团结协作的精神和语言应用能力的提高。[5] 李莉文和刘雪卉以英语专业五篇本科毕业论文为样本进行研究，发现教师反馈具有促进学生思辨能力发展的积极作用[6]。大多数实证研究探索了形成性评价对学生学习和能力发展的积极作用，然而鲜有研究从教学设计和过程视角持续考量并反思形成性评价设计与实施。本研究在大学英语教学过程中，以发展英语学科核心素养为导向，将形成性评价运用于具体的评价实践中，不断探索促学评价的原理和方法，反思评价效果，发挥评价对教学的诊断、导向、激励功能。

1 行动研究方案制定

1.1 核心素养及其启示

根据教育部《中国学生发展核心素养》，学生发展核心素养指学生应具备的、能够适应终身发展和社会发展需要的必备品格和关键能力，是关于学生知识、技能、情感、态度、价值观等多方面要求的综合表现。[7] 学科核心素养为"学科育人价值的集中体现，是学生通过学科学习而逐步形成的正确价值观、必备品格和关键能力"[8]。英语学科核心素养主要包括语言能力、文化意识、思维品质和学习能力。其中，语言能力和学习能力构成学科核心素养的基础要素和发展条件，文化意识和思维品质体现学科核心素养的价值取向和心智特征。[8] 英语学科核心素养体现了中国学生发展核心素养目标"全面发展的人"的内涵——文化性、社会性和自主性[9]，也对应了大学英语课程教学目标的四个维度：语言交际功能、文化载体功能、思维功能和学习者的自主性。核心素养解答了"立什么德、树什么人"这一根本性问题；英语学科核心素养为英语教学指明了清晰方向，提供了可操作的具体路径。

基于英语学科核心素养的导向作用，本文试图通过行动研究解决大学英语形成性评价设计和实施中的两个主要问题：① 形成性评价标准如何开发？② 形成性评价过程和结果是怎样的？

1.2 授课对象分析

根据《大学英语教学指南》，大学英语教学目标分为基础、提高、发展三个级别，各高校可根据实际需要和人才培养目标自主选择和设置。[10] 本研究课程面向某应用技术型本科高校,该校致力于培养具备专业基础与实践能力、人文与科学素养、健全人格与创新精神的应用型人才。笔者在该校所教授的是大学一年级学生,以工科类为主,英语高考成绩基本合格,位于《中国英语能力等级量表》语言能力三至四级,课程定位为基础级别。

1.3 总体行动方案

基于对研究问题和授课对象的分析,笔者在历时两个学期的教学实践中设计并实施了形成性评价,制订的行动计划贯穿大一读写课程教学,总共分为三个阶段。综合考量研究对象的特点和英语层次,以学科核心素养为出发点和落脚点,将课程教学目标细化到单元、课时、阶段,将评价活动贯穿教与学全过程。首先,注重对评价标准的设计,评价标准与课堂教学目标保持一致,通过多种评价形式,诊断学习情况,检测目标达成度,促进学习行为和学习过程中态度、策略等的发展。其次,加强师生之间、学生之间评价信息的互动交流,评价活动可由学生独立完成或组成学习小组共同合作完成。最后,在评价内容上突出重点,由浅入深,由教师引领,要求全员参与和反思。每一阶段通过收集和分析评估数据,如作业、课堂表现、学生反思日志、问卷、访谈等,了解行动的效果和学生对评价活动的真实感受。

2 研究过程、结果与反思

2.1 行动研究第一阶段

2021年秋季学期,"大学英语(一)"课程总评考核成绩由过程考核成绩和终结性考核成绩构成,各占50%。其中,终结性考核形式为期末考试,过程考核形式有考勤、作业、口语和在线学习,各项成绩根据一个学期综合表现或完成质量来评价。加大过程考核所占比例,打破了"一考定成绩"的评定模式。学生必须主动学、认真学,重视学习过程,并随时接受过程考核的评价;教师必须关注教学过程中的评价,将形成性评价与结果性评价相互参照、有机结合、协调一致。

2.1.1 行动设计与实施

根据教材内容特点和学情特点,一个单元教学有8课时,每次课分为课前、课中和课后阶段,每一阶段由若干活动组成,评价标准与教学目标保持一致,以学科核心素养的发展为出发点和落脚点。评价内容反映整个教与学的过程,体现认知发展规律。评价形式取决于评价内容,融入教学活动。以《新视野大学英语读写教程(第三版)》(以下简称《新视野》)第一册第一单元第二次课为例,语篇教学评价设计如表1所示。

表 1　语篇教学评价设计

评价阶段	评价标准	评价内容	评价形式
课前	对词汇预习情况 对阅读策略使用 自主学习参与度	核心词汇 语篇主题 文体结构	预习单（词汇整理） 词汇测验（匹配、填空） 阅读理解（选择题）
课中	对信息的提取 对内容的梳理 对细节的阐释和评价 对联系现实的思考 对价值的判断	语篇内容 文化知识 主题意义（如何满足社会的期待又实现自身的理想）	思维导图 课堂观察 师生互动 问答 课堂讨论
课后	对语篇的重述 写作：是否有主题句； 是否用细节支撑观点； 是否有目标语言项的运用； 是否有正向积极的价值取向	课文概要 段落写作：我的新学期决心	概要填空 写作任务

课前自主学习阶段，学生浏览课文，在线学习课文微课，利用预习单整理核心词汇，在线完成对背景知识、文体结构、语篇大意等的阅读理解和核心词汇检测。通过不同评价形式和工具的应用，教师可以在线监测学生自主学习的表现，诊断知识缺口，提高课中学习效率。

课中讲授讨论阶段，首先通过思维导图梳理作者（演讲者）对大学新生期望的结构化知识，然后引导学生对语篇进行深层研读，把握主题意义，即演讲者的意图、情感态度或价值取向。通过分析文本结构和语言特点，体会如何恰当表达主题意义，比较并评价中西两篇开学演讲传递的价值取向，联系实际探讨对自身的启发。课堂评价结合课堂活动，以提问、讨论、互动等形式观察学生运用语言的行为和思维的深度，用描述性反馈即时评价学生的回答并抓住时机启发学生。这一阶段的评价目的是帮助学生内化知识和关键语言，促进辩证思维的发展，激励学生做好对大学的规划。

课后巩固反思阶段，让学生采用概要填空的形式学习对语篇的重述，再通过写作形式思考个人的新学期决心，写一个 80~100 词的段落，结合语篇的内容和意义，运用目标语言做事情，给自己制定目标或表达期待。这一形式的评价目的是促进学生反思自己的学习态度和行为，教师在延时评价中诊断并发现学习中的不足，以便在下次课进行补救式教学。

2.1.2　观察与发现

开课近一个月，通过"导学"和一个单元的教学（含听力课），学生对过程考核的方式有了更深的认识，尤其是发现自己的学习行为会产生量化反馈，会有较强提高分数的意识和课堂表现的行为，并且一些基础较薄弱的学生会找笔者面谈，寻求解决英语痛点的方法并承诺保持良好的学习态度。

通过对学习数据的收集和统计，课前的自主学习完成率近90%，部分需要变形的词汇填空和词组搭配填空错误率较高。课中的教学活动学生配合度较好，参与度高的学生多为高考英语90分以上，为班级中上等水平。因为第一单元主题与新生适切度高，学生对内容和主题意义的理解较为容易，但是在语言表达尤其是句子产出上存在困难。课后的写作任务全部完成，通过对每一份作文的批改发现整体上观点较清晰，多表达对资源或时间的有效利用、学习方式的改变、对某个学科的规划等，但是对观点的支撑细节欠缺或偏离；新词汇的使用在4~5个，新句型的使用在2~3个，词汇运用较好，但句法问题较多。

2.1.3 反思

通过本轮行动研究的实施及观察，笔者认为，形成性评价设计和实施对师生双方都提出了很大挑战。对教师而言，需要有从整体到局部的设计意识，教学活动中融入评价活动，通过课堂观察、问答环节、在线测验等渠道获得信息反馈，然后根据活动目的和实际情况选择即时或延时反馈。对学生而言，需要转变对评价的认识，不只是关注评价的结果，而应将评价数据加以参照、分析，了解自己的学习状态，明确进一步学习的方向，这样才能起到促进学习的作用。因此，下一轮研究将突出学生在评价中的主体地位，鼓励学生参与评价标准的协商与制定。

2.2 行动研究第二阶段

课堂教学评估要看学习效果如何，看课堂教学是否真实化，是否激发了学生的学习兴趣，提供了合适的学习资源，是否解决了学习困难，有效地指导了学生的学习策略，并给他们提供了展示阶段性学习成果的机会。[11] 阶段性学习成果兼有形成性评价和总结性评价的性质，学生可以反思自己的学习过程和学习效果，教师可以通过成果展示确定阶段目标达成的程度，并通过评价数据诊断学习行为和学习效果。

2.2.1 行动设计与实施

在阶段性学习成果评价中，为了突出学生的主体地位，笔者考虑基于项目成果的评价设计，确保评价目标和活动内容以促进英语学科核心素养发展为指向，并与学生共同协商，形成清晰可操作的评价标准和方案。

以《新视野》第一册第三单元项目为例，这一单元的主题是"数字校园"，两篇阅读文章分别围绕互联网在大学校园的应用和便利及网络过度使用的后果与原因展开，通过对主题和语篇的分析，确定育人价值为辩证地看待网络的利弊。单元项目成果为：大学生网络使用情况调查和建议。在单元第一次课时启动项目，师生共同讨论项目成果评价标准，为了充分调动和发挥每位同学的能动性和参与性，采用教师评价、组间互评、组内互评和自评的方式，细化评价标准并赋予分值，如表2所示。

表 2　单元项目成果评价量表（第三单元）

评价主体与形式	评价指标	评分细则
师生课堂即时评价	相关度：与主题相关的调查报告，覆盖题目数量不少于 8 个，回收有效问卷不少于 30 份 理据性：基于数据得出结果分析 词汇：至少正确使用 5 个新学单词或短语 句型：至少正确使用 5 个推荐句型 结构：调查时间、对象、目的、工具、结果分析、结论和建议 交际：声音洪亮，表达流畅，要有眼神交流	根据完成质量评分 （1 分为差，2 分为较差，3 分为合格，4 分为良，5 分为优）
组内互评	合作性：全程参与项目讨论、分工任务 贡献率：对项目成果的产出 创新性：对成果创作或呈现形式等提出独特见解	根据组员参与和完成情况相互评分（0 分为没有，1 分为很少，2 分为少，3 分为一般，4 分为较多，5 分为很多）
自评	参与度：参与组内讨论、交流，完成分工任务 努力程度：为完成项目任务认真负责、付出努力	根据个人实际情况评分（0 分为没有，1 分为很少，2 分为少，3 分为一般，4 分为较多，5 分为很多）

在单元学习期间，教师为学生搭建项目学习需要的语言、结构化知识和方法支架。例如，从两篇课文中整理出的 20 个核心词汇和 10 个句型，从两篇课文内容中梳理出的网络使用利弊，教师补充的调查报告样例等。所用内容在课后通过电子表格或文本形式发给学生。学生 5~6 人为一组，合力设计一份 10 题左右的调查问卷，通过"问卷星"等工具发放，然后收集并分析数据，用英文撰写调查报告，制作 PPT，最后撰写反思心得等。

在成果展示时开展组间互评，并基于指标进行口头评价。教师同时现场评分，并在活动结束时进行综合点评。组内互评和自评利用在线工具在展示后完成，强调成员的合作与分工，并考虑每位学生的不同水平，在评价指标里突出参与和努力程度。课后学生根据师生评价再次修改作品并提交给教师，教师对最终版做出批改并重点检查前期问题是否修订。

2.2.2　观察与发现

每组由一到两名同学在课堂上就项目进行成员介绍和内容展示，时间不超过五分钟。所有小组均基于前期问卷调查撰写报告。

在口头陈述时，大多数学生低头看稿子，不太注意与现场观众的交流。从 PPT 展示文字看出，所有小组都使用了新词和句型，但是数量不等，且有一些语法和拼写错误。在内容上，个别小组没有就结果进行分析，或者结论简单，缺乏建议。组间互评后会有两名学生进行口头评价。学生按照评价标准给出评分理由，但是关注的焦点和教师有所不同，他们评论更多的是 PPT 的设计和展示效果以及使用语言的数量。

通过对组内互评、自评数据和反思日志的整理，学生在项目式学习中有较好的小组合作意识，普遍认为在活动中能够互帮互助、齐心协力。例如：

> 我们小组整体表现很好，团队之间配合默契，分工明确，组长的引导能力很棒，组员也很配合工作。(G1)

> 通过合作交流一起来完成一个 PPT 的制作和演讲，让彼此都不是很熟悉的我们进一步了解对方……我们四个人都能真正参与到教学活动中，大大增加了每位同学的练习机会。(G2)

> ……我们每个人学会小组学习，学会倾听他人发言，学会质疑他人观点，学会分享他人的思维方法和思维成果。(G5)

> 通过这次小组展示，不仅体现了我们小组的团队合作意识，而且让我们小组加深了对本单元单词和句型的理解和应用。(G6)

当然，学生也意识到完成项目时的问题和不足。例如：

> 在表达方面不够准确。调查的范围不够广……演讲时，有点紧张，不够流畅。(G3)

> 还应该注意单词的拼写和正确的使用形式，还有词组句型的使用要准确。在写作时要注意感情的表达，贴近生活。(G4)

值得欣喜的是，学生在做项目时能触发对单元主题意义的思考，并且反思自己的学习策略。例如：

> 大家在写作文的过程中都回忆起了与父母的点点滴滴，同时有了不少的反思。(G5)

> 这次调查发现大家对网络的依赖性很大，但是不少同学都利用网络学习、完成作业等，能控制游戏的时间。希望我们能一直监控好学习。(G1)

> 今后本组成员在早自习时应当注意单词积累，在自主学习时多听英语原声以提高自己的口语能力。充分利用大学的学习资源，提高个人能力，不负青春年华。(G8)

2.2.3 反思

本轮行动研究历时九周，涉及三个单元教学。教师在项目式学习和小组合作学习活动中融入形成性评价，评价标准具体、翔实，区分表现水平的层次，辅以量化和质性反馈，指导学生的后续学习。学生在相互评价中不断反思，取长补短，总结经验，[8] 提升思维能力、实践能力以及创新能力，落实学科核心素养的培养。

然而，学习成果是基于小组共同完成的，虽然有成员的共同努力，但是不能代表每个学生都能完成较高质量的作品。评价标准虽然由师生共同协商，但是每个学生的认知水平不同，不能都给出高质量的评价。虽然教师也会给出即时评价和反馈，但是难以保证每个小组在课后就能够吸收纠错反馈。从小组提交的修改作品来看，不是所有的问题都得到了修正，语言表达能力仍是学生在产出时的最大问题，需要在后期不断进行有针对性的训练。因此，下一阶段行动研究将对写作任务进行有选择性的评价，确定评价焦点。

2.3 行动研究第三阶段

2022 年春季学期，本学期总评考核比例和形式与第一学期保持一致，鉴于前期对评价标准、内容、形式及主体的实施和促学效果，将继续在学习过程中以形成性评价为主，注重反馈质量，并帮助学生理解反馈，开展针对写作的同伴互评和自我反思。"评价要真正有效，学生必须学会自我评价，这样他们才能理解学习的主要目标，从而清楚如何实现这些目标"[12]。

2.3.1 行动设计与实施

学生采用电子档案袋的形式记录写作行为、评价反馈、学习反思等。本学期需要完成 4 次写作任务，每篇 150 词左右，与单元目标和课文主题相关。笔者参考大学英语四级写作评分标准和单元写作目标，在写作前仔细讲解评价标准和评分细则。学生完成初稿后，教师在课前从初稿中选择可改可评的"典型样本"，在课内进行"选择性评价"，引导学生独立思考，发现问题，然后结对讨论、大班商讨、教师参与，最终提出修改方案[3]。与上学期的课堂评价不同，教师将单元写作目标和学生初稿中出现的主要问题作为评价焦点，尽量做到循序渐进。单元写作任务及评价焦点，如表 3 所示。课后学生依据评价标准进行互评打分并写上评语，完成同伴评价表。学生根据教师评价和同伴评价的反馈修改自己的初稿，完成自我反思表，最后教师对修改稿进行评价和打分。

表 3 单元写作任务及评价焦点

次数	单元主题	写作任务	评价焦点
1	语言学习的方法	情景作文：为外国语学院微信公众号"学习园地"专栏投稿，通过个人经历讲述自己的英语学习方法	开头段写作 词汇丰富度
2	人文学科的必要	话题作文：如果你要推荐一门通识课程，你想推荐什么？为什么	论据的使用 句子多样性
3	人生新阶段	命题作文：年轻一代和父母一代的区别	对比结构 连接词使用
4	校园爱情	话题作文：你对校园爱情的看法	支撑句运用 结尾段写作

以第 1 次写作任务为例，这一单元写作知识是文章结构和各个部分的特点。通过浏览学生初稿，教师确定评价重点应放在开头段写作和词汇丰富度上。课前选取了 6 篇样本，课中带领学生两两对比文本并思考：哪个开头吸引你？为什么？学生结对交流后与全班分享结果。待学生将质量好与差的文本分开后，教师进一步提问：好的开头段有什么特点？学生进而归纳出提出问题、引用名言、个人逸事等方法。在对比和归纳之后，教师将质量较好的文本呈现在一张 PPT 上，反问学生：你们知道作者接下来要写什么英语学习方法吗？用这个问题引导学生将注意力转移到开头段最后一句。通过对中心句的对比，再次强调一篇逻辑紧密的作文要有一句简洁有力表达观点态度的中心句。经过前面的"评"和"讲"，教师在 PPT 上呈现一些不合格的中心句例子，要求学生当堂修改，并通过在线讨论分享。

语言表达能力一直是学生们的痛点，所以会尽量在课堂上聚焦语言维度的某一方面。第一次写作围绕词汇丰富度展开，课上展示 3 篇词汇丰富的文本让学生评价是否恰当，并设计改写练习，让学生用新词汇替换原词。改写练习（教师 PPT），如图 1 所示。

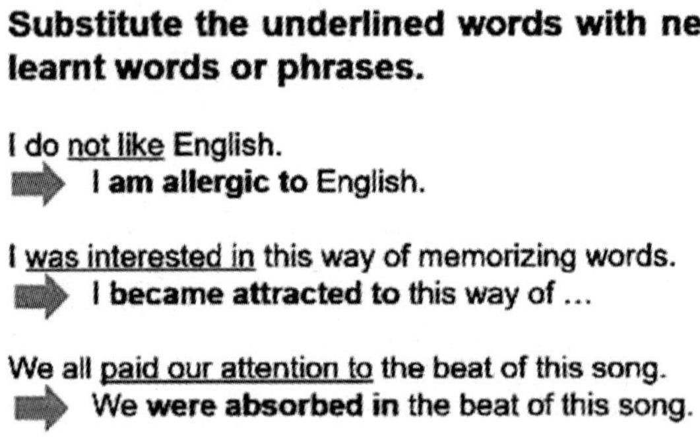

Substitute the underlined words with newly-learnt words or phrases.

I do not like English.
➡ I am allergic to English.

I was interested in this way of memorizing words.
➡ I became attracted to this way of …

We all paid our attention to the beat of this song.
➡ We were absorbed in the beat of this song.

图 1　改写练习（教师 PPT）

2.3.2　观察与发现

本次行动研究历时近一个学期，学生最终将四次写作任务整理在一个电子文档里，以电子档案袋的形式留存评价数据。教师依据档案袋的内容完整性、创意、同伴评价和自我反思质量等进行综合评价，确保了学生对写作任务的全员参与，同学之间的互动讨论也能带动周围的人，同伴评价的参与率从最初的 60% 左右到最后的 90% 左右。学生在互评时不仅仅是给一个分数，而且需要给出评语。这就更要求学生能够认真阅读同学作文，思考评价标准和课堂上教师指出的问题。同伴评价表（第一次写作），如表 4 所示。

表 4　同伴评价表（第一次写作）

评价标准	优/分	中/分	继续努力/分	评分/分
主题明确：切题，观点清楚	17～20	14～16	11～13	18
内容翔实：通过个人经历讲述学习方法	17～20	14～16	11～13	16
结构完整：开头、主体和结尾衔接自然	9～10	7～8	5～6	8
词汇丰富：对新学词汇的使用	17～20	14～16	11～13	14

续表

评价标准	优/分	中/分	继续努力/分	评分/分
语言规范：语法、拼写、标点等正确	17～20	14～16	11～13	16
书写工整：干净、清晰	9～10	7～8	5～6	10
优点		主题明确，内容详略得当，个人经历不够具体，结构还行，书写很好		
不足及建议		语言有些贫瘠，表达清楚，但是缺乏新词和一些高级点的句式。语法大体都对，开头"As"改成"At"，第二段"do"改成"solve"		

在自我反思中，不少学生提到了写作难点是词汇不够，不能自如表达自己的意思，并对语法错误或中心句进行了修改。一些学生还反思了自己对新词的应用、学习的方法或对修改的认识。正如一位学生在反思中提到的："之前写完作文就交了从来不检查，明知道自己有问题但是不知道怎么改，现在通过反馈我知道该怎样检查、修改。"

期末，笔者对所教的4个班（共158人）发放了"英语书面表达调查问卷"，结果显示：89.7%的学生认为自己在书面表达上有进步，其中进步非常大的有近20%。对于书面表达上最大的进步，32.3%的学生是"会检查、修改作文了"，41.8%的学生是"能够借助词汇句型表达自己的想法，语言更符合英文习惯"。

2.3.3 反思

档案袋不同于传统的测试，它对信息的收集和阐释更具有形成性[13]，它展示了学生的动态学习过程，体现了学生的努力、进步和成果。学生在开展同伴评价和自我反思时，可以做横向和纵向比较，分析自己的优势和弱项，以便更深层次地投入学习，进而找到未来学习的方向。[14] 所以，运用档案袋对培养学生的学科核心素养起到了明显的积极作用。

对于四次写作初稿的评价，采用"师生合作评价"形式，发挥教师专业引领的优势，使得课后学生在课内师生合作评价的指导下，做出更有目标、更有方向的评价，获得更好的评价效果。[3] "评"与"讲"结合的方式让学生知道了"错在哪"，帮助学生找到解决样本问题的方法，再针对问题进行讲解。此外，学生对评价内容的多次思考和加工处理既有助于促进思维的深度和广度的拓展，又有助于内化评价重点和产出技能。[3]

3 结论

评价是课程的重要组成部分，为课程目标的实现、内容的完成和学生学科核心素养等提供数据或反馈。[15] 本研究通过形成性评价案例的设计和实施开展三轮行动干预，以发展英语学科核心素养为导向，持续探索形成性评价的促学原理和方法，反思评价效果，为形成性评价在大学英语教学中的应用提供可借鉴的经验，同时更有效地发挥评价对教学的诊断、导向、激励等功能。形成性评价的促学作用毋庸置疑，对教师的评价能力和素养也提出了更高要求，建议后续行动研究可以将形成性评价与校本考试或诊断测试联系起来，开展多样化、个性化教学评价。

参考文献

[1] 鲁子问，康淑敏.英语教学设计[M].上海：华东师范大学出版社，2008.

[2] Black P, Wiliam D. Assessment and classroom learning [J]. Assessment in Education, 1998, 5 (1): 7-74.

[3] 文秋芳."师生合作评价"："产出导向法"创设的新评价形式[J].外语界，2016（5）：37-43.

[4] 李川.大学英语网络教学评估模式实验研究[J].外语与外语教学，2005（7）：33-36.

[5] 石锡书.基于项目的大学英语协作学习应用研究[J].中国外语教育，2009，2（2）：16-27，79.

[6] 李莉文，刘雪卉.教师反馈与思辨能力培养的个案研究——以英语专业本科毕业论文为例[J].外语界，2018（6）：20-27.

[7] 赵婳娜，赵婷玉.《中国学生发展核心素养》发布[EB/OL].（2016-09-14）[2022-07-18]. http://www.scio.gov.cn/m/zhzc/8/4/Document/1491185/1491185.htm.

[8] 中华人民共和国教育部.普通高中英语课程标准（2017年版2020年修订）[M].2版.北京：人民教育出版社，2020.

[9] 林崇德.构建中国化的学生发展核心素养[J].北京师范大学学报（社会科学版），2017（1）：66-73.

[10] 教育部高等学校大学外语教学指导委员会.大学英语教学指南（2020版）[M].北京：高等教育出版社，2020.

[11] 束定芳.大学英语课堂教学，我们教什么，怎么教？——写在首届"外教社杯"全国大学英语教学大赛闭幕之际[J].外语界，2010（6）：26-32.

[12] 郭茜，杨志强.试论形成性评价及其对大学英语教学与测试的启示[J].清华大学教育研究，2003（5）：103-108.

[13] 罗少茜，柳丽萍.促进学习的英语课堂评价[J].英语学习，2017（9）：33-39.

[14] 刘建达，李雪莲.英语课程的教学评价改革[J].中国考试，2020（9）：27-31.

[15] 王蔷.《普通高中英语课程标准（2017年版）》六大变化之解析[J].中国外语教育，2018，11（2）：11-19，84.

城市群与产业集群耦合协调发展的实证研究
——以武汉城市圈为例

伍 娜

(武汉华夏理工学院 商学院,湖北 武汉 430223)

摘 要

城市群与产业集群耦合发展能够促进产业链和城市链形成交互的网络体系,共同促进资源的优化配置和产业结构的优化升级。本文以耦合协调度模型与 TOPSIS 的方法,搭建产业集群和城市群的耦合协调评价机制,就 2018—2022 年武汉城市圈与产业集群的耦合协调度、整体发展水平做出评价。研究表明:2018—2022 年武汉城市圈与产业集群的耦合度实现了显著提高,达到了耦合成熟期;同时耦合协调度也呈现出明显的上升趋势,实现了由失调类城市群向耦合类城市群的转变,说明近 5 年间武汉城市圈与产业集群之间的耦合程度得到了明显的改善。

关键词

城市群;产业集群;耦合协调度;武汉城市圈

引言

经济全球化催生区域竞争,引发地区合作需求,城市群已经成为提升区域国际竞争力的重要支点,许多地方政府纷纷进行城市群规划并制定配套政策,试图模仿发达地区的城市群发展模式,实现跨越式发展[1]。但是从各地的实践可知,大多数城市群的组建并没有实现推动经济社会发展的目的。虽然部分城市群形成了一定规模,但是并没有推动本地区创新能力及竞争力的提升;也有部分城市群前期展现出活力,但是后期出现发展疲乏乃至衰落的问题。当代国家间的竞争更多地体现为以产业集群为载体的创新型城市群之间的竞争,城市群与产业集群耦合发展,能够共同促进资源的优化配置和产业结构的优化升级,促进生产要素的融合,产生巨大的经济效益,因此研究两者之间的耦合发展具有一定的现实意义。

---

① 基金项目:湖北省教育厅科研计划指导性项目(名称:长江经济带城市群与优势产业集群耦合发展测度及可持续优化研究。编号:B2022444)。

② 作者简介:伍娜(1981—),女,硕士,副教授,研究方向:区域创新管理、大数据管理与决策。

目前，关于城市群与产业集群耦合发展的研究主要集中于城市群与产业集群耦合对经济增长的影响机制[2]，耦合模型及评价指标构建[3-4]，耦合发展的内在机理[5]。关于城市与产业集群耦合发展的研究领域不仅仅停留在国家宏观层面，扩展至中观的区域层面，再到微观的各种区域特色的产业集群。[6] 从已有的文献来看，研究宏观层面以及经济增长的互动机制较多，而对城市群和产业集群之间相互关联协调性影响因素的研究较少；现有的研究主要集中于长江上游城市群和京津冀城市群等发育成熟的城市群，对培育型城市群的研究较少。

武汉"1+8"城市圈简称武汉城市圈，是以中国中部最大城市武汉为圆心，覆盖黄石、鄂州、黄冈、孝感、咸宁、仙桃、天门、潜江等周边8个大中型城市所组成的城市群。[7] 近年来，国务院提出将长江中游城市群建设成为长江经济带重要支撑、全国经济新增长极和具有一定国际影响的城市群。武汉城市圈是长江中游城市群核心区域，担负着引领长江中游城市群的重要责任。选择武汉城市圈作为实证区域，研究创新型城市群和产业集群的耦合发展具有典型性和代表性，不仅可以推动武汉市城市圈与产业集群的互动发展，提高创新能力，为武汉市城市圈的"两型"（资源节约型、环境友好型）发展和自主创新示范区建设提供一定的决策参考，而且可以对我国中西部地区的其他城市群建设提供一定的借鉴、示范作用。

基于此，本文以武汉城市圈为研究对象，通过构建城市群与产业集群耦合协调评价指标体系，建立城市群与产业集群耦合协调度测算模型，测算2018—2022年武汉城市圈与产业集群的耦合度和协调度，并在此基础上提出有针对性的对策和建议。

1 国内外研究现状

现代意义上城市群研究的开拓者当属法国地理学家戈特曼，他在1957年提出了大都市带的概念，引起了国际学术界持续的研究热潮。戈特曼以最低2500万人口为限，提出了世界范围内的六大都市带，至今仍被很多学者所采用。[8] 1990年后，多中心城市区域研究取得了大量研究成果。Peter Hall提出了多中心巨型城市区域的概念，并通过深入研究取得了大量先驱性成果。[9] 如今，城市群的研究又进入了新的发展阶段，学术界开始关注创新型城市的研究并涉及创新型城市群的问题。进入20世纪90年代，鉴于城市面临的种种危机，西方学者开展了有关城市战略的研究，涉及城市规划、城市文化、城市营销、城市治理等领域，并提出了建设学习型城市、高科技城市、创新型城市等具有实践意义的观点。国内对创新型城市群的研究主要聚焦在创新型城市群的发展战略及建设方面。薛风平认为，当代创新呈现全球化、网络化、协同化、集成化特征，创新资源加速向城市集聚，建设国际化创新型城市已成为诸多城市的战略选择。通过提高国际科技合作水平、提高产业技术创新能力、完善科技创新体系、提升科技成果转化质量、提高科技服务能力、营造国际化氛围六条路径加快建设国际化创新型城市。[10] 吕健等用4个指标来衡量城市创新能力：创新环境、创新动力、创新绩效和创新政府。[11] 徐苑琳基于我国2007—2018年创新型城市建设的面板数据，从理论和实证角度检验了创新型城市建设与城市产业升级之间的关系。认为创新型城市建设能够显著地促进城市产业结构的优化升级，直接表现为提升城市的全要素生产率。[12] 黄慧萍等面向城市群建设与管理对空间信息集成应用服务的重要需求，基于应用主题领域触发的事件模型和关联要素的特征研究，提出了城市群时空大数据体系框架设计思路，有助于推动要素类时空大数据在城市群建设与管理工作中的集成应用。[13]

产业聚集这一现象最先在西方凸显，所以国外学者很早就开始对其进行探索研究，除了在产业集群典型理论上有深入探索外，在产业集群的其他方面也有了新进展。在产业集群的机理研究上，Lynn Mytelka 和 Fulvia Farinelli 探讨怎样基于传统产业去培育创新产业群，提出建立创新系统的必要性。[14] 在产业集群的实证分析研究上，Khalid Nadvi 和 Gerhard Halder 对巴基斯坦和德国的外科器械集群进行实证分析，同时也对发达国家和发展中国家的产业集群之间的关系做了探讨。[15] 国内对产业集群的探索和研究，虽然起步较晚，但在产业集群理论上的研究逐渐趋于成熟，国内学者从各种不同的角度对产业集群进行了理论探讨。邓永波通过分析产业集群与城市群高质量发展的互动关系，研究市场效应、行业联系对地区分工和城市群发展阶段的影响，产业集群内部的产业联系是产业集群成长的重要条件，有利于城市群高质量发展。[16] 郭利平以中原城市群为研究地理单元，研究城市群与产业集群耦合互动水平，表明城市集聚对区域经济发展有促进作用，产业集群对区域经济增长有显著性影响。[17]

2 内涵与价值分析

2.1 内涵：耦合而成的复合创新系统

创新型城市群，是以创新为核心驱动力，以促进城市群经济稳定增长、推动社会可持续发展为根本目标，依托产业集群的创新网络高效配置和管理创新资源的新型城市群，代表着城市发展的方向和趋势。产业集群是以专业化分工和协作为基础，以制度建设和机制创新带动各种生产要素和创新资源集聚，形成以创新型企业和创新人才为主体，以知识或技术密集型产品为主要内容，以创新组织网络、商业模式和创新文化为依托的产业集群。

耦合作为物理学概念，是指两个或两个以上的系统或运动形式彼此影响的现象。从国际上创新型城市群与产业集群发展的历史与现实看，两者并不是沿着各自不相关的轨道孤立发展的，而是在一定区域内发生着时间上和空间上的联系，并呈现一体化发展的耦合现象，即在时间上相伴而生，在空间上高度重合。创新型城市群与产业集群是两个相互影响的系统，二者之间通过物质循环、能量流动和信息传递等交互耦合而形成复合创新系统。因此，可以把创新型城市群与产业集群的耦合定义为：在一定区域内，创新型城市群与产业集群之间由于创新行为的发生而互促共进、协调发展，创新要素之间相互影响、交互作用，共同促进产业结构升级、城市功能优化，从而形成生产力空间布局与城市空间布局一体化的区域经济体系的过程。

2.2 价值分析

创新型城市群与产业集群耦合发展，能够推动所在区域的创新能力增强，获得更高的创新溢出效益；创新型城市群与产业集群不能够耦合发展，就会阻碍创新型城市群和产业集群各自的发展，对所在经济区域的发展产生负面影响。在一个区域内，创新型城市群与产业集群各组成要素产生关联作用，产业集群推动城市建设和城市间生产要素的快速流动，创新型城市群则为产业集聚提供基础设施和配套服务，二者互相作用，共同推动区域经济增长。

二者互动形成的产城联动效应，能够增强区域经济竞争优势。产业集群、创新型城市群及由二者构成的经济系统中，各组成要素彼此影响、交互作用、良性互动，从而使这个经济体在产业结构和城市功能上不断完善和协调，共同促进区域经济发展。另外，产城联动机制还能够进一步加强区域内企业与城市之间的分工协作，提高区域的生产效率和交易效率，形成其他区域无法复制或效仿的动态竞争优势，将整个区域打造成产业布局更加合理、产业结构更加优化、城市功能更加强大的综合经济体。

二者互动形成的一体化效应，可以提高区域经济整体实力。二者互动能够促使创新型城市群内的产业和城市打破固有的地理界限和行政限制，并逐渐实现区域一体化的合作模式和运行机制，深化区域内不同产业和不同城市间的交流与合作。创新型城市群内的中心城市可以通过产业互动和优势互补，将其强大的经济、文化、技术、人力资源等经济优势辐射和扩散到周边城市甚至更远的腹地，促进区域内要素资源的互流、产业间的互动以及市场的对接，在更大的空间范围内推动区域经济梯次、协调发展。同时，区域内强大的集聚效应和高效的示范效应，也将吸引区域外的资源要素向本区域自由流入，从而在更大的空间范围内促进资源的合理配置，产生新的连锁累积效应，实现产出的增加和经济的更快增长。

3 耦合发展的评价模型

3.1 构建评价指标体系

陈梦筱以经济实力、资金实力、基础设施、开放程度、科技水平、环境质量为一级指标，建立了评价指标体系，对城市群的竞争力进行了评价和分析。[18] 左和平从集聚程度、竞争程度、创新能力等6个方面建立指标体系，对产业集群进行了评价。[19] 齐义军等从发展条件、经济发展度、社会发展度、环境发展度、集聚程度、竞争程度、产出能力、规模经济效应等8个方面建立指标体系，对呼包鄂城市群与产业集群的耦合发展评价进行了研究。[4] 本文在对其他学者的研究进行总结归纳的基础上，从8个方面，选取29个指标，构成了城市群与产业集群耦合发展评价指标体系，如表1所示。

表 1 城市群与产业集群耦合发展评价指标体系

目标层	准则层	指标层	单位
城市群发展水平	群域经济发展	人均 GDP	元
		GDP 增长率	%
		人均地方财政收入	亿元
		全社会固定资产投资总额	亿元
		外贸进出口总额	万美元
		金融机构年末存款余额	亿元
	群域社会环境	城镇居民人均可支配收入	元
		万人拥有病床数	张
		恩格尔系数	—
		失业率	%
		公路供给量	—
	群域生态环境	建成区绿化覆盖率	%
		污水处理率	%
	群域科技实力	科研人员数量	人
		高校在校生人数	人
		科技经费支出额	万元
		专利申报数	个
产业集群发展水平	竞争能力	产值区位商	—
		行业市场占有率	%
		销售利润率	%
	创新能力	行业研发支出总额	万元
		新产品开发经费支出	万元
	产出能力	行业总产值	亿元
		全员劳动生产率	元/人
		R&D 人员数	人
	规模经济效应	规模以上企业数	个
		产业职工数	个
		利税总额	亿元
		产值利税率	%

3.2 构建耦合发展模型

由于使用传统的专家打分法容易产生一定的主观倾向性,本文熵权-TOPSIS 法使用原始索引值构造原始数据矩阵,用 m 个评价指标和 n 个对象进行评价,更能客观地反映指标信息熵的效用,主要包括以下步骤。

第一步骤,标准化数据得到矩阵 A_{m*n}':

$$a_{ij}' = \begin{cases} \dfrac{a_{ij} - \min a_{ij}}{\max a_{ij} - \min a_{ij}}, & \text{正向指标} \\ 1, \min a_{ij} = \max a_{ij} \\ \dfrac{\max a_{ij} - a_{ij}}{\max a_{ij} - \min a_{ij}}, & \text{负向指标} \end{cases} \quad (1)$$

公式(1)中,年份用 i 表示,指标用 j 表示,$i=1,2,\cdots,m$;$j=1,2,\cdots,n$。第 i 年 j 指标的原始数值用 a_{ij} 表示,第 i 年评分 j 指标的标准指数用 a_{ij}' 表示。

第二步骤,通过上文标准化数据结果,计算指数比例得到比例矩阵 P_{m*n}:

$$P_{ij} = \dfrac{a_{ij}' + x}{\sum\limits_{j=1}^{n}(a_{ij}' + x)} \quad (2)$$

由于标准化后的数据的区间在 [0,1],存在等于 0 的情况,而下面熵值法会取对数,因此,本文将标准化数据平移 x 个单位,设 x 为 0.01。

第三步骤,根据信息熵的计算公式,计算出各个指标的信息熵 e_{m*1}:

$$e = -\dfrac{1}{\ln n} \sum_{j=1}^{n} P_{ij} \ln(P_{ij}) \quad (3)$$

第四步骤,计算熵权得到权重 w_{m*1}。具体公式如下:

$$w_i = \dfrac{1 - e_i}{\sum\limits_{i=1}^{m}(1 - e_i)} \quad (4)$$

第五步骤,将原始数据根据公式 $a_{ij}' = \dfrac{a_{ij}}{\sum\limits_{i=1}^{m} a_{ij}}$ 构建规范化决策矩阵 $Y = (a_{ij}')$,再结合熵权向量 w_j 得到加权规范化决策矩阵 A,并形成正、负理想解向量 a_j^+、a_j^-($j=1,2,\cdots,n$)。其计算公式为:

$$\begin{aligned} A &= (a_{ij}'')_{m\times n} = (w_j \times a_{ij}')_{m\times n} \\ a_j^+ &= \max(a_{1j}, a_{2j}, \cdots, a_{mj}) \\ a_j^- &= \min(a_{1j}, a_{2j}, \cdots, a_{mj}) \end{aligned} \quad (5)$$

第六步骤,利用欧几里得距离公式计算指标评价值到正理想解和负理想解的距离 d_j^+、d_j^-:

$$d_j^+ = \sqrt{\sum_{j=1}^{n}(a_{ij}'' - a_j^+)}$$
$$d_j^- = \sqrt{\sum_{j=1}^{n}(a_{ij}'' - a_j^-)}$$
$(0 \leqslant d_j^+, d_j^- \leqslant 1; i = 1, 2, \cdots, m)$ (6)

第七步骤，根据下列公式计算出贴近度，并按照大小顺序排列：

$$B_i = \frac{d_i^-}{d_i^+ + d_i^-}, \quad 0 \leqslant B_i \leqslant 1 \tag{7}$$

第八步骤，贴近度为各系统的得分，为探究研究对象的综合指数得分，取各系统的贴近度均值为综合指数得分：

$$B = \frac{\sum_{i=1}^{n} B_i}{N} \tag{8}$$

其中，N 为构建子系统个数。

第九步骤，由于城市群、产业集群的研究为 4 个系统，所以依据此模型可以推理得到 4 个系统的耦合度模型，即：

$$C_4 = 4 \times \left[\frac{(u_1 \times u_2 \times u_3 \times u_4)}{(u_1 + u_2 + u_3 + u_4)^4}\right]^{\frac{1}{4}} \tag{9}$$

式（9）中，武汉产业集群和城市圈的耦合度由 C_4 代表，u_1、u_2、u_3、u_4 分别代表产业集群竞争力、创造力、产出力、规模经济的整体评价值。

第十步骤，耦合度模型虽得到普遍应用但也存在不足，不能直接反映城市群和产业集群的综合发展水平。如果两个系统发展水平都比较低，利用耦合度模型仍得到两个系统耦合度高的结果，而这种高水平的耦合与两者发展水平都很高时，高水平耦合的内涵是不同的。因此借鉴学者以往的研究成果，再构建一个能客观反映城市群与产业集群耦合发展的耦合协调度模型，予以完善补充，即：

$$D = \sqrt{C \times T}, \quad T = \partial u_1 + \beta u_2 + \chi u_3 + \delta u_4 \tag{10}$$

其中，D 为城市群和产业集群的耦合协调度，C 为城市群和产业集群的耦合度，T 为城市群与产业集群竞争力、创造力、产出力、规模经济的综合协调指数，∂、β、χ、δ 为待定系数。

4 耦合发展的实证分析

以武汉城市圈为研究对象，研究所需数据主要来源于 2018—2022 年《湖北统计年鉴》及武汉城市 9 个地级城市的统计年鉴。此外，部分缺失的产业数据从 2018—2022 年《中国工业统计年鉴》中获得。

4.1 综合评价指数计算与分析

根据式（1）至式（4）的计算步骤，对 2018—2022 年城市群与产业集群耦合发展评价指标体系中的各项指标进行权重估计，然后根据式（5）至式（8）分别计算出武汉城市圈和产业集群的综合评价指数。

从数据可以看出，武汉城市圈的综合评价指数呈现明显的上升趋势，城市群综合评价值从 2018 年的 0.1811 跃升到 2022 年的 0.6408。具体来看，武汉城市圈的经济环境指数、生态环境指数和科技实力指数分别增长了 9 倍、5 倍、6 倍。其中，经济环境指数增长速度最快。武汉是长江经济带核心城市，武汉城市圈是长江中游城市群的重要组成部分，必将充分发挥区位、交通、市场等优势，加速经济的发展。生态环境指数和科技实力指数增长较快，这与坚持把修复长江生态环境摆在压倒性位置，加强长江岸线整治、生态修复、水污染防治和沿线产业转型升级有关。武汉城市圈经济产业基础雄厚、科教资源丰富、区位优势明显。在国家创新战略的指导下，武汉城市圈加强区域创新能力建设的成效较显著，其数值仍有较大的提升潜力。社会环境指数增长速度相对较慢，并且呈现出明显的波动趋势。但总体来看，经济环境指标、社会环境指标、生态环境指标和科技实力指标的数值均呈现出明显的上升趋势，这是武汉城市圈综合评价指数上升较快的根本原因。

从武汉城市圈产业集群综合评价指数的变化趋势可以看出，环保产业集群综合评价指数数值上升最快，从 2018 年的 0.0168 上升至 2022 年的 0.9648，上升了约 56 倍，实现了率先发展；其次是高新技术产业集群，从 2021 年的 0.0705 上升至 2022 年的 0.8875，上升了约 12 倍；农产品加工业、优势能源产业集群上升速度较为缓慢，且波动趋势明显，从 2018 年到 2022 年仅上升 1 倍多，这可能与自然环境的变化有所联系；汽车产业集群在 2017 年之前上升势头明显，但是在 2020 年之后呈现缓慢上升趋势。总体来看，武汉城市圈六大产业集群 2022 年的综合评价指数比 2018 年有所提高，环保产业集群、高新技术产业集群呈现出较快的增长速度，汽车产业集群增长速度适中，农产品加工业、优势能源产业集群发展速度较慢，仍有较大的发展空间。

4.2 耦合度的计算与分析

结合武汉城市圈综合评价指数和武汉城市圈产业集群综合评价指数，运用耦合度计算公式（9）进行计算，得出武汉城市圈与六大产业集群耦合度在 2018—2022 年的数值，如表 2 所示。并参照相关文献[20]划分等级。

表 2 2018—2022 年武汉城市圈与产业集群耦合度

年份	指标					
	汽车产业集群	优势能源产业集群	高新技术产业集群	农产品加工产业集群	轻纺产业集群	环保产业集群
2018	0.2677	0.3440	0.6233	0.4553	0.8298	0.8280
2019	0.6864	0.6937	0.8495	0.9081	0.3212	0.9216
2020	0.9907	0.9617	0.9285	0.8487	0.6242	0.9455
2021	0.8767	0.9771	0.9923	0.9072	0.9920	0.9896
2022	0.9279	0.8125	0.9912	0.8763	0.9692	0.9990

从表 2 可以看出，2018 年，轻纺产业集群与武汉城市圈的耦合度最高，达到了 0.8298；汽车产业集群与武汉城市圈的耦合度最低，为 0.2677，但 2022 年提高到 0.9279，进步最大。优势能源产业集群耦合度在 2022 年最小，低于其他类型的产业集群。总体而言，2022 年，汽车产业集群、优势能源产业集群、高新技术产业集群、农产品加工产业集群、轻纺产业集群以及环保产业集群与武汉城市圈的耦合度均较高，都在 0.8 以上，耦合步入成熟阶段。

4.3 协调度的计算与分析

结合武汉城市圈综合评价指数和武汉城市圈产业集群综合评价指数，以及武汉城市圈与六大产业集群耦合度，运用耦合协调度计算公式（10）进行计算，得出武汉城市圈与六大产业集群协调度在 2018—2022 年的数值，如表 3 所示。并参见相关文献[21]划分等级。

表 3 2018—2022 年武汉城市圈与产业集群耦合协调度

年份	指标					
	汽车产业集群	优势能源产业集群	高新技术产业集群	农产品加工产业集群	轻纺产业集群	环保产业集群
2018	0.2891	0.3316	0.2096	0.4331	0.4687	0.1178
2019	0.4738	0.4980	0.3713	0.6896	0.2342	0.3301
2020	0.6836	0.4891	0.5656	0.5953	0.2777	0.7000
2021	0.7100	0.6141	0.8521	0.6883	0.6567	0.8161
2022	0.7608	0.6645	0.9379	0.7823	0.9139	0.9817

武汉城市圈与六大产业集群的耦合协调度在 2018—2022 年呈现出明显的上升趋势，耦合协调度数值由 2018 年的 0.5 以下上升为 2022 年的 0.6 以上，实现了由失调类城市群向耦合类城市群的转变，说明武汉城市圈与产业集群之间的耦合协调度得到了明显的改善。但是，优势能源产业集群与武汉城市圈的耦合协调度在 2021—2022 年表现出滞后的局面。

5 结论与建议

通过构建城市群和产业集群耦合发展评价指标体系，运用熵权-TOPSIS 法和耦合协调度模型，对武汉城市圈 2018—2022 年武汉城市圈与产业集群的综合发展水平以及耦合协调度进行测算和分析，得到以下结论。第一，经过约 5 年的发展，六大产业集群与武汉城市圈的耦合度均实现了显著提高，耦合度都提高到 0.8 以上，达到了耦合成熟期。第二，武汉城市圈与产业集群耦合协调程度发生了变化。汽车产业集群实现了从中度矛盾发展类向中级协调发展类的转变，优势能源产业集群实现了从轻度失调发展类向初级协调发展类的转变，高新技术产业集群实现了从中度矛盾发展类向优秀协调发展类的转变，农产品加工产业集群实现了从溯临失调发展类向中级协调发展类的转变，轻纺产业集群和环保产业集群均实现了从不协调发展类向优秀协调发展类的转变。总体来看，武汉城市圈与产业集群耦合的协调情况基本都在向良性演进，如果能继续保持这种良好的发展势头，则六大产业集群和武汉城市圈可达到较高的耦合协调水平。

为了促进产业链和城市链形成交互的网络体系，共同促进资源的优化配置和产业结构的优化升级，进一步提升武汉城市圈和产业集群的耦合发展水平，提出以下对策和建议。

首先，完善武汉城市圈基础设施，推动产业集聚。健全完善武汉城市交通网络，提高武汉市海陆空等内部、外部基础设施的建构力度，重新激发武汉市乃至包括湖北省在内的"九省通衢"的活力。联通武汉市在交通方面的基建，对武汉周边的交通网络进行升级，推动武汉市空间布局优化转型。另外，要长期推进汉江航道治理的进程，扩大武汉城市圈交通网络的覆盖范围。

其次，进一步激发产业聚集效应，推动城市朝着一体化的方向发展[16]。确保武汉城市圈经营管理委员会发挥其核心作用，促进武汉城市圈实现产业性分级分工，推动城市圈内部产业布局的合理化和科学化。对城市圈内的每个产业做出精准发展定位。以公司为主体、资金为支撑，将武汉打造成圈内的优秀产业基地，辐射和联动其他城市，形成优势产业集群。运用高新技术推动传统产业转型升级，实现企业间的联动合作、行业间的资源整合、产业间的兼容并包，提高城市圈内的资源优化配置效率，实现产业链的延伸发展。

再次，打造集群模式的区域创新网络，激发创新协作效能。武汉城市圈具有较强的创新实力，在中部城市中位居前列。武汉的每项创新子能力水平相当，其中以环境支撑力、管理与制度创新力为最强；创新网络也正在形成，表现为人力资源丰富、创新基础设施较好、政府对创新的支持力度较大、城市群网络互通力和一体化程度较高。但其技术创新力和知识创新力较弱、社会文化对创新支持力较弱，尤其是大中型企业科技投入较低、技术产出低、效率不高。由此，构建集群式区域创新体系，密切产学研合作关系，建立创新激励机制，对提高整个武汉城市圈创新活力来说，是必不可少的重要工作。

最后，积极把握时机，融入国家发展战略。推动长江中游城市集群的发展一直是学界、政府关注的重点，也是我国大力推行的"一带一路"倡议与"长江经济带"建设的重要支点。武汉城市圈作为长江中游城市群重要的经济增长极和产业集聚区，应积极参与长江中游城市群乃至长江经济带的产业互动，推动产业集群的发展和质量提升，通过新产业、新业态、新模式快速成长，促进中部崛起战略的实现。

参考文献

[1] 汤放华，陈立立，曾志伟，等. 城市群空间结构演化趋势与空间重构——以长株潭城市群为例[J]. 城市发展研究，2010，17（3）：65-69，85.

[2] 齐昕. 产业集群、城市集群耦合及其区域经济协调效应研究——以中国十大城市群的实证数据为例[J]. 北方金融，2020（9）：8-15.

[3] 陈雁云，朱丽萌，习明明. 产业集群和城市群的耦合与经济增长的关系[J]. 经济地理，2016，36（10）：117-122，144.

[4] 齐义军，巩蓉蓉，付桂军．呼包鄂城市群与产业集群耦合发展评价［J］．前沿，2019（1）：47-57．

[5] 牟群月．产业集群与城市群的耦合发展研究——以温台沿海城市群为例［J］．特区经济，2012（5）：41-43．

[6] 王军军，杜英，王建平，等．旅游产业的溢出效应及其集群化测度研究——基于山西省11个地市的实证分析［J］．统计与信息论坛，2016，31（4）：74-79．

[7] 吴怀志．武汉城市圈与长江中游城市群融合发展研究［J］．城市观察，2016（3）：40-52．

[8] Gottmann Jean. Megalopolis, or the urbanization of the northeastern seaboard [J]. Economic Geography, 2016, 33 (3): 189-200.

[9] Scott A J. Global city-regions: trends, theory, policy [M]. Oxford: Oxford University Press, 2001.

[10] 薛风平．国际化创新型城市：内涵与建设路径［J］．中共青岛市委党校．青岛行政学院学报，2023（4）：57-63．

[11] 吕健，刘朝晖．廊坊市创新型城市评价指标体系研究［J］．中国市场，2022（10）：28-30．

[12] 徐苑琳．创新型城市建设促进城市产业升级研究［J］．技术经济与管理研究，2020（11）：110-114．

[13] 黄慧萍，陈芳森．城市群建设与管理的时空大数据体系框架构建研究［J］．遥感技术与应用，2023，38（2）：443-453．

[14] 保罗·克鲁格曼．地理与贸易［M］．张兆杰，译．北京：北京大学出版社，2002．

[15] 白靖宇，张伟峰，万威武．国内外产业聚群理论研究进展综述［J］．当代经济科学，2004（3）：14-18，93．

[16] 邓永波．产业集群与我国城市群高质量发展研究［J］．中国商论，2023（22）：6-9．

[17] 郭利平．中原城市群、产业集群耦合与区域经济增长［J］．统计与决策．2023，39（10）：126-130．

[18] 陈梦筱．中原城市群城市竞争力实证研究［J］．经济问题探索，2007（2）：33-39．

[19] 左和平，杨建仁．论产业集群绩效评价指标体系构建——以陶瓷产业集群为例［J］．江西财经大学学报，2010（4）：33-37．

[20] 刘晓君，王东旭，胡伟．基于TOPSIS熵权模型的绿色建筑产业与其支撑环境耦合协调研究——以陕西省为例［J］．数学的实践与认识，2021，51（2）：298-307．

[21] 马茹，王宏伟．中国区域人才资本与经济高质量发展耦合关系研究［J］．华东经济管理，2021，35（4）：1-10．

名臣健康公司跨界并购对短期财务绩效的影响研究

黄 甜[1①] 姚宇轩[2②]

(1. 武汉华夏理工学院 商学院,湖北 武汉 430223;
2. 国家开发银行苏州分行,江苏 苏州 215128)

摘 要

随着经济整体转型升级,市场开放程度进一步提升,我国经济已由高速增长阶段转向高质量发展阶段。然而生产要素成本上升、资源环境压力加大以及自身研发能力不足等原因使传统制造业企业难以实现转型升级。在此背景下,一些企业以跨界并购的方式进入新兴行业,力求实现企业的转型升级,拓宽企业经营渠道,提升企业绩效。本文通过对名臣健康用品股份有限公司(以下简称"名臣健康"或"名臣健康公司")跨界并购案例的研究,旨在探讨跨界并购对企业短期绩效的影响;总结名臣健康跨界并购的成功经验,给同类企业转型升级提供决策咨询和可以借鉴的思路。

关键词

跨界并购;短期绩效;转型升级;影响

引言

随着新时代的来临,中国经济正迈向一个追求质量而非速度的发展模式。然而,生产要素成本的上升、市场竞争者的增多等问题,使得过去依靠要素驱动和低廉生产成本的经济增长模式难以再次取得成功。许多企业出现产能过剩、效率下滑等问题,企业绩效不佳。此外,一些行业市场已经饱和,企业很难在原有的领域继续深耕发展。因此,跨界并购成为企业寻求转型升级和提升绩效的一种新思路。

通过跨界并购,公司能够迅速进入新的领域和市场,扩大业务范围。目前,全球经济面临各种不确定因素,而跨界并购的优势在于能够分散单一经营带来的市场风险,将"鸡蛋放入不同的篮子"。然而,与同行业内的并购相比,跨界并购的可控性较低。除了要克服大多数并购面临的"水土不服"问题外,还必须防止因业务扩张而导致的"消化不良"

---

① 作者简介:黄甜(1981—),男,硕士,讲师,研究方向:财务会计理论与实践。
② 通讯作者:姚宇轩(1998—),男,硕士,研究方向:企业并购整合。

问题。新旧业务的有机融合是一项困难的任务，尤其是在涉及新兴技术的跨界并购中更是如此，由于存在技术壁垒，并购后的整合难度较大。

合理的跨界并购能够有效地整合企业资源，激发企业的内在活力，快速提升企业的产业层级、经营管理效率和核心竞争力，迅速实现企业完成转型和提升绩效的战略目标。本文通过总结名臣健康跨界并购的成功经验，为同类企业的转型升级提供决策咨询和可借鉴的思路。

1 文献综述

1.1 关于跨界融合的类型和途径研究

Humphrey从全球价值链的角度出发，提出了一种跨界融合的阶梯式理论：第一步是跨越工艺流程的融合，第二步是跨越产品的融合，第三步是跨越功能的融合，最后则是跨越产业的融合。[1] 常嵘认为，并购是企业跨界融合的重要途径，由于传统企业和新兴企业的产品生命周期处于不同阶段，催生了传统企业跨界融合的动机：企业想进入知识密集的新兴产业，以创新为驱动力，优化调整其产业结构，并且通过获得新兴企业更加先进的技术，进一步提升原有产品的经济附加值，拓宽经营渠道，增加企业盈利。[2]

1.2 关于并购绩效的研究

企业的跨界并购绩效是指并购行为完成后，目标企业被纳入到并购企业中，实现并购动因，产生效益的状况。一项并购交易是成功还是失败，是否实现了目标，是否实现了预期的协同效应，是否加速了企业发展进程，是否促进了资源的有效配置，所有这些都是与并购绩效有关的问题。

国内外学者对跨界并购绩效的研究得出了不同的结果，有的学者研究认为跨界并购可以提高并购一方甚至双方的绩效，而有的学者研究认为跨界并购很难提高并购双方的经营效益，甚至可能会降低企业的效益。大多数学者采用事件研究法对企业短期并购绩效进行评价。Du和Boateng运用该方法研究了并购日前后10天的公司股价，发现并购有助于企业短期绩效的提升。李明娟和于卓群通过对82家通过并购实现互联网业务转型的公司进行研究，结果表明，从长期业务发展情况来看，与互联网转型有关的跨界并购会使得企业绩效得到显著提升。[3] 杨威、赵仲匡和宋敏对研究样本的短期和长期并购绩效的分析表明，与同行业并购相比，跨行业的多元化并购有助于加快公司转型升级的步伐，并且对于业绩不佳的公司而言，多元化并购的倾向会更为强烈。[4] 侯垚鑫、刘俊彤和荆琪运用事件研究法衡量跨界并购的市场反应，研究结果表明，跨界并购会给企业带来短期的市场认可，提高市场效益。[5] 也有一些学者得出负面影响的结论。Raudszus、Schiereck 和 Trillig通过对建筑行业的横向并购和多元化并购的研究，得出结论：长期来看，混合的并购策略会降低企业并购后的绩效表现，相反，横向并购的策略选择表现更好。因为多元化并购会导致企业的不确定性增加,合并后的整合问题会抵消并购时带来的短期多元化收益。[6] 黄雯和杨柳青对国有上市公司的246起并购案件进行了研究,对并购产业进行深度剖析后得出的结论是:跨行业并购会降低并购绩效,导致并购活动偏离股东财富最大化的目标。另外,许多学者采用财务指标分析法评价企业并购绩效。[7] 宋维佳和乔治研究发现,国内资源型企业并购前期绩效的提升并不明显,但是随着并购进程的推进,企业绩效有了明显改观。[8] 王宛秋、李晓意和綦萌认为,高管资源链也会对企业并购之后的绩效产生影响,如果高管资源链断裂,则企业并购后绩效很难提升。[9] 王芳、张潇天和王宛秋认为,创新能力强的企业容易在并购后取得更好的绩效提升。[10]

1.3 关于转型视角下的并购研究

Porter在提出企业竞争战略理论的同时,认为企业在进入成熟期或衰退期时,可以通过并购朝阳行业等利润率较高的行业完成战略转型,从而提高自己的市场竞争力,发展新的盈利点。王生年和魏春燕对2004—2009年国内发生并购的交易研究发现,当企业经营较为困难时,为减轻压力,更乐意通过向新兴行业扩张来完成转型升级,获得收益。[11] 王卉和胡娟认为,传统产业在能力与资金的作用下,通过并购能够加速完成转型突破的目的。[12] 唐浩丹和蒋殿春认为,企业通过并购可以得到快速而有效的成长,也可以及时获取新资源,应对瞬息万变的市场。因此,企业不仅能够依靠并购调整自身在时代竞争中的地位,而且能够借助并购重新制定战略目标,完成转型升级。[13] 孟凡臣和谷洲洋提出,对于企业而言,并购能助其开拓市场,优化配置,推动价值链跃升,从效率和结构等方面对其转型升级产生深刻影响。[14] 唐浩丹、方森辉和蒋殿春采用双重差分法(DID)通过2011—2019年中国制造业上市企业数字并购数据,对数字并购与企业市场势力之间的因果效应和影响机制进行识别与检验。[15] 研究发现:数字并购对制造业企业具有长期、持续的市场势力提升效应,且经济意义显著。伍晨和张帆基于2010—2020年中国A股上市公司数字并购面板数据,利用PSM-DID方法进行实证研究后发现,数字经济行业企业以及成长期和成熟期企业更容易从数字并购中获益;数字并购对企业创新的积极影响在非数字经济行业企业和衰退期企业中并不显著。[16]

总的来说,目前学者主要关注并购的动因和绩效方面的研究。不同学者对于企业并购的动因有不同的观点,比如为了扩大规模、实现多元化经营、提升企业核心竞争力等。而对于企业并购绩效的研究主要集中在评价方法方面,包括财务指标法、事件研究法、EVA绩效评价法等。目前,学者主要使用事件研究法来分析并购后的短期绩效,对于中长期绩效的研究相对较少。此外,学者关于跨界融合的研究主要集中在概念、类型、途径、动因和影响等方面。大部分学者认为企业跨界融合是为了适应发展需要,寻求战略转型而进行扩张,或取消企业经营边界,寻求新的利润增长点。综上所述,目前学者对于转型升级、企业并购和跨界融合的研究大都是独立展开的,还需要进一步研究转型背景下企业跨界并购行为对绩效的影响。

2 名臣健康公司跨界并购案例概述

2.1 名臣健康公司简介

名臣健康公司始创于1994年,是一家具备约30年个人健康护理用品研发、生产和营销经验的公司,曾经是日化行业内的典型代表之一。公司主打产品是"蒂花之秀"和"美王",这两款产品在广大消费者之间享有一定的知名度。名臣健康公司的主要收入来源于个人洗护用品,其占据了公司整体营收额超过90%的份额。在销售渠道上,公司主要依靠线下商店和超市等传统渠道,这种经营模式所占比例超过95%。除了个人洗护用品外,名臣健康还涉足化妆品、食品、健身和医疗器材的生产销售,但是规模较小,对公司整体营收贡献较低。然而,随着日化产品专卖店、电子商务和线上明星带货等新兴销售方式的崛起,消费者的消费观念也在发生变化,更加注重产品的质量和口碑。这使得日化行业的竞争变得日益激烈,名臣健康在上市后的业绩出现了较大幅度的下滑,公司上市后的3年里业绩表现不佳,具体情况如表1所示。

表1 名臣健康公司并购前3年经营情况表

项目	2019年	2018年	2017年
营业收入/万元	51746.31	54627.65	6416.39
营收同比增加率	−5.27%	−14.86%	7.64%
归属净利润/万元	2307.67	2966.07	4850.89
净利润同比增长率	−22.20%	−38.86%	2.32%
营业净利润率	4.46%	4.29%	8.07%
资产负债率	19.17%	21.15%	21.50%

数据来源:国泰安数据库。

名臣健康自2017年上市以来,经营能力呈下降趋势。3年间,该公司的营业收入持续减少。2017年,营业收入为64163.39万元,但到了2018年和2019年,营业收入分别降至54627.65万元和51746.31万元,同比分别下降了14.86%和5.27%。盈利能力也随之下滑,归属于母公司的净利润在3年内逐年减少。2017年,净利润为4850.89万元,而2018年和2019年分别跌至2966.07万元和2307.67万元,同比分别下降了38.86%和22.20%。从偿债能力的角度来看,名臣健康的资产负债率相对较低,波动在20%附近。相比于同行业规模类似的公司而言,名臣健康的资产负债率处于较低水平。这主要是由于名臣健康的业务相对单一,且处于日化行业竞争激烈的市场,其产品缺乏突出的优势,导致市场表现较弱。此外,该公司在财务战略上过于保守,未能充分利用财务杠杆。

2.2 名臣健康公司跨界并购背景分析

2.2.1 日化行业竞争激烈

我国是消费品大国,日化用品市场规模逐年扩增。2015 年,中国日化用品市场规模已达 597.13 亿美元。截至 2020 年底,我国日化用品市场规模达到 906.75 亿美元,较 2015 年提升了 51.85%。但是,由于行业门槛不高,导致日化用品生产企业数量庞大,国家市场监督管理总局的网站显示,目前我国拥有日化用品生产资质的企业有 4000 多家。

2.2.2 寻求多元化经营

名臣健康公司旗下除了几款个人洗护产品外,其他产品生产销售规模较小,在我国个人洗护品公司超 4000 家的情况下,面临着市场竞争的风险;名臣健康以日化行业起家,一直以来专注于日化用品的生产经营,所以面临单一经营的风险;名臣健康公司的市场主要集中在南方沿海一带,北方及内陆地带市场未能得到良好开发,市场规模有限,因此面临规模风险。为了抵抗以上三大风险,从 2020 年开始,名臣健康公司实施多元化经营战略,进入游戏行业,海南华多公司和杭州雷焰公司概况如表 2 所示。

表 2 海南华多公司和杭州雷焰公司概况

公司名称	评估方法	净资产账面值/万元	旗下游戏	游戏简介
海南华多公司	收益法	1125.21	"王者国度"	2019 年上线,月流水过亿元
杭州雷焰公司	收益法	−745.08	"百龙霸业"	2020 年上线,月流水过亿元

数据来源:东方财富网。

2.2.3 游戏行业市场潜力巨大

根据中国音像与数字出版协会游戏工委发布的《2020 年第一季度中国游戏产业报告》,2020 年第一季度,我国游戏行业的市场销售额达到 732.03 亿元,较上一季度增长了 25.22%。另据中国互联网络信息中心于 2020 年发布的《中国互联网络发展状况统计报告》,截至 2020 年第一季度,我国网络用户规模已经达到 9.04 亿人,其中网络游戏用户规模超过 5.31 亿人。其中,移动端手游用户规模超过 5.28 亿人,比 2019 年 12 月增加了 7000 万人,占手机网民的 59.00%。海南华多公司和杭州雷焰公司都是初创公司,专注于网络游戏的开发与运营,虽然两家公司的净资产价值并不高(杭州雷焰公司在并购之前旗下游戏还未开始运营,而并购后的一个月,该公司的新游戏就实现了月流水破亿元),但并购这两家公司将为名臣健康奠定进入新行业的基础。

2.3 名臣健康公司跨界并购过程

2.3.1 收购公告

2020 年 8 月 9 日晚间,名臣健康公司在其官网发布了跨界收购的公告,以 13262 万元的价格收购海南华多公司,以 12869 万元的价格收购杭州雷焰公司。在签订协议后两个工作日内,名臣健康公司预付给海南华多公司股权转让款 7600 万元,预付给杭州雷焰公司股权转让款 7400 万元,均以自有资金支付;在协议生效后,预付款将自动转换为股票转让金;后续剩余款项则需要在名臣健康公司召开股东大会批准后,在 10 个工作日内打入海南华多公司和杭州雷焰公司的相关账户。

2.3.2 业绩承诺和补偿

交易对方许洪健承诺海南华多公司 2020 年第二、三、四季度以及 2021 年和 2022 年的累计净利润至少达到 9100 万元。交易对方杨淑婷承诺杭州雷焰公司 2020 年第二、三、四季度以及 2021 年、2022 年的累计净利润至少达到 10900 万元。名臣健康公司和两家被并购公司签订合同,海南华多公司和杭州雷焰公司的净利润具体数值以专项审计报告结果为准。如果公司在承诺期内累计净利润低于承诺净利润,则向名臣健康公司支付补偿款,应补偿金额计算公式如下:

$$应补偿金额 = (利润承诺期间累计承诺净利润 - 利润承诺期间累计实现净利润) \div 利润承诺期间累计承诺净利润 \times 标的股权转让总价款 \qquad (1)$$

其中,海南华多在此期间至少获得的利润是 9100 万元;杭州雷焰在此期间至少获得的利润是 10900 万元。如果最终被并购公司没有完成业绩承诺,净利润没有达到所设目标,则补偿款必须在 2022 年专项审计报告披露后的 10 个工作日内打入名臣健康公司指定银行账户。

2.3.3 收购后的整合

协议生效后,由海南华多公司和杭州雷焰公司各自负责向工商局办理股权转让有关手续,在此期间如遇困难,名臣健康公司需提供有关支持。股权变更日起到业绩承诺期满的 2 年零 9 个月间,海南华多公司和杭州雷焰公司的人事变动如表 3 所示。同时,在完成股份转让之后,名臣健康公司需对被并购公司的员工提供一定的绩效奖励,以此保证公司团队的凝聚力和稳定性,以便后续更好开展工作。

表 3 名臣健康公司收购两家游戏公司后的整合要求

序号	整合要求
1	海南华多公司和杭州雷焰公司的董事会均由 3 人组成,其中名臣健康公司均各自向海南华多公司和杭州雷焰公司委派 2 名董事

续表

序号	整合要求
2	海南华多公司的总经理由自己提名,杭州雷焰公司的总经理由自己提名,海南华多公司、杭州雷焰公司的董事会如无合理理由不应否决,在遵守国家法律法规及上市公司各项规章制度的前提下,海南华多公司、杭州雷焰公司的总经理将享有充分的管理授权
3	名臣健康公司根据需要各自向海南华多公司、杭州雷焰公司委派财务负责人,该财务负责人直接向上市公司汇报工作,接受上市公司的垂直管理
4	海南华多公司、杭州雷焰公司的基本财务核算原则应参照上市公司的要求,遵守上市公司子公司的管理制度

3 事件研究法下的跨界并购绩效分析

本文将采用事件研究法,对名臣健康公司在进行跨界并购后的短期财务绩效进行分析。事件研究法是一种逻辑清晰、简明高效的研究方法,其作用是分析在特定时间段内某个事件对公司股价的影响程度,并通过计算超额收益率来量化这种影响。在运用事件研究法之前,首先需要明确研究假设,并确定事件的类型、评估期以及计算期。通过对股价日常表现的观察,可以估计预期收益率。随后,笔者将观察实际公告期内是否发生了与一般股利分配事件异常补偿相关的情况,以及与预期补偿之间是否存在差额。本次名臣健康的跨界并购属于一项重大战略调整,符合运用事件研究法的条件。

3.1 事件研究法模型构建

3.1.1 定义事件日

在研究并购事件的时间轴中,通常以收购方第一次对外发布公告当天作为事件日,以事件日为时间轴上的原点0,公告发布前的日期用负数表示,公告发布后的日期用正数表示。名臣健康公司于2020年8月9日发布收购公告。因此,本文以2020年8月9日这一天作为事件日。

3.1.2 定义事件窗口期

事件窗口期(以下简称"窗口期")通常被定义为某一事件发生前后的一段交易时间,且应扣除非交易日。为了使得出的数据具有代表性,且避免结论受到其他不相关因素的影响,本文选择并购重组公告发布前后的20个交易日定义为事件窗口期,即2020年7月13日至2020年9月4日(扣除非交易日)。

3.1.3 计算超额收益率

超额收益率是股票的实际收益率和预期收益率之间的差额。本文通过超额收益率来展现跨界并购后名臣健康在资本市场上的表现。本文设 i 代指样本股票，t 代指某日，计算超额收益率的公式如下：

$$AR_{i,t} = R_{i,t} - E(R_{i,t}) \tag{2}$$

其中，$AR_{i,t}$ 是股票 i 在 t 日的超额收益率，$R_{i,t}$ 是实际收益率，$E(R_{i,t})$ 是不受事件影响的预期收益率。

设 P 为收盘价，实际收益率和预期收益率的计算公式如下：

$$R_{i,t} = \frac{P_{i,t} - P_{i,t-1}}{P_{i,t-1}} \tag{3}$$

$$E(R_{i,t}) = \alpha_i + \beta_i R_{m,t} \tag{4}$$

$R_{m,t}$ 指代 t 交易日的市场收益率，其计算公式如下：

$$R_{m,t} = \frac{P_{m,t} - P_{m,t-1}}{P_{m,t-1}} \tag{5}$$

其中，$P_{m,t}$ 和 $P_{m,t-1}$ 分别表示名臣健康所属的深证指数在 t 日和 $t-1$ 日的收盘指数。

3.1.3.4 计算累计超额收益率

累计超额收益率（CAR），是指在事件窗口期内，从第一日算起到交易日 t 的超额收益率的总和。通过 CAR 的走势，可以直观地判断市场对于并购事件的反应。CAR 的计算公式如下：

$$CAR_{i,t} = \sum_{i=1}^{n} AR_{i,t} \tag{6}$$

3.2 超额收益率和累计超额收益率计算

第一步，由公式（3），求出实际收益率。本文通过国泰安数据库查阅，获取名臣健康窗口期内每个交易日的收盘价，计算实际收益率。

第二步，由公式（4），计算预期收益率。市场指数选择深证指数，将其与名臣健康的实际收益率做线性回归分析，得到 α 和 β 系数，分别为 0.8709 和 0.0007，最后推导出回归方程，如公式（7）所示：

$$E(R_{i,t}) = 0.8709 R_{i,t} - 0.0007 \tag{7}$$

根据公式（7），代入交易日的市场收益率，得出窗口期内每个交易日的预期收益率（事件日 2020 年 8 月 9 日是周日，非交易日，故 $t=0$ 未在表中注明）。

第三步，计算超额收益率，具体数据如表 4 所示。

表 4 超额收益率

交易日	$R_{i,t}$	$E(R_{i,t})$	AR
$t-20$	0.0513	−0.0128	0.0641

续表

交易日	$R_{i,t}$	$E(R_{i,t})$	AR
$t-19$	0.0389	−0.0100	0.0489
$t-18$	−0.0723	−0.0200	−0.0523
$t-17$	−0.0262	0.0052	−0.0314
$t-16$	0.0064	−0.0017	0.0081
$t-15$	0.0348	−0.0078	0.0426
$t-14$	0.0017	−0.0029	0.0046
$t-13$	−0.0006	−0.0149	0.0143
$t-12$	0.0314	−0.0064	0.0378
$t-11$	−0.0760	−0.0019	−0.0741
$t-10$	0.0687	−0.0181	0.0868
$t-9$	0.0088	0.0053	0.0035
$t-8$	0.0213	−0.0007	0.0220
$t-7$	−0.0133	0.0082	−0.0215
$t-6$	0.0319	−0.0046	0.0365
$t-5$	0.0304	−0.0061	0.0365
$t-4$	−0.0148	−0.0031	−0.0117
$t-3$	0.0015	−0.0037	0.0052
$t-2$	0.0191	−0.0028	0.0219
$t-1$	0.0430	0.0004	0.0426
$t+1$	0.0999	−0.0009	0.1008
$t+2$	−0.0088	−0.0321	0.0233
$t+3$	0.1001	−0.0086	0.1087
$t+4$	0.0999	0.0027	0.0972
$t+5$	0.1000	0.0124	0.0876
$t+6$	0.0364	−0.0206	0.0570
$t+7$	0.0484	0.0011	0.0473
$t+8$	0.0037	0.0227	−0.0190
$t+9$	0.0113	0.0095	0.0018
$t+10$	0.1000	0.0095	0.0905
$t+11$	0.1000	−0.0119	0.1119
$t+12$	−0.0306	0.0040	−0.0346

续表

交易日	$R_{i,t}$	$E(R_{i,t})$	AR
$t+13$	0.0072	−0.0003	0.0075
$t+14$	−0.0644	0.0103	−0.0747
$t+15$	−0.0049	−0.0053	0.0004
$t+16$	0.0110	−0.0042	0.0152
$t+17$	0.1000	0.0029	0.0971
$t+18$	0.0874	−0.0126	0.1000
$t+19$	−0.0080	0.0018	−0.0098
$t+20$	−0.0475	−0.0148	−0.032

数据来源：国泰安数据库。

将以上算出的超额收益率代入公式（6），就能得出累计超额收益率，结果如表5所示。

表5 累计超额收益率

交易日	AR	CAR
$t-20$	0.0641	0.0641
$t-19$	0.0489	0.1130
$t-18$	−0.0523	0.0607
$t-17$	−0.0314	0.0293
$t-16$	0.0081	0.0374
$t-15$	0.0426	0.0800
$t-14$	0.0046	0.0846
$t-13$	0.0143	0.0989
$t-12$	0.0378	0.1367
$t-11$	−0.0741	0.0626
$t-10$	0.0868	0.1494
$t-9$	0.0035	0.1529
$t-8$	0.0220	0.1749
$t-7$	−0.0215	0.1534
$t-6$	0.0365	0.1899
$t-5$	0.0365	0.2264
$t-4$	−0.0117	0.2147
$t-3$	0.0052	0.2199

续表

交易日	AR	CAR
$t-2$	0.0219	0.2418
$t-1$	0.0426	0.2844
$t+1$	0.1008	0.3852
$t+2$	0.0233	0.4085
$t+3$	0.1087	0.5172
$t+4$	0.0972	0.6144
$t+5$	0.0876	0.7020
$t+6$	0.0570	0.7590
$t+7$	0.0473	0.8063
$t+8$	−0.0190	0.7873
$t+9$	0.0018	0.7891
$t+10$	0.0905	0.8796
$t+11$	0.1119	0.9915
$t+12$	−0.0346	0.9569
$t+13$	0.0075	0.9644
$t+14$	−0.0747	0.8897
$t+15$	0.0004	0.8901
$t+16$	0.0152	0.9053
$t+17$	0.0971	1.0024
$t+18$	0.1000	1.1024
$t+19$	−0.0098	1.0926
$t+20$	−0.0327	1.0599

3.3 研究结论

根据表 4 中的数据可知，在跨界并购公告发布后的 7 个交易日内，名臣健康股票的实际收益率一直高于预期收益率。直到第 8 个交易日，实际收益率才开始有所下降。从表 4 可以看出，名臣健康在并购公告之前的 20 个交易日内，股票的实际收益率相对平稳。这表明，并购交易的消息没有被提前泄露，市场没有提前做出反应。然而，在公告发布后的第一个交易日，名臣健康股票立即表现出强劲的增长态势，超额收益率迅速增加到 0.1008。尽管在公告发布后的第二个交易日，超额收益率暂时回落，但随后又继续上涨，并在第十一个交易日达到峰值 0.1119。表 5 的数据显示，累计超额收益率在公告发布后连续七个交易日上涨，迅速达到 0.8063。尽管接下来有所回落，但总体而言，在公告发布后的 20 个交易日内，累计超额收益率呈波动上升趋势，并在第 18 个交易日达到峰值 1.1024。以上结果说明，在短期内，此次跨界并购给名臣健康带来了积极影响，投资者对此次并购非常看好，并表现出极高的投资信心。此次跨界并购宣告在短期内大幅增加了股东财富，并显著提高了短期绩效。

4 跨界并购的问题与启示

4.1 主要问题

4.1.1 并购溢价过高

并购溢价是指并购方在支付并购对价时高于被并购方价值的部分，并购增值率反映了并购的溢价程度，并购增值率的计算公式如下：

$$并购增值率 = 评估值 / 目标公司净资产账面价值 \qquad (8)$$

根据公式（8），计算出此次跨界并购的估值情况，如表 6 所示。

表 6 跨界并购估值情况

并购项目	收购股份占比	净资产账面值/万元	评估值/万元	溢价率
海南华多公司	100%	1125.21	13262	1078.62%
杭州雷焰公司	100%	-745.08	12869	1827.20%

数据来源：相关公司公告。

4.1.2 业绩承诺补偿方案设置不合理

上市公司在进行并购交易时，如果收购对价高于标的公司净资产的价值，大部分差额将体现为合并商誉。然而，面对商誉减值风险，上市公司通常会与交易标的公司签署业绩承诺补偿协议，以减轻风险。业绩承诺补偿协议是指在资产重组过程中，上市公司与标的公司就标的公司未来经营业绩达到一定预期的事项进行约定。根据协议，在约定的期限内，如果标的公司未能实现约定的经营业绩，除非出现特殊情况，标的公司有责任向上市公司进行补偿。然而，在名臣健康收购海南华多公司和杭州雷焰公司时，交易方案中设计的业绩补偿方案被认为存在不合理性。根据协议，许洪健承诺海南华多公司在 2020 年的第二、三、四季度以及 2021 年和 2022 年的累计净利润至少达到 9100 万元；杨淑婷承诺杭州雷焰公司在 2020 年的第二、三、四季度以及 2021 年和 2022 年的累计净利润至少达到 10900 万元。然而，公司的财报显示，海南华多公司和杭州雷焰公司在 2020 年实现的净利润仅为 1916.41 万元和 6484.07 万元，合计为 8400.48 万元。尤其值得一提的是，杭州雷焰公司所开发的放置卡牌游戏"神魔三国志"能够排在 iOS 畅销榜的前 100 名，这款游戏的表现为杭州雷焰公司的营收做出了重要贡献，已经完成了承诺中的大部分业绩目标。

据此判断，海南华多公司和杭州雷焰公司完成业绩指标的挑战性较低，在这次收购中，双方对业绩的约定十分宽松。在完成业绩承诺后，海南华多公司和杭州雷焰公司能否有动力继续支撑名臣健康业绩继续高速增长，有待商榷。

4.1.3 资金链压力较大

根据收购公告可知，此次名臣健康公司的并购支付方式为100%现金支付。根据约定，在签订协议后的两个工作日内，名臣健康公司将预付给海南华多公司转让款7600万元，预付给杭州雷焰公司转让款7400万元，剩余款项将在名臣健康股东大会批准后的10个工作日内支付。在短时间内，名臣健康就得为此次跨界并购支付现金26131万元。但是，根据名臣健康公司2020年上半年财报显示，公司账面现金仅有15550.87万元，此外还有27549.52万元购买理财产品形成的交易性金融资产，共计43100.39万元，扣除募集资金而付出的代价13300.00万元，公司的自有资金合计约有29800.39万元。在全部支付并购款后，名臣健康账面上的自有资金所剩无几。此外，名臣健康2020年应收账款和应收票据期末余额为19234.56万元，较2019年的2395.36万元增加了16839.20万元，增幅达到702.99%；货币资金从2019年的32149.22万元下降到2020年的19871.20万元；应收账款周转天数从2019年的21.21天增长到2020年的57.21天，周转天数增加了36.00天。可见，公司营收大部分没有以现金形式入账，货款回款压力较大，现金流压力较大，这将大大削弱名臣健康面对经营风险时的应对能力。

4.2 启示

4.2.1 提升企业成本管理能力

并购交易的溢价可以通过合理的手段降低，要理性判断企业的价值，做出恰当的报价。在最终定价之前，买方应评估目标公司的资产，确保公平的价格并避免产生大量泡沫。收购方应充分了解目标公司的产能、盈利能力、资金链等情况，评估财务风险，对其未来持续经营能力做出合理判断。

在进行并购时，必须选择科学的估值方法。名臣健康在并购海南华多公司和杭州雷焰公司时，采用了收益法作为估值方法。通过最终的估值结果，我们发现采用收益法所得出的估值远远高于标的公司原有资产价值，增值率超过了1000%。轻资产公司虽然拥有大量无形资产，但这些资产可能无法在账面上完全反映实际价值。因此，公司在确定价格过高、溢价率过高时，还必须考虑使用其他方法来计算并购价格，例如资产基础法和相对估值法。仅采用单一的估值方法，即使是较为现实的方法，也很难对目标公司进行准确的估值，特别是当被并购方未来的盈利能力不稳定时。因此，在未来的并购中，公司可以根据宏观环境和被并购公司的实际情况，改进当前采用的估值方法，通过将不同的估值方法进行组合，并经过三种或以上的评估方法进行评估，分析不同评估方法对企业价值的适用程度，并按照各自的比重计算出商誉的加权平均值。否则，在盲目估值下，过高的商誉可能导致商誉减值，从而损害股东的权益。因此，在进行并购时，选择合适的估值方法对于保护公司和股东的利益至关重要。

4.2.2 约定合理的业绩承诺补偿协议

在制定业绩承诺补偿协议作为风险防范工具时，首要任务是设定合理的目标。这一步骤非常关键，不能因仅仅关注经营业绩和利润的指标，而忽视宏观经济发展对企业其他发展能力的影响。如果长期只关注与利润相关的指标，则会对企业合并后的整合带来不利影响。因此，在确定业绩承诺绩效指标时，可以考虑设定一些非利润指标，以增加评估指标的多样性，并从不同角度考量并购的目标企业，以提高其运营质量。对于高新技术企业来说，技术迭代风险和市场迭代风险是较大的，企业的绩效可能因为市场风向的变化而出现大幅上升或下降的情况。因此，在制定业绩承诺补偿方案时，不能仅仅设定与盈利金额相关的指标，还必须设定一些与专利发明、市场占有率等相关的非利润指标，以确保企业的技术发展能力；同时，对于企业的主营业务，也可以设立一些指标要求，以确保企业坚持发展其主营业务。通过建立主营业务指标，可以防止企业从事短期进取行为，从而提高企业绩效的可持续性。

此外，业绩承诺的期限可以延长。大多数并购规定的承诺期是3年左右。对于并购双方来说，3年承诺期是一个博弈过程，到期后很可能出现业绩大幅下滑。履约义务到期后，被并购公司未来业绩难以预测，如果没有业绩补偿协议的履行约束，其业绩往往与原承诺期相距甚远。因此，应根据企业自身情况适当延长履约义务期限，使被并购企业基于长期战略考虑承担合理的履约义务，在一定程度上降低管理层短视行为的风险。

4.2.3 合理选择并购支付方式

在我国资本市场上，企业并购交易通常有两种主要支付方式，即现金支付和股票支付。然而，这样单一的支付方式严重限制了企业对多样化并购需求的实现。为了应对这一问题，2018年11月1日，证监会发布文件，正式允许在企业并购中试点使用定向可转债作为支付工具。仅在随后的一年时间内，就有35家企业采用定向可转债支付并购对价，总金额超过了400亿元。定向可转债既具有"债性"又具有"股性"，能够帮助企业克服资金不够充裕或资金流动性较低的困境，使企业不错失并购机会。对于企业来说，定向可转债作为一种全新的并购支付工具，在缓解现金支付压力和降低股权稀释风险方面，发挥着重要作用。与此同时，定向可转债的利率通常较低，对发行人而言，代表着支付利息的负担较小。因此，公司未来的财务负担可以得到一定程度的缓解。

此外，相关文件显示，并购方可以将回购产生的存量股份作为转换股份，如果企业通过这种方式进行债转股的操作，总股份不会增加，对原始股东来说股份也就没有稀释风险。定向可转债的推出也有效解决了并购企业的税收筹划问题。如果投资者不使用股票转换的权利，债券的利息成本将在税前列支。当投资者转换股权时，意味着债务关系的解除，后续股息不能在税前基础上扣除。从原始股东的角度来看，资本利得税只在股票出售时征收，因此企业可从税收递延中受益。

参考文献

[1] Humphrey J, Schmitz H. How does insertion in global value chains affect upgrading industrial clusters [J]. Regional Studies, 2002, 36 (9): 1017-1027.

[2] 常嵘. 并购战略性新兴企业对传统企业转型升级的影响因素分析 [J]. 经济理论与经济管理. 2017 (12): 88-101.

[3] 李明娟, 于卓群. 互联网转型并购绩效实证研究——基于中国A股上市公司并购交易 [J]. 会计之友, 2018 (20): 76-80.

[4] 杨威, 赵仲匡, 宋敏. 多元化并购溢价与企业转型 [J]. 金融研究, 2019 (5): 115-131.

[5] 侯垚鑫, 刘俊彤, 荆琪. 产业政策视角下的企业跨界并购行为研究——基于事件研究法 [J]. 宏观经济研究, 2021 (12): 83-94.

[6] Raudszus M, Schiereck D, Trillig J. Does vertical diversification create superior value? Evidence from the construction industry [J]. Review of Managerial Science, 2014, 8 (3): 293-325.

[7] 黄雯, 杨柳青. 管理者代理动机与并购绩效: 246起国有上市公司并购样本 [J]. 改革, 2018 (9): 115-125.

[8] 宋维佳, 乔治. 我国资源型企业跨国并购绩效研究——基于短期和中长期视角 [J]. 财经问题研究, 2014 (7): 98-105.

[9] 王宛秋, 李晓意, 綦萌. 高管资源断裂带对企业跨界技术并购创新绩效的影响 [J]. 科技管理研究, 2022, 42 (14): 101-110.

[10] 王芳, 张潇天, 王宛秋, 等. 企业创新倾向、吸收能力与跨界技术并购创新绩效——一项模糊集定性比较分析 [J]. 科技进步与对策, 2022, 39 (14): 83-93.

[11] 王生年, 魏春燕. 战略转型、资源禀赋与多元化并购的实证研究 [J]. 投资研究, 2014, 33 (11): 72-83.

[12] 王卉, 胡娟. 跨界整合: 互联网环境下传统内容企业转型升级的路径选择 [J]. 中国出版, 2016 (19): 19-22.

[13] 唐浩丹, 蒋殿春. 数字并购与企业数字化转型: 内涵, 事实与经验 [J]. 经济学家, 2021 (4): 22-29.

[14] 孟凡臣, 谷洲洋. 利用跨国并购推动企业转型升级问题论析 [J]. 中州学刊, 2021 (9): 22-27.

[15] 唐浩丹, 方森辉, 蒋殿春. 数字化转型的市场绩效: 数字并购能提升制造业企业市场势力吗? [J]. 数量经济技术经济研究, 2022, 39 (12): 90-110.

[16] 伍晨, 张帆. 数字并购、数字化转型与企业创新 [J]. 现代财经 (天津财经大学学报), 2023, 43 (3): 21-38.

基于全域土地综合整治的实用性村庄规划编制路径研究[①]

张力文[1][②] 张城芳[1] 姚 瑶[2]

(1. 武汉华夏理工学院 土木建筑工程学院，湖北 武汉 430223
2. 湖北省空间规划研究院，湖北 武汉 430010)

摘 要

本文基于中央及17个省（区、市）关于全域土地综合整治试点工作政策文件的分析，剖析全域土地综合整治的思维及内容，并从规划内容、规划思想以及规划实施三方面探讨实用性村庄规划的内涵。建构"三层三级，上下联动"的逻辑框架，以反映全域土地综合整治与实用性村庄规划的互动关系；提出各层级内、上下层级间全域土地综合整治与国土空间规划的衔接方式。从编制工作程序、基础调研、产业发展及用地布局、整治任务、编制成果等方面提出实用性村庄规划的编制路径，以期为政府部门管理和地方规划实践提供依据，并为实用性村庄规划的编制和全域土地综合整治提供理论与实践参考。

关键词

全域土地综合整治；实用性村庄规划；国土空间规划；规划编制

引言

村庄地域是由人口、土地、产业、空间环境等核心要素相互作用而组成的综合、多元、动态的系统[1][2]，与其相关的规划是开展乡村建设、实现乡村振兴、提升乡村治理水平的重要手段及工具，对于改善乡村空间环境、激活乡村经济社会活力、保护生态环境及永久基本农田具有重要的意义[3]。但一直以来，村庄规划和土地利用规划等同时作用于乡村这一地域空间，又分属不同的部门规划，致使管理实施条块分割、政出多门，因"九龙治水"而协同性不足；同时，村庄规划自身存在内容庞杂，对村庄的根本问题考虑不足，指导性不够充分，缺少村民对于规划的实际参与，成果不易懂，以及系统性缺乏等诸多问题。

---

① 基金项目：湖北省教育厅科学研究计划项目（编号：B2020313）；湖北省高等学校哲学社会科学研究重大项目（湖北省社会科学基金前期资助项目。编号：22ZD152）。

② 作者简介：张力文（1990— ），女，硕士，注册城乡规划师，讲师，研究方向：国土空间规划，村庄规划理论与方法。

2019年3月，习近平总书记在参加十三届全国人大二次会议河南代表团的审议时，首次发表了"多规合一"的实用性村庄规划的重要讲话。2019年5月，中共中央、国务院出台了《关于建立国土空间规划体系并监督实施的若干意见》，构建了"五级三类"的国土空间规划体系。在新的历史时期，国土空间规划从制度层面实现了"多规融合"，村庄规划作为城镇开发边界外的详细规划，其法定地位得到确定。同年12月，自然资源部发布了《关于开展全域土地综合整治试点工作的通知》（以下简称《通知》），在全国范围内部署开展全域土地综合整治试点工作，"全域土地综合整治"这一概念正式提出。在《通知》的解读中明确了全域土地综合整治与村庄规划的衔接问题，提出全域土地综合整治与村庄规划两者要充分衔接，不能搞"两张皮"。近年来，关于"多规合一"的实用性村庄规划的理论及实践研究聚焦于实用性村庄规划编制策略及方法[4]、实用性与有效性[5]、实施与管控[6]、上位规划对村庄规划的编制传导[7] 等方面，随着全域土地综合整治概念的提出，也有学者开始研究国土综合整治与国土空间规划的关系及衔接[8-10]。但针对近年来开展得如火如荼的全域土地综合整治和实用性村庄规划编制工作的相关研究不足，村庄规划该如何融合全域土地综合整治的需求并实现实用性的编制目标，仍是实用性村庄规划编制亟待研究的关键问题。

1 全域土地综合整治与村庄规划的耦合关系

1.1 新时期全域土地综合整治的内涵

土地整治的概念由来已久，土地开发、改造、利用的历程见证了人类经济社会发展的过程。在土地改造和利用的过程中，为优化土地资源空间结构、提高土地资源利用效率、改善生态环境等采取的各类整治工作，即是土地整治的一般概念[11]，但由于土地整治、国土整治、国土综合整治等是不同时期的研究且因重点不同而产生的相关概念[12]，因此在内涵上又略有差别。

早期的土地整治概念侧重于工程技术属性[1]，即采用土地整理、开发、复垦及城乡建设用地增减挂钩等一系列方式，补充和保护耕地，提高城市建设的用地规模。但自2019年后，随着自然资源部发布《通知》，土地整治的理念发生了新的变化。此后，中央陆续出台了相关文件，全面部署全域土地综合整治试点工作，各省（区、市）也纷纷响应。截至2022年5月，共有17个省（区、市）出台了关于开展全域土地综合整治试点工作的文件，全域土地综合整治试点工作已在全国全面铺开。国家及各省（区、市）关于全域土地综合整治试点工作政策文件汇总如图1所示。

通过梳理国家及17个省（区、市）政策文件的重点内容，可以看出全域土地综合整治的整治对象、实施周期、工作任务、政策支持，以及与乡镇国土空间规划、村庄规划的关系，如表1所示。

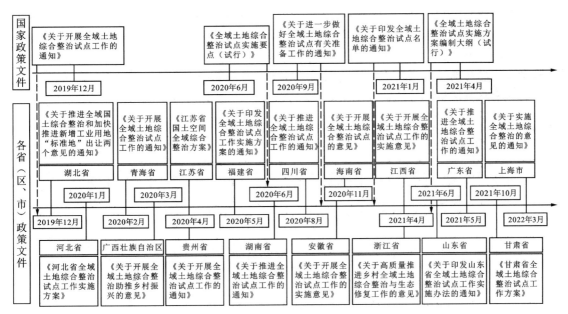

图 1　国家及 17 个省（区、市）关于全域土地综合整治试点工作政策文件汇总

表 1　17 个省（区、市）关于全域土地综合整治的分类及内容总结

分类	内容总结
整治对象（区域）	以乡（镇、街道）或部分行政村（社区）为实施单元
工作目标	多数实施周期为 5 年（到 2025 年），个别为 2 年或 3 年； 在国家已明确的试点地区基础上，在省（区、市）层面组织实施一批省（区、市）级试点，试点个数不等
工作任务	多数包括农用地综合整治整理、闲置低效建设用地整治、乡村国土绿化美化、生态保护修复和农村环境整治 少数还包括乡村国土空间治理、矿山地质环境整治、低效工业用地整治、废弃矿山治理修复、乡村历史文化保护、产业融合发展
政策支持	在国家政策支持的基础上，因地制宜增加用地政策支持、资金支持
组织管理	省（区、市）级自然资源主管部门牵头，建立专门的组织机构
与国土空间规划的关系	全域土地综合整治要以国土空间规划为依据，试点乡（镇）要先编制乡（镇）国土空间规划和实用性村庄规划 编制乡镇国土空间规划时，应明确全域土地综合整治的目标任务、整治区域、主要内容、空间布局 实用性村庄规划中要将整治任务、指标和布局要求落实到具体地块

结合以上分析，可以看出新时期全域土地综合整治的基本内涵。新时期全域土地综合整治在整治范围、整治对象、整治措施及整治模式上，较传统的土地整治均有所突破和创新。[13] 其以乡镇或部分村庄为基本实施单元，以山水林田湖草全区域全要素为整治对象，

针对耕地破碎化、空间布局无序化、土地资源利用低效化、生态质量退化、人居环境恶化、历史文化资源及传统风貌逐渐消退等综合性问题开展农用地整理、建设用地整理、乡村生态保护修复和历史文化保护等综合整治活动。新时期全域土地综合整治工作更关注整治对象的特点，要结合不同的村庄类型，因地制宜开展整治工作。同时，各项整治的工作内容应当纳入各层级的国土空间规划，并最终依托村庄规划开展实施。

1.2 全域土地综合整治下的实用性村庄规划要点

实用性村庄规划通常是指村庄规划的"有用、管用、好用"，核心诉求集中于按需编制、弹性管控、协商规划、简化程序、成果简明、注重实施。全域土地综合整治和村庄规划作为乡村振兴的一种手段、一种政策工具，在目标上是一致的。但在规划理念上，全域土地综合整治更强调"全域"思维，其关注乡村地域的全域全要素空间，将自然资源保护与生态文明建设放在首位，弥补了村庄规划以往只重视建设用地的不足。同时，全域土地综合整治的整治任务是落实村庄空间规划布局的重要实施手段，是村庄规划中保障规划落地的重要环节，也为村庄规划的实用有效提供了新的路径。

总的来说，全域土地综合整治为村庄规划的实用性赋予了新的内涵并提供了新的发展路径，引领并助力村庄规划真正做到编制内容实用、管理实施有用、治理策略适用。进一步而言，融入全域土地综合整治实用性的村庄规划将在以下三个方面进行变革。

1.2.1 规划思想方面

全域土地综合整治为实用性村庄规划提供了新的规划理念，在关注物质空间重构的同时更关注生态文明建设。一方面，在村庄规划中优先考虑对永久基本农田及生态环境的保护与修复；另一方面，在解决建设空间布局的同时关注土地利用效率。将生态文明建设放在首位，通过规划提升村庄的生态文化功能，促进人地关系和谐，实现村庄的可持续发展。

1.2.2 规划内容方面

一方面，村庄规划作为"五级三类"国土空间规划体系中的法定规划，全域土地综合整治的整治任务、目标应纳入其中，并作为村庄规划的重要内容。另一方面，应当在关注村庄建设的同时，加强对农业空间和生态空间的保护规划；注重统筹村庄建设空间、生态空间、农业空间全域全要素全空间；落实生态保护红线、永久基本农田保护线以及建设用地总量等指标，结合农业空间、生态空间发展现代体验农业、特色观光农业、乡村旅游等多元业态；盘活全域土地资源，激活农村经济，实现一、二、三产业有机融合。

1.2.3 规划实施方面

全域土地综合整治为村庄规划的实用性提供了实施路径。村庄规划应当重视村庄治理模式，落实规划措施。探索政府、村民、专业人员、专业机构等多元主体相结合的治理模式,以全域土地综合整治作为村庄规划实施的平台和抓手,通过项目式清单促进规划落地。全域土地综合整治视角下的实用性村庄规划内涵如图 2 所示。

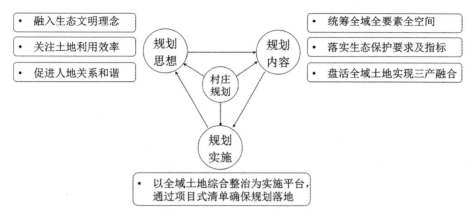

图 2 全域土地综合整治视角下的实用性村庄规划内涵

2 实用性村庄规划编制逻辑

本文以全域土地综合整治指导下的实用性村庄规划的内涵为指引,从国土空间规划体系出发,剖析村庄规划编制的逻辑,提出实用性村庄规划的编制路径框架。

2.1 基本思路:三层三级、上下联动

在"五级三类"国土空间规划体系中,作为详细规划的村庄规划不是孤立存在的,村庄规划的编制应当具体落实上位总体规划的要求。宏观层面的国家级、省(区、市)级空间规划到中微观层面的市县级、乡镇级空间规划,各层级都包含引导乡村地区开发保护、管控建设等内容。[7] 各层级国土空间规划中关于全域土地综合整治的内容通过规划目标、管控指标、规模以及边界等逐级向下传导,最终在村庄规划层级中得以实施。

国家级、省(区、市)级空间规划侧重战略性,对村庄规划编制的引导体现在发展目标及发展战略上[10];而市县、乡镇级空间规划侧重实施性,对村庄规划的引导重点在于村庄布局、空间管控、设施配套、产业布局等的各项要求。侧重实施性的市县级、乡镇级空间规划与全域土地综合整治在工作内容上的联系更为密切,全域土地综合整治对于实施性的空间规划影响也更加直接。

因此,需要从县市、乡镇两级上位空间规划探讨全域土地综合整治对村庄规划的引导作用。村庄规划通过自上而下的规划引导和自下而上的内生发展策略,形成"三层三级、上下联动"的实用性村庄规划编制逻辑框架,并通过实用有效的编制路径,最终实现实用性的编制目标。基于全域土地综合整治的实用性村庄规划编制逻辑框架,如图 3 所示。

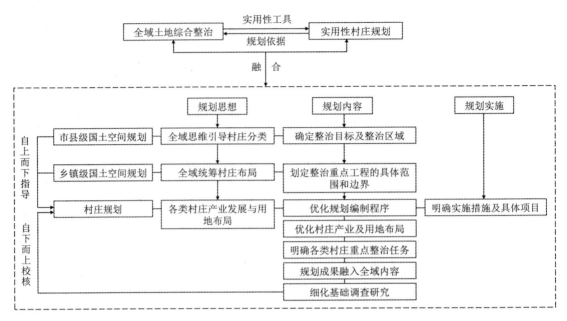

图 3 基于全域土地综合整治的实用性村庄规划编制逻辑框架

2.2 市县层级：确定目标、分类指导

根据《市级国土空间总体规划编制指南（试行）》等市县级国土空间规划编制政策文件要求以及相关的规划实践，明确市县级国土空间规划中有关全域土地综合整治的内容，包括确定整治目标等，以乡镇为单位划定整治区域，开展农用地、建设用地、生态保护修复等分类整治，提高乡村国土空间的品质。

除了在规划内容上应当与全域土地综合整治有效衔接外，市县级国土空间规划在确定村庄类型时应融入全域土地综合整治的思维。在确定分类指标时，应充分考虑生态文明建设的要求，坚持生态优先理念，以山水林田湖草生态本底约束作为村庄类型划分的第一维度。充分保障山体、林地、河流湖泊、自然保护区、生态廊道等法定保护空间和生态保护区域的空间与功能的完整，结合生态底线约束、自然保护空间、生态敏感性和重要性等内容，以"双评价"为基础，根据"三区三线"进行划分，形成指标体系。在获取各个指标数据后，再通过定性、定量的综合分析方法进行评价，用以指导村庄分类并制定村庄发展策略。基于全域土地综合整治的村庄分类指标如表 2 所示。

表 2 基于全域土地综合整治的村庄分类指标

指标大类	指标小类
自然资源（C1）	生态底线
	自然资源分布
	生态敏感及重要性
	地形地质条件

续表

指标大类	指标小类
发展条件（C2）	重大污染设施的距离
	重大基础设施/项目的距离
	城镇化用地范围
村庄特色（C3）	风景名胜区或自然保护地
	历史文化名镇名村、少数民族村落、传统村落
	文物保护单位、文物古迹等不可移动文物
	非物质文化遗产、民族或民俗活动
区位条件（C4）	距离中心城区（县城、城关镇）的距离
	乡镇政府驻地村庄
	（产业）园区范围
	距离交通干线（国道、省道、县道）以及大型交通枢纽（火车站、港口、航空港）的距离
建设基础（C5）	村庄定位（是否为中心村）
	农村户籍人口总数
	人口流失率及老龄化程度
	村内企业总收入
	农业总收入
	其他产业总收入
	人均宅基地面积
	人均耕地面积
	特色种植业
	工业、农贸业发展基础
	乡村旅游资源

2.3 乡镇层级：全域统筹、空间优化

从各地出台的乡镇国土空间规划编制导则来看，乡镇作为开展全域土地综合整治的基本单元，乡镇级国土空间规划中应当融入的全域土地综合整治的内容有：以全域土地综合整治的思维全域统筹村庄布局，同时落实上位规划确定的整治目标及重点区域，确定各类工程。

在乡镇国土空间规划中融入全域土地综合整治思维，应当以山水林田湖草生命共同体为规划理念，在保护生态环境、合理利用各类资源的基础上，结合不同的村庄类型，统筹乡村全域空间，优化各类用地布局，促进生活、生态、生产空间的均衡发展，实现土地利用效益的最大化。

在乡镇全域空间统筹建设用地布局，根据不同的村庄类型及发展定位采用相适宜的集并力度，确定拆迁撤并类村庄的去向、集聚提升类村庄的集聚规模、特色保护类村庄的建设用地控制边界。在此基础上进一步确定建设用地整治区域，指导村庄规划中增减挂钩等建设用地整治项目，实现建设用地的集约高效利用。

在乡镇全域统筹生态空间，确保生态整治区连片集中，特别是对于跨村庄行政边界的重点整治山体、水域以及其他生态敏感区，为村庄规划中全域土地综合整治的实施提供直接依据。

乡镇全域统筹生产空间，应根据村庄类型及自然资源禀赋引导各村庄产业差异化、特色化发展，特色保护类村庄应结合村庄特色资源，发展乡村旅游和特色产业；城郊融合类村庄应依托城镇发展配套产业，同时结合乡村自然风貌发展都市农业、旅游服务业等多元产业。在村庄规划中结合全域土地综合整治，保障产业用地的落实。

3 实用性村庄规划编制策略

上层级国土空间规划对于村庄规划的引导最终要落实到村庄规划中。同时，全域土地综合整治给村庄规划带来的影响和积极作用，会促使村庄规划针对这些变化提出应对策略。

3.1 对接全域要素，优化程序

结合国家及各省（区、市）政策要求，融入全域土地综合整治的村庄规划编制程序如图 4 所示。

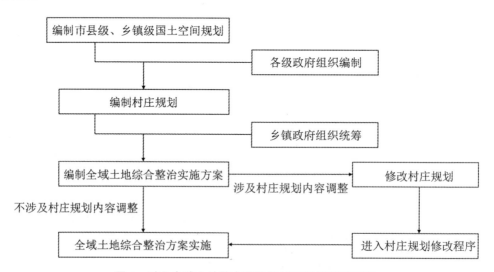

图 4　融入全域土地综合整治的村庄规划编制程序

第一，在编制市县级、乡镇级国土空间规划中，应开展全域土地综合整治与生态修复专题研究，明确全域土地综合整治的目标任务、整治区域、主要内容、空间布局等。

第二，在编制村庄规划中，由乡镇政府组织统筹，将整治任务、指标和布局要求落实到具体地块，并明确组织管理、实施时序、项目安排、资金估算和投资来源等。

第三，在编制全域土地综合整治实施方案中，乡镇或县级人民政府、自然资源等部门应依据县乡国土空间规划和村庄规划，编制项目实施方案。实施方案编制完成后，按照各省（区、市）的具体要求报市县级、省（区、市）级自然资源主管部门评审。

涉及永久基本农田调整的，应编制整治区域永久基本农田调整方案，报省（区、市）级自然资源主管部门会同农业农村主管部门审批。

第四，在村庄规划修编中，全域土地综合整治中涉及村庄规划调整的，在实施方案评审通过后，对村庄规划内容进行修改。

3.2 细化土地调查，征求民意

传统的村庄规划调研包括社会经济、自然环境、基础设施与公共服务设施、历史文化、产业等，在全域土地综合整治思维下的村庄规划调研应当涵盖全村全域全要素的内容，特别是针对土地利用以及非建设用地，需要在"三调"基础上开展更为详细的调研。通过"自下而上"的调研，结合上位规划中确定的整治区域，最终将整治任务、指标、布局落实到具体地块。村庄规划中新增基础调研内容如表3所示。

表3 村庄规划中新增基础调研内容

"三调"项目	新增调研内容
土地利用现状及潜力调查	农用地、闲置低效建设用地、矿山地质环境、污染土地、批而未用土地
土地权属调查	宅基地及集体建设用地权籍、农村地籍、农村土地承包经营权
农村环境调查	乡村国土绿化美化

结合上位规划，土地利用现状及潜力调查应在已有"三调"数据的基础上补充调查，包括现有农村居民点改造、拆村并点等情况，重点针对"一户一宅"现状，分析可增加为耕地或其他农用地的土地数量及分布。

土地整治权属调查应根据最新年度土地调查、土地确权登记等地籍资料，查清项目区内各地类的权属状况。结合村民意愿，调查包括拟开展土地整治范围内土地的权属、地类、面积等。

需要强调的是，在调查过程中应充分征求村民意愿，形成村民全过程参与式调研。通过"三调"数据分析、实地调查，形成调研数据成果，补充村庄规划工作底图，构建村庄规划编制的底图底数。

3.3 引导用地布局，保障实施

基于全域土地综合整治的各种类型村庄的产业发展及用地布局规划，应严格落实上位规划确定的约束性指标和底线管控要求。并结合基础调研，在村庄建设边界范围内进行用地布局优化、细化，明确农村住房、基础设施和公共服务设施、产业发展等村庄各项具体用地图斑。同时，将整治任务、指标和布局要求落实到具体图斑地块，明确各类项目的位置、用地面积、投资估算、建设时序、筹措方式、主管部门等内容。通过与全域土地综合整治的融合，确保规划调整的每块用地能够落到实处。

其中，城郊融合类村庄应结合城镇化和村庄自身发展需要，产业发展以开展都市农业、旅游服务业、建设郊野公园为主，推动传统产业转型升级，推进城乡产业融合发展。对于生活空间，积极开展低效用地整治、盘活利用低效用地，同时改善人居环境，完善基础设施、公共服务设施，促进城乡设施建设一体化。对于生产空间，在保障产业发展的同时，在城市周边保留稀缺的农耕文脉。同时守住生态空间，还原自然风光，构建多样生态景观，形成城镇周边的绿色屏障。

集聚提升类村庄应结合村庄资源禀赋，产业发展以现代农业为主，鼓励发展第二、三产业。对生活空间开展农房改造、集中建设，盘活宅基地，美化环境，提升基础设施建设；对生产空间提升耕地质量，加强农地流转。

特色保护类村庄应在保护村庄完整性、延续原有空间格局的基础上，合理利用特色资源及乡村风貌景观，发展乡村旅游等第三产业。而搬迁拆并类村庄则应对旧村庄实施搬迁，并对原址进行复垦，开展生态环境修复。

3.4 分类分级发展，重点整治

自然资源部《关于开展全域土地综合整治试点工作的通知》中，将整治工作分为农用地整理、建设用地整理和乡村生态保护修复三项。结合文件要求梳理全域土地综合整治通常涉及的整治任务，包括建设用地整治、农用地综合整治、农村环境整治与生态保护修复、矿山地质环境整治等四大类，以及低效闲置建设用地整治为非建设用地、产业用地布局优化、农用地规模质量提升、农用地布局结构优化、农业设施建设、低效林草园地整理、污染治理与生态环境修复、生态重要区规模质量提升、工矿废弃地复垦利用、工矿废弃地生态修复等十小类。

不同类型的村庄在未来发展中的规划对策不同，在落实永久基本农田、加强生态保育、实现建设用地集约利用与增减挂钩、提升宜居品质等方面的土地综合整治的引导重点也不同。研究各类村庄的重点整治任务，有利于科学确定整治区域，促进国土空间格局的优化。

对于自然资源比较集中，以搬迁撤并、特色保护为主的村庄，整治任务主要集中于生态保护修复；对于农田集中成片的地区、以集聚提升类为主的村庄，整治任务主要为农用地综合整治；对于靠近城镇、以城郊融合类为主的村庄，整治任务主要是建设用地整治，以优化村庄基础设施建设、美化人居环境为主要目标。各类村庄重点整治任务如表4所示。

表4 各类村庄重点整治任务

村庄类型	重点整治任务
集聚提升类	产业用地布局优化
	人居建设用地布局优化

续表

村庄类型	重点整治任务
城郊融合类	乡村国土空间绿化美化
	建设用地集聚提升
	预留产业用地
特色保护类	生态环境保护修复
	建设用地整治
	村落历史空间修复
搬迁撤并类	搬迁撤并后的生态环境修复

3.5 简化编制成果，形象表达

基于全域土地综合整治的村庄规划编制成果，既应加入全域土地综合整治的内容，又要确保规划成果的实用性，即通过形象化、简洁化的设计表达，让村庄规划的成果能够使村民看得懂。

因此，在现有村庄规划成果的基础上，建议增加全域综合整治规划图、全域土地综合整治项目一览表。在全域综合整治规划图中应明确表达全域土地综合整治项目的空间位置。而全域土地综合整治项目一览表，应说明全域土地综合整治项目的具体内容、位置、规模、投资、建设时序等。在全域综合整治规划内容中，还可以加入分地块整治内容的说明。

同时，建议在国土空间用途结构调整表中加入全域土地综合整治面积一栏，这样可以清楚地看出由于全域土地综合整治而引起的用地面积变化。

3.6 数据入库要求

全域土地综合整治指导下的村庄规划编制成果应当将新增基础调研数据、整治任务数据全部纳入数据库中，形成国土空间规划"一张图"，并开展动态、实时监测。

数据库图层包括境界与政区、基期现状、地形图、目标年规划。平面坐标采用"2000国家大地坐标系"，高程基准采用"1985国家高程基准"，地图投影采用"高斯-克吕格投影"、比例尺采用"1∶2000—1∶10000 比例尺"，数据格式采用 File Geodatabase（.gdb）格式，村庄规划要素空间要素数据采用分层的方法进行组织管理，图层描述以及每个要素的基本属性可参考《市级国土空间总体规划数据库规范（试行）》《湖北省村庄规划编制技术规程（试行）》《国土调查数据库标准》等。

4 结语

基于全域土地综合整治的实用性村庄规划的内涵在于：规划思想关注生态保护、高效集约、可持续发展；规划内容融入全域土地综合整治，注重全域统筹；规划实施发挥多元主体作用，以全域土地综合整治为平台，确保项目落地。

基于全域土地综合整治的上层级国土空间规划通过科学的理念，引导村庄规划发展定位，直接指导村庄规划及全域土地综合整治实施方案的制定。在市县级国土空间规划中，一方面融入全域土地综合整治的思维，将生态本底约束作为村庄分类的第一维度，指导村庄分类布局；另一方面将全域土地综合整治与村庄规划的差异性相结合，确定整治目标，划定整治区域。在乡镇级国土空间规划中，一方面全域土地综合整治思维为规划提供了科学的理念，在刚性传导和底线管控的基础上，全域统筹村庄用地发展导向与建设控制，全域统筹村庄空间布局；另一方面落实上位规划的整治任务，制定整治重点工程。在村庄规划的编制过程中，需要结合全域土地综合整治思维，拓展调研内容，通过自下而上的基础调研，与上位国土空间规划的各项指标及要求形成互动，最终确定各类村庄规划的产业及用地布局。在成果中明确全域土地综合整治项目，使全域土地综合整治真正成为村庄规划的实施平台与抓手，指导村庄规划的落地。

在实践过程中，很多地方尚未完成市县级、乡镇级国土空间规划，全域土地综合整治与上层级国土空间规划的衔接以及上层级国土空间规划对村庄规划的指导仍存在缺失。在编制村庄规划时，可参考土地利用规划及城乡规划，重点结合实际调研情况综合确定。待上位规划批准后，再进行调整。此外，全域土地综合整治为实用性村庄规划提供了思路，但在实施过程中会涉及政策措施、体制机制等问题，仍有待进一步深入探索。

参考文献

[1] 龙花楼，张英男，屠爽爽．论土地整治与乡村振兴［J］．地理学报，2018，73（10）：1837-1849．

[2] 刘恬，胡伟艳，杜晓华，等．基于村庄类型的全域土地综合整治研究［J］．中国土地科学，2021，35（5）：100-108．

[3] 张京祥，张尚武，段德罡，等．多规合一的实用性村庄规划［J］．城市规划，2020，44（3）：74-83．

[4] 李保华．实用性村庄规划编制的困境与对策刍议［J］．规划师，2020，36（8）：83-86．

[5] 季正嵘，李京生．论多规合一村庄规划的实用性与有效性［J］．同济大学学报（自然科学版），2021，49（3）：332-338．

[6] 耿慧志，李开明．国土空间规划体系下乡村地区全域空间管控策略——基于上海市的经验分析［J］．城市规划学刊，2020（4）：58-66．

[7] 袁源，赵小风，赵雲泰，等．国土空间规划体系下村庄规划编制的分级谋划与纵向传导研究［J］．城市规划学刊，2020（6）：43-48．

[8] 刘扬，吕佳. 村庄规划视角下全域土地综合整治探讨 [J]. 小城镇建设，2021，39（1）：32-37.

[9] 郭伟鹏，黄晓芳. 论国土空间综合整治与村庄规划的关系——以武汉黄陂区村庄规划为例 [J]. 上海城市规划，2020（2）：115-121.

[10] 阎海，张飞. 全域土地综合整治视角下国土空间规划应对策略研究——以江苏省建湖县高作镇为例 [J]. 规划师，2021，37（7）：36-44.

[11] 吴传钧. 国土整治和区域开发 [J]. 地理学与国土研究，1994（3）：1-12.

[12] 夏方舟，杨雨濛，严金明. 中国国土综合整治近40年内涵研究综述：阶段演进与发展变化 [J]. 中国土地科学，2018，32（5）：78-85.

[13] 范业婷，金晓斌，张晓琳，等. 乡村重构视角下全域土地综合整治的机制解析与案例研究 [J]. 中国土地科学，2021，35（4）：109-118.

基于大数据的武汉市街区活力研究[①]

杨 喧[1][②]　熊 峰[2]　王振伟[3][③]

(1. 武汉华夏理工学院 土木建筑工程学院，湖北 武汉 430223；
2. 远洋控股集团（中国）有限公司，湖北 武汉 430000；
3. 湖北大学 公共管理学院，湖北 武汉 430062)

摘 要

　　城镇化是现代化的必由之路。随着城镇化的深入推进，国家对全面提高城市品质提出了新的要求。而街区活力反映了城市空间的功能结构与城市生机，是评价街区空间利用效率、功能结构的基本依据。本研究利用微观人口数据、微观产业数据、全量POI数据等时空大数据，通过空间自相关、热点分析及地理探测模型等方法，对武汉市微观街道尺度的城市活力进行研究。研究发现：相对于传统数据，大数据的运用更具有时效性，更适合街区活力研究；武汉市街区活力在空间上存在显著聚集性，呈现"中高外低"环状递减的空间分布趋势；各类设施对街区活力在空间上的影响有显著差异性，休闲娱乐设施、餐饮设施、高校、交通设施能正向影响街区活力，快递店与购物设施对街区活力无显著影响，中小学校则对街区活力产生负向影响。

关键词

　　街区活力；大数据；热点分析；城市布局；规划策略

引言

　　随着城市化的不断推进与经济发展，城市活力逐渐成为衡量城市发展的重要指标。城市街区作为城市空间的细分尺度及组成元素，承载着城市居民生活空间及城市的各项功能空间。城市街区活力的提升往往也会提升街区居民的生活质量水平，同时也将推动城市及街区的发展。对街区活力及其影响因素的研究，将有效地支撑城市及街区规划，提升街区居民生活的便利性及幸福感。

[①] 基金项目：教育部人文社科青年基金（名称："三权分置"背景下农村土地流转路径及农民生计转变策略研究。编号：19YJC630179）；武汉华夏理工学院科研基金项目（名称：基于时空大数据的武汉市街区活力研究。编号：23017）；湖北大学研究生教育教学改革项目（名称：新时代背景下的国土空间规划课程建设。编号：1010017306）。

[②] 作者简介：杨喧（1993— ），女，硕士，讲师，研究方向：城乡规划。

[③] 通讯作者：王振伟（1981— ），男，博士，副教授，研究方向：土地资源管理。

对城市及街区活力的研究已从最初的地理学研究逐渐发展成为包含社会学、生物科学、环境科学的综合性研究。不同学者也从多种角度对城市街区活力的影响因素、发展演变过程、提升方法进行了探讨。本研究将利用微观人口数据、微观产业数据、全量POI数据等多源时空大数据，对武汉市微观街道尺度下的城市活力及其影响机制进行研究，探寻其内在的影响机制，为提升城市活力给予定量支撑，进一步为城市规划者更好地结合街区活力进行规划设计奠定基础，有利于优化城市布局，探索更加科学合理的城市规划策略。

居民与空间产生的交集活动的多样性是城市活力的来源之一，人流量在不同时间段的出现是衡量城市规划是否合理的指标之一。[1] 城市活力可以通过生命机能、生态要求和人类活动体现出来，城市活力的大小与城市形态、功能、活动有着密切关联[2]，人类活动是否影响街道形态，阐述了街区尺度的布局与人的行为方式之间的相互关系[3-5]。

对于街区活力的传统研究方法有构建指标体系、回归分析[6]、皮尔逊相关分析法等[7]。随着互联网、大数据、人工智能等信息技术的应用与发展，多元化的数据类型日益丰富，夜间灯光数据[8]、全量POI数据[9-12] 人口吸引力指数被用于评价城市街区活力的影响程度。传统的城市研究受限于数据尺度及时效性，往往较难对微观层面的城市功能结构进行研究。随着各类新型大数据的产生，城市研究可以进入更为精细的微观尺度。本研究将利用微观人口数据、微观产业数据、全量POI数据等多源时空大数据，对武汉市微观街道尺度下的城市活力进行研究。

1 研究区域概况

本文选取武汉市全部街道作为研究对象，覆盖面积约8569.15平方千米，包含武汉市江岸区、江汉区、硚口区、汉阳区、武昌区、青山区、洪山区、东西湖区、汉南区、蔡甸区、江夏区、黄陂区、新洲区等13个行政区，共计156个街道。武汉市围绕长江、汉江形成两岸三镇的发展格局，又因历史传承、地理分布及城市规划，最终形成以内环为发展核心、向外逐渐拓展的多核发展格局。

武汉市2022年国内生产总值（GDP）18866.43亿元，经济总量位列全国城市第八。截至2022年末，武汉市全市常住人口1373.90万人，较上年末增加9.01万人。武汉市城市布局由内向外拓展，主城内环区域聚集大量人口、产业、商业及公共基础设施，主城区的活力也相对较高。

2 研究方法和数据来源

2.1 研究方法

2.1.1 空间自相关

空间自相关是验证在一定数据条件下某些变量之间相关性的程度。空间自相关可以用来描述变量之间的非线性关系，例如，两个变量之间的关系受到其他变量的影响，并且在空间上存在延迟或调制。空间自相关还可以用于地理信息系统（GIS）和遥感技术中，以帮助解决空间数据分析和可视化问题。因此，空间自相关是一种重要的空间数据分析方法，可以帮助研究人员更好地理解变量之间的相互作用和空间关系。

2.1.2 热点分析

热点分析是一种空间统计方法，指运用指数统计分析方法，确定研究对象的统计显著性，以及聚类分布特点，即单个要素及其邻近要素之间的聚集关系，分为高值聚集和低值聚集。高值与高值的聚集称为热点，低值本身与其周围的值都较低则称为冷点。

2.1.3 地理探测器模型

地理探测器模型的基本思想是将地理空间数据看作是由许多个具有不同尺度和空间分布的"探测器"组成的，每个探测器都代表着地理空间中的一个观测单元。在地理探测器模型中，每个探测器被表示为一个概率分布，代表着该探测器在给定观测单元内部和边界条件下的观测结果。

2.2 数据来源

本文研究数据来源包括腾讯人口热力数据、武汉市 POI 数据（包括点状数据，其中具有名称、地址等多重属性，是一种矢量数据集）、武汉市街道矢量数据、武汉市工作岗位数据、武汉市快递站点数据、武汉市学校数据、武汉市地铁站点数据、武汉市高校分布数据、武汉市居民点数据、武汉市购物点数据、武汉市餐饮点数据、武汉市旅游点数据、武汉市休闲点数据等。其中各项设施的点数据均通过百度地图 API 获取，腾讯人口热力数据则通过编写的网络爬虫代码获取的人口活力数据获得。人口活力数据分别爬取了 2023 年 3 月 16 日（工作日）、3 月 19 日（周末）中午 12：00 及夜间 19：00 等多个时间段，并进行了均质化处理，得到的数据可反映武汉市街区活力均值水平，可用于在街区尺度下对人口活力的分析研究。

3 研究结果

3.1 空间自相关

本文以 ArcGIS 软件平台为载体，利用空间自相关分析方法计算得出武汉市街区活力的莫兰指数。数据统计显示，所有数值通过了 1% 的显著性检验。全局空间自相关分析结果显示，其莫兰指数约为 0.54，说明显著性程度较高，进一步说明在武汉市内各街区的活力是非随机分布的，呈现出一种聚类现象，即周边街区活力值会受到高的街区活力值的正向影响，反之，低的街区活力值会负向影响周边街区活力值。

3.2　街区活力分布特征

武汉市街区活力整体格局呈现"中高外低"的空间分布趋势，中心城区街区活力明显高于远城区，同时因产业布局，东湖高新区、东西湖区街道活力显著高于南北区域街道，形成了显著的环状递减结构。

3.3　街区活力热点分析

对武汉市街区活力热点分析的结论是显著的空间聚类，且分为热点空间聚类和冷点空间聚类。街区活力呈向中心集聚的现象，即沿东、北、南三环线向外延伸，从区域角度分析，武汉市汉口区和武昌区的街道活力要高于汉阳区，且中心城区与周边区域的活力联系不够紧密，出现了断层现象。但是从整体上来看，武汉市街区活力的聚集程度与分布情况是基本符合武汉市城市总体规划的区域功能定位的。

3.4　设施分布情况

从武汉市各类设施分布情况来看，与街区活力分布较为相似，大量设施聚集在主城区三环线以内，同时部分远城核心区域，如黄陂、阳逻核心街道，也有较多的设施聚集。这种设施的空间分布特征既与城市地理特征有关，也与城市的功能规划有较大关系。如主城区交通便利，且历史上即承担了较多的城市功能。如核心区域水果湖街道、中南路街道等，既需要承担居住功能、商业功能，也承担了一些政府职能。这些区域地处城市核心区域，交通便利，最终积聚了较多的产业及人群，形成设施分布集聚的空间布局。

不同种类的设施分布的空间存在不同。餐饮设施、购物设施等大量聚集在核心城区，同时，外部非核心区域也有均匀分布。工作岗位分布主要集中在核心城区街道与远城区重点街道，非重点街道分布较少。公交站点、地铁按照规划，分布在道路附近，同时大量聚集在主城区街道，远城区街道也有部分覆盖，但密度远小于核心城区。通过设施点与街区活力空间分布可初步看出，设施点分布聚集的街区，其活力也往往较高。

3.5　街区活力影响因素

由各变量对街区活力影响来看，此次选取的变量中，休闲娱乐设施对街区活力影响最大，其次为餐饮设施，工作岗位、中小学校、地铁、公交站点、旅游设施对街区活力也有一定影响，购物设施、快递点、小区点、高校则对街区活力影响有限。具体分析如下。

休闲娱乐设施与餐饮设施作为现代社会人群活动的重要场所，其密集分布的区域往往能够带来更为活跃的人群，而街道内更为活跃的人群也将吸引更多餐饮设施与休闲娱乐设施进行选址及布局。

工作岗位的聚集将在工作日的日间形成更高的街区活力，但其在夜间及休息日可能存在活力较低的情况，但其从整体趋势上来看仍对街区活力具有显著影响。

公交站点与地铁的设置为人群流动赋予极大的便利,较多的公交站点与地铁带来更高的街区活力。但公交站点影响程度小于地铁,同时显著性也小于地铁。

中小学校以及高校也对街区活力产生了影响。其中中小学校对街区活力产生负向影响,这一般是因为中小学校多设置在相对安静的区域,这些区域活力往往不高。高校则因师生人群数量大,部分高校甚至有上万师生,显著地影响了街区活力。武汉市当前已有大量快递点、购物设施广泛分布在各个街道,无论街道人口活力高低,均有较多的快递点及购物设施分布,故分析结果表明其对街区活力无显著影响。街区活力影响因素相关性分析统计如表1所示。

表 1 街区活力影响因素相关性分析统计

变量	标准化 B 值	t 值	p 值
小区点数量	0.133	2.125	0.003
高校数量	0.145	2.499	0.004
公交站点数量	0.216	1.819	0.031
地铁数量	0.246	2.762	0.007
工作岗位数量	0.271	3.201	0.004
中小学校数量	−0.363	−4.774	0.000
快递点数量	−0.019	−0.113	0.910
休闲娱乐设施数量	0.518	2.413	0.007
旅游设施数量	0.204	3.473	0.001
餐饮设施数量	0.400	2.015	0.006
购物设施数量	0.127	0.720	0.473

4 结论

本研究基于多源数据对街区活力的空间分布及影响因素进行了定量分析。武汉市街区活力在空间分布上存在着显著的聚集性,高活力街区从核心城区向外扩散,同时中远城区部分街道也因设施齐备而具有较高的街区活力。从武汉市典型设施与街区活力的空间分布来看,两者存在一定的空间关联性,地理探测也证明了休闲娱乐设施、餐饮设施、地铁等对街区活力影响显著,快递点、中小学校等设施则对街区活力影响不显著。相较于传统定量分析所使用的统计数据,新型数据具有更高的时效性,更适合对街区活力进行实时分析。武汉市街区活力呈现较强的空间自相关性,呈现"中高外低"的情况,即高活力街区能正向影响周边街区活力。各类设施对街区活力在空间上的影响具有显著差异性,休闲娱乐设施、餐饮设施、高校、公交站点、地铁能够正向影响街区活力。

通过多源数据地理探测模型对街区活力进行研究,解决了以往缺少高效空间异质性研究的问题,为城市规划布局及设施选点提供了新的研究方法与思路,对于提高武汉市街区活力、优化公共设施布局具有指导与支撑作用。

参考文献

[1] Jacobs J. The death and life of great American cities [M]. New York：Random House，1961.

[2] Lynch K. Good city form [M]. Cambridge：The MIT Press，1984.

[3] Appleyard D，Gerson M S，Lintell M. Livable streets [M]. Berkeley：University of California Press，1981.

[4] Sung H G，Go D H，Chang G C. Evidence of Jacobs's street life in the great Seoul city：identifying the association of physical environment with walking activity on streets [J]. Cities，2013，35：164-173.

[5] Gehl J，Gemzøe L. New city spaces [M]. Copenhagen：Danish Architectural Press，2000.

[6] 郝新华，龙瀛，石淼，等. 北京街道活力：测度、影响因素与规划设计启示 [J]. 上海城市规划，2016（3）：37-45.

[7] 裴昱，吴潆杭，唐义琴，等. 基于空间数据的北京二环内夜间街道活力与影响因素分析 [J]. 城市建筑，2018（9）：111-116.

[8] 张梦琪. 城市活力的分析与评价 [D]. 武汉：武汉大学，2018.

[9] 康雨豪，王玥瑶，夏竹君，等. 利用POI数据的武汉城市功能区划分与识别 [J]. 测绘地理信息，2018，43（1）：81-85.

[10] 丁亮，钮心毅，宋小冬. 基于个体移动轨迹的多中心城市引力模型验证 [J]. 地理学报，2020，75（2）：268-285.

[11] 郭海博，陈玉玲，邵郁，等. 哈尔滨市老城区典型街区空间活力及其影响机制研究 [J]. 建筑学报，2020（2）：114-119.

[12] 凡来，张大玉. 北京街区活力影响机制及空间分异特征研究——基于多尺度地理加权回归 [J]. 城市规划，2022，46（5）：27-37.

基于微服务框架的智慧水务综合信息管理系统[①]

罗 瑜[②] 钱小红 李永成

(武汉华夏理工学院 信息工程学院,湖北 武汉 430223)

摘 要

智慧水务管理系统是目前国家推进智慧城市建设的重要组成部分。为了有效地推进县城水域的信息化进程,针对目前县城水域水雨情状况,系统从仪表采集、数据采集、数据传输、数据存储、数据处理等需求出发,选用主流的轻量级微服务框架,基于前后台分离的开发模式,采用 Spring Cloud+Vue 系统开发框架,设计并实现了河南某县城水务综合信息管理系统。分析表明,这种模式可缩减软件开发周期、降低开发成本,提升系统的工作效率和可扩展性,系统正常运行也证明了开发框架的安全性和可行性。

关键词

微服务框架;智慧水务;Spring Cloud;Vue

智慧地球这一理念在 2008 年由 IBM 提出后,立即引发了各国建设智慧城市的热潮,智慧水务作为智慧城市发展的必然产物也应运而生。[1-2] 信息化的发展酝酿着重大的变革和新的突破,更高阶段的智慧化发展已成为必然趋势。[3-4] 2019 年,全国"两会"工作报告提出推动大数据、云计算、物联网广泛应用,加强新一代人工智能的研发。而目前,我国在高速城市化发展的同时,伴随着高速工业化,环境恶化、资源短缺、交通拥堵等"城市病"日益严重,导致江河湖泊等水流域水循环发生了深刻变异,城市水系统不断衰退,严重地威胁着经济和生态安全。[5-6] 所以,作为智慧城市建设的重要环节,积极规划和推进智慧水务建设具有重要的现实意义。[7]

1 智慧水务概述

通过对中国产业调研网提供的关于《2019—2025 年中国智慧水务行业发展研究分析与发展趋势预测报告》的研究发现,我国智慧水务行业市场规模尚未释放,目前,全国有

---

① 基金项目:横向项目(名称:洺河智慧水务综合管理信息系统软件开发。编号:HX356)。
② 作者简介:罗瑜(1979—),女,硕士,工程师,研究方向:实时计算机应用,计算机网络,信息安全,网络管理和安全,机器学习,网络性能分析和协议等。

660多个县级以上城市、2500多个县城及30000多个乡级建制村和城镇，每个乡级建制村和城镇基本上都会同时拥有一个大型给水站和一个排水系统，但大部分水务公司处于向智慧水务方向拓展的阶段。随着物联网、大数据、云计算及移动互联网等新技术不断融入传统行业，信息技术和现代化智能水务不断深度交叉融合，这一新兴产业的快速发展使得市场需求空间扩大，并表现出了广阔的市场前景。

在城市水务行业建设的发展过程中，利用云计算、物联网、大数据、智能生态硬件、增强虚拟现实等新型技术，有效地整合城市水资源、水环境，为我国城市水资源水环境生态演变规律分析、潜在问题分析诊断、未来发展形势分析及预判预测提供有力支撑，为城市水环境气象预警及时准确和多层次水源的综合优化、智能、低耗、调度管理提供智慧社会化服务，为城市水务行业信息化和智慧城市发展建设带来新的发展机遇。

智慧水务系统主要是指利用大数据分析采集仪、无线网络、水资源监测仪器和水量变化检测仪器等各类在线装置开展现场监测，实时了解、感知整个城市供排水资源管理服务系统的基础情况，并通过信息数据可视化的方式有机集成全市水务资源综合管理服务部门与整个城市供排水管理系统基础设施，形成"都市水务物联网"，对实时采集的城市水资源数据进行分析处理，为水务管理部门决策提供依据，实现城市水资源生产、经营全过程的精细化、现代化，提升"智慧"城市水务服务管理水平。

当前，我国城市水务信息化与智慧化建设仍处于起步阶段，为实现水务信息化管理系统的快速搭建，在降低开发维护成本的同时满足未来技术快速迭代需求，且在城市实际区域发展的基础上，系统梳理地区水务业务、水务用户和关联协作等需求，特提出一种基于微服务架构的区域水务轻量级智慧管理平台。该平台以解决区域水务管理核心需求为目标，以专业模型及数值算法为智慧引擎，通过对水务系统各业务流程进行功能分解和共性提取，构建主流系统可共用的微服务框架，实现统一化管理，减少地方政府在信息化建设中的重复开发和投资，提升区域水务行业管理和服务水平，协助有关部门做好水务预警协助工作。

2　系统架构分析

智慧水务综合信息管理系统主要为了有效满足各个地区水域的综合信息管理、分析采集数据管理、监测分析服务等需求，通过前端各种类型的传感器和监测设备与其数据进行充分对接，实现对各种水域内的整体生态水质、水量、水位、雨量等所有信息数据的自动采集、远程传输、实时处理，以及采集数据存储入库分析、采集数据出库分析等多种功能，从而有效地辅助地方各级政府部门进行管理决策；研究各个水域水资源生态环境管理中的风险报警预报，采用事件自动分析模拟与风险预警监测分析算法，实现各个水域水资源、水环境、水资源生态状况综合监测智能展示；根据该系统预先设定的风险报警数据模型，自动模拟出各个地区水域的洪水预报，同时基于GIS对各种水域的各类水务综合信息进行自动分析，并进行智能展示。

2.1 系统整体架构

智慧水务综合信息管理系统由数据采集层、网络传输层、数据存储层、数据分析应用层和展示层等五部分组成。智慧水务综合信息管理系统总体设计及网络架构，如图1所示。

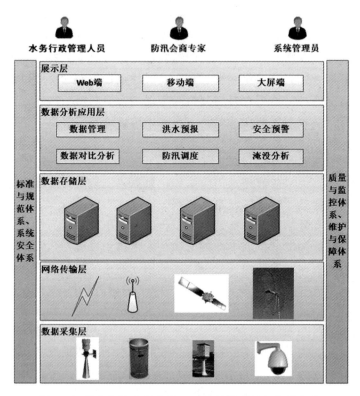

图1 智慧水务综合信息管理系统总体设计及网络架构

其中，数据收集层主要完成水域水雨情状态的瞬时感知，以及对水域水位、雨量、气象、温度、视频等水雨情信息数据的及时收集。网络传输层主要用于进行水雨情数据信息的实时网络传输，传输方式主要分为有线网络、GPRS、GSM、低功耗无线网络自组联网等，主要完成各类水域的水雨情数据资料的互联网传输。数据存储层主要用来进行对各类水域的水雨情数据信息的分布式网络存储和出入库信息处理。数据分析应用层主要完成对各类水域的水雨情数据的统一管理、对比分析，以及根据这些水域的水雨情数据分析得出相应的防汛情况预报、防汛工作调度、淹没情况分析以及安全事故预警等工作。数据展示层主要用于进行各类水务数据信息的展示，包括各种水域的基本雨情数据信息应用网页界面、基础雨情信息数据管理使用页面，以及各种水域的雨情数据信息分析使用网页界面。

2.2 系统技术选型

系统采用前后端解耦分离的软件开发模式，通过前后端解耦，更具高可扩展性，同时更易快速获得性能上的提升和多端应用支持。前后端解耦分离可以让前端开发人员更加专注于页面设计表现、用户操作体验、动态数据的综合解析和场景渲染等，让后端开发人员更加专注于业务处理逻辑和"三高"（高并发、高可用、高性能）等多个内容的实现。让专业开发人员做专业的事，最大限度地集中核心技术优势。由于前后端分离，前后端数据通信基于 RESTful API 提供的 JOSN 数据格式即可进行动态数据交互，提高了开发系统的可扩展性。

2.2.1 后端框架

（1）微服务架构。

微服务架构是一种轻量级的结构模式，采用一组多种服务的架构方式，将各种服务独立部署在不同的应用进程中，之间的服务通过交互式机制来联系。每种服务既可独立扩展又都定义了明确的业务边界。不同的业务甚至可以直接通过不同的编程开发设计语言来实现，由独立的软件开发团队进行维护。[8]

相比于传统的单体式应用架构，微服务架构通过把多个功能模块分解到各个不同且离散的服务领域，完成对整体应用系统的解耦，从而有着较为突出的优势[9-10]，具体表现为以下五个方面。

第一方面，复杂度可控。每一个微服务专注于单一功能，代码编制工作量小、程序复杂度低，不同微服务之间通过多个通信接口进行实时通信，各个微服务之间边界清晰。

第二方面，技术选择灵活。微服务架构可以针对不同的行业需求选择不同的业务技术平台或软件产品，可针对性地处理具体的客户业务问题。

第三方面，方便独立部署。每种微服务运行在各自独立的进程中，当某个微服务内容发生变更时，既无须整体重新编译，也无须重新部署整个应用，只需对发生变更的服务独立进行部署，使得服务的发布更快捷，同时可减少生产环境变化所带来的风险，缩短了整体应用开发的运行交付周期。

第四方面，扩展性便捷。每个微服务可以根据客户业务的实际需求，独立进行部分模块功能的扩展。

第五方面，容错技术能力强。在微服务架构下，故障被完全屏蔽于相应微服务程序内部。可以通过超时器对错误进行修改重试，快速实现在微服务系统层面上的内部实时安全容错处理，避免产生全局性的错误应用。

（2）Spring Cloud 微服务架构及其关键技术。

Spring Cloud 是 Spring 体系的微服务解决方案，是一套目前相对完整的微服务框架技术方案的组合体，既提供了构建分布式系统所需的各个模块，又为用户提供了自行构建分布式系统所必备的技术。在原有 Spring Boot 的基础上集成了底层软件注册、配置网关、系统自动熔点诊断、分布式系统自动配置、数据管理、负载均衡等系统底层开发框架，用户不需要再集成其他组件即可完成微服务架构的开发部署。同时，也支持与第三方组件集成开发，不需要用户再自行安装集成其他开发系统组件即可完成一套微服务系统架构的软件开发及自动部署，完全支持与第三方应用开发系统组件同时集成，一起进行开发。

Spring Cloud 常用的五个核心组件如下。

第一核心组件是 Eureka 组件，即服务中心，其职能是服务治理、注册和发现，负责所有服务的统一管理。其主要功能是为服务提供者提供注册、下线和续约服务，为服务消费者提供获取、调用和下线服务。服务注册中心的存在也使得各个微服务实例的自动注册和自动发现更容易实现。

第二核心组件是 Ribbon 组件，它本身是一个后端服务用户负载均衡器，负责自动实现客户端的负载均衡，基于应用层 HTTP 和传输层 TCP 两个基本协议，通过客户端中自动配置的 Ribbon Server List 服务端列表和服务端的用户负载均衡列表两个模块去轮询访问以实现后端服务均衡。

第三核心组件是 Hystrix 组件，它是一个熔断器。它同时具备请求服务信号降级、请求线程服务之间熔接中断、线程与服务信号之间隔离、请求服务缓存、请求服务合并以及请求服务状态监控等安全功能。

第四核心组件是 Zuul 组件，它是一个网络服务管理网关。它主要用于提供网络动态路由管理、监控、响应、安全管控等功能，其核心功能是一系列过滤器（包括前置过滤器、后置过滤器、路由过滤器和错误过滤器），它可以和以上几个组件配合使用完成指定功能。

第五核心组件是 Fegin 组件，它的关键机制是使用动态代理机制来完成远程服务调用。将当前需要进行调用的软件服务请求方法自定义成抽象方法并封装构造出一套简洁的请求接口，不再需要任何组件就能构建诸如 HTTP 等协议的请求。

Spring Cloud 框架原理图，如图 2 所示。

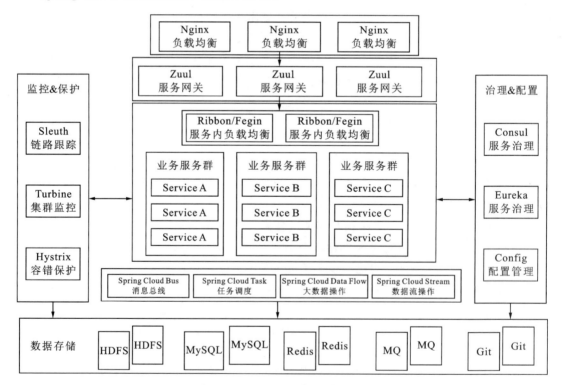

图 2　Spring Cloud 框架原理图

总之，Spring Cloud 是一个非常强大的框架，它为基于 JVM 的云原生应用开发中涉及的配置管理、服务发现、熔断器、智能路由、微代理、控制总线、分布式会话和集群状态管理等操作提供了一种简单的开发方式，为微服务架构提供了全面的解决方案。

2.2.2 前端框架

Vue 核心框架是一套专门用于构建用户核心界面的前端开发编程框架。与其他一些较为主流的应用程序前端开发框架不同，Vue 被广泛地设计为可以自底层向上逐层开发的移动应用。Vue 的核心库是一个只提供用户关注体验视图的分层即视图层，学习成本低，非常容易上手。Vue.js 的目标是通过尽可能简单的 API 实现响应的数据绑定和组合的视图组件。

Vue 视图模板的集成管理功能是一个视图系统组件核心模板集成管理引擎，在此之上，可以通过自动添加系统视图核心组件模板、视图组件路由、视图管理状态表和数据采集管理等功能，轻松构建一个完整的系统视图核心框架。同时，这些视图核心功能相互独立，开发者可以直接在此基础上灵活、轻松地自由选用其他的视图基础集成部件。Vue 具有双向数据绑定、组件化开发、Virtual DOM、轻量级框架、动画系统等优点。Vue 视图的框架原理，如图 3 所示。

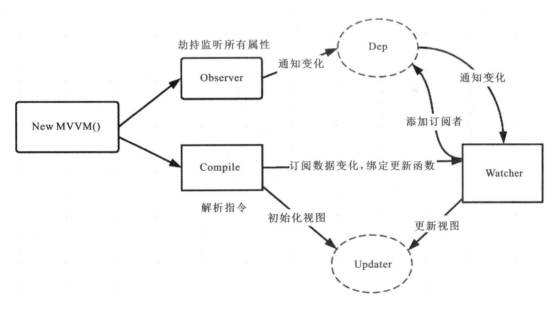

图 3　Vue 视图的框架原理

2.3　系统功能模块架构

本智慧水务综合信息管理系统需完成监测、展示、调度等相关水务管理功能，完整的功能及技术实现由智慧水务综合管理信息平台、智慧水务综合监测预警系统、水资源管理信息系统、水环境管理信息系统、智能安防监控系统等五部分组成，具体内容如表 1 至表 5 所示。

表 1　智慧水务综合管理信息平台

序号	功能模块	具体内容
1	水资源综合展示	综合研究展示水资源动态平衡、水资源调度以及设备运行状况
2	水环境综合展示	根据国家基础地理国情数据，综合研究展示河体及周边水环境、土壤环境、大气质量、流域气象数据
3	水生态综合展示	综合研究展示河体周边草木林地分布、水生态物种分布以及人类活动（居民区、商业区、休闲区、道路等）
4	决策支撑	对河体及流域的水质进行建模，进行水体评价分类，科学地分析河水污染状况
5	智能执法	根据综合预警系统反馈，实施智能监督、移动巡检（依托智慧水务App上报问题）、视频共享监测、人员指挥调度
6	项目管护	对未建项目审批、在建项目监管和对已建项目效益评估的数据进行整合与分析
7	考核评价	实施月度综合排名，地图事件展示，典型问题照片、问题类型占比分析，考核付费明细
8	排水管网数字化管理	根据获取数据或数据库接口，对排水管网数据，包括流量监测、液位监测、泵站监测等数据进行综合展示分析、实时报警，以辅助决策
9	智慧水务App	在手机上查看水资源环境综合信息、监测点分布、实时数据、水质监控、河道循环管网压力、泵房监控、报警信息

表 2　智慧水务综合监测预警系统

序号	功能模块	具体内容
1	数据实时监控	基于监测地图对水质、流量、水位、雨量、视频等监测点进行实时监控，对实时监测的数据进行汇集、统计分析
2	事件模拟	事件分析模拟从以固定源、移动流域源及风险流域源为整体的三个流域角度出发并针对潜在的水环境源及风险源流域进行辨识，构建二维水表浅水资源流动的流域水资源动力预测模型，对预警策略、预警事件进行管理分析
3	统计分析	对前端监控点实时监测得到的数据进行统计，并根据本项目中构建的水质、水量等模型进行分析，开展工程绩效评估，生成数据统计图和数据报表

表 3　水资源管理信息系统

序号	功能模块	具体内容
1	水资源利用	通过水资源传感监测网，对河道用水量、补给量、水位等进行实时监测、查询、统计、分析，为水资源开发利用提供决策依据

续表

序号	功能模块	具体内容
2	水资源调度	根据全流域自控系统48座现场控制站的数据库和控制接口,针对可控点,可提供全部信号的监视与控制功能;针对不可控点、视频影像,可提供全部信号的远程监视
3	综合监管	实现河道整体系统的污水监管、河道循环管网压力管理、现场异常情况识别报警、数据分析、参数设置、权限管理等功能,为管理人员提供决策支撑

表4 水环境管理信息系统

序号	功能模块	具体内容
1	水环境监测地图	水环境监测地图功能实现基于GIS的水环境监测站点的网格化查看、打印,水环境实时评价监控监测预警,水环境发展趋势预测分析,水环境监测统计数据查询,并以矩形柱状的地图、过程线或实时数据分析列表等多种形式实时展示,根据河道水环境实时评价分析结果,实现各河道流域水环境监测分段实时渲染
2	水环境评价	根据监测数据,按照水环境评价标准进行水环境评价,计算出超标倍数、超标率以及评价指标,包括地表水评价、饮用水评价、排污口评价、降水水质(根据河水质变化推测)评价,提供外检样评价数据的手动录入界面
3	趋势分析	通过水动力模型、多维水质模型,根据污染源排放情况和水文情势等数据对水环境污染事件发展趋势进行分析
4	报表统计	报表动态统计生成水环境监测报表,主要对水环境质量监测管理情况的统计月报、年报、通报等以及水环境监测概况、水质检查站及监测断面情况一览表、水资源环境监测管理成果统计表、趋势数据分析监测成果统计表等各类报表进行动态统计生成,表格的具体内容与格式根据国标及实际应用需求进行整合设计

表5 智能安防监控系统

序号	功能模块	具体内容
1	视频监控系统集成	根据已经建立的视频监测站,基于视频厂商提供的相关接口进行二次开发,集成在本信息系统中展示并控制
2	音频报警系统集成	根据已经建立的视频音频系统,基于厂商提供的相关接口进行二次开发,集成在本信息系统中展示并控制

3 应用实例功能展示

在前述软件系统整体架构和主要技术节点选型研究的基础上,依托河南省某水域地区水雨情自动安全监控系统软件改造开发项目,完成了智慧水务综合信息管理系统软件的开发。智慧水务综合信息管理系统(以下简称"智慧水务系统")主要包含智慧水务综合管理信息平台、智慧水务综合监测预警系统、水资源管理信息系统、水环境管理信息系统和智能安防监控系统五大模块。这五大核心模块依次完成了该水域地区水雨情的监测信息,从观测站节点处理状态的采集管理、传输、存储、分析以及综合应用,实现了该水域地区水雨情监测系统的安全自动化运行管理、数据分析以及预警,为该地区水域正常运行和安全防汛设备调度工作发挥了较大的保障作用。

3.1 水务一张图功能

水务一张图界面,如图4所示。从界面上可以直观看到此系统的主体功能,从左到右依次是地图图层、预警统计、设备运行状态、设备查找四个模块。

图 4 水务一张图界面

第一模块:地图图层。这一部分主要展示了水务设施的地图信息。用户可以通过此模块查看水务设施的分布、地理信息以及其他与地图相关的数据;地图的精度和详细程度可以根据实际应用需求进行定制或者查看更宏观的区域地图。

第二模块:预警统计。此部分主要用于监控和预警。当某个或某些水务设备出现异常或达到预设的警戒值时，系统会自动发出预警。预警统计可以帮助管理者及时了解并处理可能出现的问题。

第三模块：设备运行状态。此部分主要展示当前所有水务设备的运行状况。用户可以实时查看设备的运行状态，如正常运行、维修中或停止运行等。通过此模块，管理者可以迅速了解设备的整体运行状况，确保智慧水务系统正常运作。

第四模块：设备查找。当需要定位或查询特定设备时，可以使用此模块。通过设备编号、名称或其他相关信息，用户可以快速找到并定位到特定的水务设备。这一功能在设备故障排查、维修或日常管理中非常实用。

总的来说，水务一张图界面设计得非常直观，各个功能模块清晰明了，方便管理者进行实时监控和操作。通过智慧水务系统，水务部门可以更加高效地进行设施管理，确保供水服务的稳定和安全。

3.2 实时监测功能及类型

对整个区域进行实时监测是智慧水务系统的重要功能之一，其中需要监测的对象有雨情、水情、气象站、水质、水生态等信息。

3.2.1 雨情信息实时监测

实时监测-雨情界面截图，如图 5 所示，展示了该地区雨情信息的实时监测情况，分为雨情信息一览和历史信息查询两个部分。在雨情信息一览页面展示了雨量监测点、实时降雨量和降雨量数据三部分的采集信息。

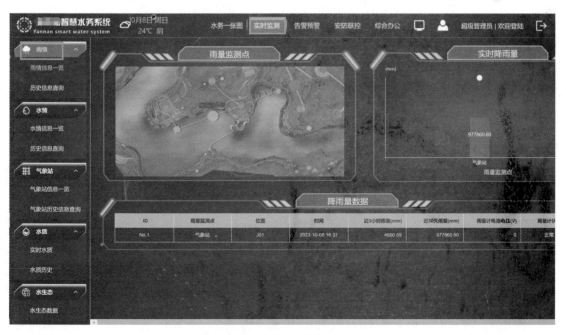

图 5　实时监测-雨情界面截图

实时降雨量展示了当前的总降雨量，用户可以快速了解各个监测点的实时降雨量数据。

历史信息查询部分允许用户查询过去的雨情信息，通过这一功能，用户可以了解特定时间段的降雨情况，这些历史数据对于分析降雨模式、预测未来降雨趋势以及评估水务设施的承受能力都非常有价值。

雨情信息实时监测对于水务管理至关重要。通过对雨情的实时监测和历史数据的查询，管理者可以及时了解雨情变化，并做出相应的决策，例如是否需要启动防洪措施或调整水处理流程。

3.2.2 水情信息实时监测

水情信息实时监测与雨情信息实时监测类似，分为水情信息一览和历史信息查询两个部分。

水情信息一览部分展示了当前的水位高度，提供了实时水位监测点的信息，用户可以快速了解各个监测点的实时水位数据，如水位升降的速度、趋势等。

历史信息查询部分允许用户查询过去的水情信息。用户可以了解特定时间或时间段的水位情况，如某一时刻、某一小时或某一分钟的水位数据。

水情信息实时监测有助于确保水务设施的正常运作。通过对水情的实时监测和历史数据的查询，管理者可以及时了解水位变化，并据此作做出相应的决策，例如是否需要调整泵站的运行参数或启动应急排水措施等。

3.2.3 气象站信息实时监测

气象站信息实时监测对于水务管理同样非常重要，因为气象条件直接影响到水务设施的运行和水质情况。气象站信息实时监测与雨情信息实时监测类似，分为气象站信息一览和气象站历史信息查询两个部分，在气象站信息一览页面展示了具体气象站监测点、实时气象和气象数据三部分的采集信息。

气象站信息一览部分提供了实时气象站监测点的信息，用户可以快速了解各个监测点的实时气象数据。实时气象展示了当前的气象状况，如温度、湿度、风速、风向等；气象数据部分则包含了更详细的气象数据，如气压、降水量、云层高度等信息。

气象站历史信息查询部分允许用户查询过去的气象站信息。通过这一功能，用户可以了解特定时间或时间段的气象状况，如某一时刻、某一小时或某一分钟的气象数据。

气象站信息实时监测有助于确保水务设施的正常运作。通过对气象站信息的实时监测和历史数据的查询，管理者可以及时了解气象变化，并据此做出相应的决策，例如是否需要调整水处理流程或启动某些应对措施。

3.2.4 水质信息实时监测

水质信息实时监测对于水务管理和供水安全至关重要。水质信息实时监测与雨情信息实时监测类似，分为实时水质和水质历史两个部分，在实时水质页面展示了具体水质监测点、实时水质评价和实时水质数据三部分的采集信息。

实时水质部分提供了实时水质监测点的信息，用户可以快速了解各个监测点的实时水质情况。同时，实时水质评价部分根据实时水质数据给出水质状况的评价，如"优良""轻度污染""严重污染"等。实时水质数据部分则具体展示了水质的各种参数，如浊度、pH 值等。

水质历史部分允许用户查询过去的水质信息。通过这一功能，用户可以了解特定时间或时间段的水质状况，如某一时刻、某一小时或某一分钟的水质数据。

水质信息实时监测有助于确保供水安全和满足水质标准。通过对水质的实时监测和历史数据的查询，管理者可以及时了解水质变化，并据此做出相应的决策，例如调整水处理工艺、进行应急处理或启动预警系统。

3.2.5　水生态信息实时监测

水生态信息实时监测对于水务管理和环境保护同样至关重要。水生态信息实时监测也与雨情实时监测类似，包括水生植物优势种群、优势物种图鉴和水生动物优势种群三部分的信息。

水生植物优势种群部分和水生动物优势种群部分提供了实时监测到的水生动植物优势种群信息，这些水生动植物对水域生态平衡起着重要作用。通过实时监测，可以了解优势种群的分布、生长状况和变化趋势，有助于评估水域生态状况和采取相应的管理措施。

优势物种图鉴部分提供了关于水生植物优势物种的详细图鉴信息，包括物种的形态特征、生态习性、分布范围等详细描述，有助于识别和了解优势物种的特点和重要性。

水生态信息实时监测有助于维护水域生态平衡和保护生物多样性。通过对水生植物和动物优势种群的实时监测，管理者可以及时了解水域生态状况的变化，并采取相应的管理措施保护和恢复水域生态系统。

3.3　告警预警功能及模块

智慧水务系统不仅需要展示以上各部分实时监测数据，更重要的是需要对产生的各种异常情况做出相应的告警，通过数据采集、大数据分析、整合，从而给出匹配的预警信息。

告警预警界面，如图 6 所示，展示了预警总览和设备告警两个模块。其中，预警总览模块包括预警监测点信息和预警监测数据两部分，设备告警模块包括监控实时告警、监控历史告警、广播实时告警、广播历史告警四个部分。

3.3.1　预警总览模块

预警监测点信息部分提供了预警监测点的信息，包括各个监测点的位置、类型和重要性等。通过这些信息，用户可以了解预警监测点的分布和特点，有助于对预警数据进行更准确的分析。

预警监测数据部分展示了实时预警数据，包括预警级别、预警内容等信息。预警级别通常根据预警的严重程度进行划分，如"低级""中级""高级"等；预警内容描述了预警的具体情况，如水位过高、水质超标等。

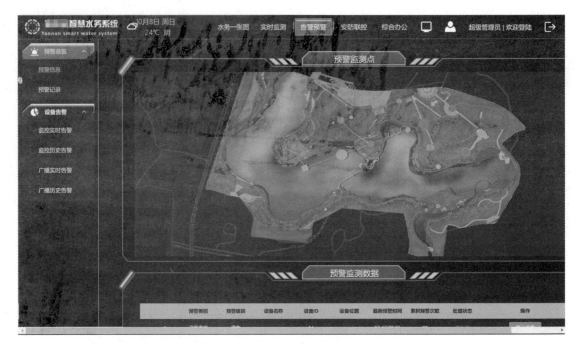

图 6　告警预警界面

3.3.2　设备告警模块

监控实时告警部分实时显示监控设备的告警信息,包括告警设备的名称、位置及告警内容等。告警内容可能涉及设备故障、运行异常等情况,需要引起用户的关注和及时处理。

监控历史告警部分展示了历史监控告警信息,用户可以查询过去的告警记录,了解告警的处理情况和结果。通过分析历史告警数据,可以发现潜在的问题和趋势,有助于预防类似问题的再次发生。

广播实时告警部分实时显示广播设备的告警信息,通过广播的形式通知相关人员处理告警事件。通常用于紧急情况下的通知和警示,确保相关人员能够及时收到并采取应对措施。

广播历史告警部分展示了历史广播告警信息,用户可以查询过去的广播告警记录,了解告警事件的处理情况和结果。分析历史广播告警数据也有助于发现潜在问题和趋势,提高对未来类似事件的应对能力。

预警和告警功能在智慧水务系统中至关重要。通过实时监测数据和大数据分析,系统能够及时发现异常情况并发出预警和告警信息,提醒相关人员采取应对措施。这些功能有助于提高水务设施的稳定性和安全性,减少故障和事故的发生,确保供水服务的正常运行。

3.4　安防联控功能及模块

安防联控是智慧水务系统中不可或缺的一部分,它涉及监控和安全管理的各个方面。安防联控界面,如图 7 所示,展示了安防监控和音频管理两个模块。

图 7 安防联控界面

3.4.1 安防监控模块

安防监控模块包括电子地图和视频监控两个部分。右半部分可以查找具体的监控设备名称、位置信息和状态，左边则是可以灵活搜索查找的部分。

电子地图部分提供了一个电子地图界面，用于展示监控设备的分布和位置信息。用户可以通过电子地图直观地查看各个监控设备的位置，并根据需要进行缩放、移动等操作。电子地图通常与地理信息系统（GIS）集成，可以提供更为详细的地物信息及精准定位。

视频监控部分提供了实时视频监控的功能。用户可以查看各个监控设备的实时视频流，了解监控区域的状况。视频监控支持多画面同时查看，用户可以根据需要选择不同的监控设备进行查看。

3.4.2 音频管理模块

音频管理在智慧水务系统中扮演着重要的角色，特别是在需要广播通知或紧急警报的场合。音频管理主要包括音频报警、站台管理和内容管理三部分。其中展示了地图上具体的音频点、广播播放站信息及录播、直播的控制等信息。

音频报警部分主要用于设置和触发音频报警。用户可以根据需要设定特定的报警条件，如水位过高、水质超标等。当满足这些条件时，系统会自动触发音频报警，通过广播设备播放报警信息，引起相关人员的注意。

站台管理部分提供了对广播站台的管理功能。用户可以查看各个广播站台的信息，如位置、设备配置等，还可以对广播站台进行远程控制，如启动、停止广播等操作。

内容管理部分用于管理音频内容，包括录音、播放列表等。用户可以录制和编辑特定的音频内容，如通知、公告，还可以创建播放列表，按照预设的顺序播放音频内容。用户可以根据需求设置广播内容和播放方式，进行内容管理。

用户可以直观地查看和了解各个地图上具体的音频点设备的位置信息和广播播放站点信息，也可以通过系统控制录播和直播功能任意录制音频内容并保存，还可以实时播放音频内容，控制其开始、暂停、停止等操作，以满足不同场景的需求。

通过音频管理部分的功能，智慧水务系统能够有效地进行广播通知和音频报警，提高系统的安全性和可靠性。同时，灵活的内容管理和站台管理功能也增强了系统的可操作性和便利性。这些功能有助于确保供水服务的正常运行，及时传达重要信息，并在紧急情况下迅速采取应对措施。

安防联控部分的安防监控和音频管理两个模块相互配合，共同为智慧水务系统提供全面的监控和安全管理功能。通过电子地图和视频监控，用户可以实时了解监控区域的状况，发现异常情况并及时采取措施。而音频管理功能则进一步增强了监控效果，提供更为全面的信息输入和分析工具。这些功能有助于提高水务设施的安全性和稳定性，确保供水服务的正常运行。

3.5 综合办公功能

综合办公界面，如图 8 所示。综合办公在智慧水务系统中具有管理和监控功能，主要展示的是整个智慧水务系统的月度报表和年度报表数据统计信息，方便管理人员查看，同时支持导出存档功能。

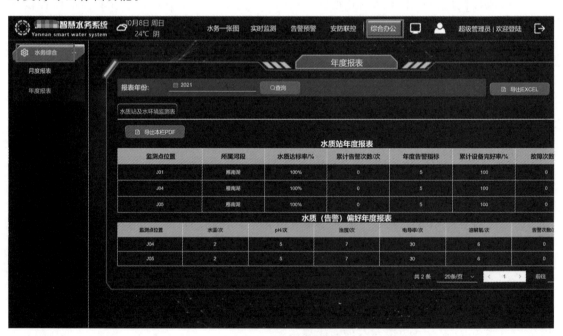

图 8 综合办公界面

这些报表提供了关于水务设施运行状况、水质监测数据、安防监控等方面的详细信息。通过这些报表，管理人员可以全面了解智慧水务系统的整体状况，并对异常情况做出及时的响应和处理。同时，该界面支持导出存档功能，允许用户将报表数据导出为文件进行存档或进一步分析。这一功能有助于保证数据的完整性和可追溯性，同时方便管理人员进行长期的数据管理。通过导出存档功能，用户可以随时查询和利用历史数据，进行趋势分析和预测，为决策提供有力的支持。

综合办公在智慧水务系统中发挥着重要的作用，展示了便捷的集中监控和管理功能，帮助管理人员全面掌握智慧水务系统的运行状况，及时发现和解决问题。通过综合办公，管理人员可以更好地协调资源、优化管理流程，提高水务设施的运行效率和安全性，确保供水服务的稳定性和可靠性。

综上所述，智慧水务系统是一个综合性系统，通过实时监测、大数据分析、安防联控和综合办公等功能，实现对水务设施的全面监控和管理。其中，实时监测包括对水质、水生态和安防设备的实时数据采集和展示；大数据分析则通过数据整合和挖掘，提供预警和告警功能，及时发现异常情况；安防联控部分提供了视频监控、音频管理和电子地图等功能，增强了系统的安全性和可靠性；综合办公界面则为管理人员提供了月度报表、年度报表等数据统计功能，方便其进行决策和管理工作。

这些功能相互配合，共同保障了水务设施的稳定运行和水质安全。通过智慧水务系统的应用，可以有效地提高水务管理的效率和质量，降低运营成本，提升供水服务的可靠性和安全性。在未来，随着技术的不断进步和应用需求的不断提高，智慧水务系统将继续发展创新，为水务事业的发展提供更加强有力的支持。

4 总结

本文简要阐述了智慧水务综合信息管理系统，并结合水域水雨情业务需求，在整体系统架构设计的基础上，基于前后端功能分离的微服务模型和 Spring Cloud ＋ Vue 框架，开发了河南省某水域的智慧水务综合信息管理系统，该系统的第一版本在实际运用中已经取得良好效果。

实践研究结果表明，前后端相互独立、并行分离的系统开发模型极大地提高了软件开发的效率，增强了系统工作的可靠性和扩展性，降低了软件开发成本。同时，对 Spring Cloud＋Vue 等开发框架的选用也大大提高了软件开发技术人员的工作效率，具有解决系统核心问题的优势，值得广泛应用。基于这一新技术的应用发展路线，本团队将对其功能进行不断完善、持续优化和创新发展，以有效适应我国现代智慧水务管理系统信息化快速健康发展的新时代要求。

参考文献

[1] 李胜勇，李有明，龙岩．基于大数据技术的城市智慧水务框架构想［J］．海河水利，2021（1）：105-108．

[2] 孟迎，聂恒睿．济宁市"智慧水务"信息化建设方案探讨［J］．水利技术监督，2021（1）：44-47．

[3] 李吉壮. 一种新的智慧水务系统架构设计与探讨 [J]. 信息记录材料, 2022, 23 (1): 122-124.

[4] 成斐鸣, 范营营, 张岐, 等. 智慧水务管理平台的设计 [J]. 机械设计与制造工程, 2019, 48 (10): 89-92.

[5] 孔祥文. 长江大保护试点城市智慧水务系统构建探索 [J]. 水利信息化, 2020 (6): 12-16.

[6] 田淼, 田继亮. 智慧城市中政务数据清洗融合系统设计 [J]. 电子技术与软件工程, 2020 (23): 161-162.

[7] 刘璐璐. 城市智慧水务建设路径探讨 [J]. 安庆师范学院学报 (社会科学版), 2016, 35 (1): 99-101.

[8] Martin Fowler, James Lewis. Microservices [EB/OL]. (2014-03-25) [2022-01-22]. http://mart-infowler.com/articles/microservices.html.

[9] Ketan Parmar. Microservice achitecture—a quick guide [EB/OL]. (2014-06-25) [2022-01-22]. http://www.kpbird.com/2014/06/microservice-archi-tecture-quick-guide.html.

[10] Chris Richardson. Introduction to microservices [EB/OL]. (2015-05-19) [2022-01-22]. https://www.nginx.com/blog/introduction-to-microservices/.

一种基于智能网联汽车的智慧城市交通规划方法[①]

杜 琳[②] 徐 勇[③]

(武汉华夏理工学院 信息工程学院,湖北 武汉 430223)

摘 要

随着社会经济的快速发展和城市化进程的加快,城市交通问题日益突出,如交通拥堵、交通事故、空气污染等。为了解决这些问题,许多城市开始探索智慧城市建设,其中智慧交通就是智慧城市建设的重要组成部分。智能网联汽车技术的发展为智慧城市交通规划提供了新的解决方案。本文探讨基于智能网联汽车的智慧城市交通规划方法,分析目前智能网联汽车在智慧交通中存在的一些问题,研究车路协同技术,旨在解决目前存在的问题,提高智慧城市交通规划的效率和安全性。

关键词

智能网联汽车;智慧城市交通规划;自动驾驶;车路协同

引言

"十四五"期间,中国自动驾驶产业加速成熟,车与路的关系被重新定义,车辆的极速发展与道路的缓慢演进形成反差,要求重构传统的道路环境与设施体系,实现数字化与智能化,以适配智能网联以及新时代泛在治理的需求。

在此背景下,"智慧交通"的概念应运而生,从中央到地方陆续出台了一系列重要文件,强调推进智慧化道路基础设施的规划建设,并将其作为重要的战略发展任务。《国家综合立体交通网规划纲要》提出全方位布局交通感知系统,推进交通基础设施数字化、网联化,实现"双智协同";《"十四五"全国城市基础设施建设规划》明确提出建设泛在先进的智慧道路基础设施,推进面向车城协同的道路交通智能感知设施系统建设。

[①] 基金项目:湖北省教育厅科学研究计划指导性项目(名称:基于智能网联汽车的立体交通规划研究。编号:B2021396)。
[②] 作者简介:杜琳(1979—),女,硕士,高级工程师,研究方向:智能网联汽车,数据分析。
[③] 通讯作者:徐勇(1977—),男,本科,研究方向:智能网联汽车,数据分析。

智慧交通系统以人、车、路、环境等数据为基础，以交通管理服务为业务应用导向，以全面感知、深度融合、主动服务等为特征，是交通运行管理、公共出行服务、社会综合治理、交通安全保障等领域的重要基础设施。[1]

智能网联汽车是智慧交通的核心支撑，被认为是未来智能交通系统的核心组成部分，也是5G垂直应用较具有前景的应用领域之一，还是缓解现有交通堵塞、提升通行安全和效率较有效的智能技术之一。

智能网联汽车是一种通过先进的传感器、控制器、执行器和通信装置等设备，实现车内外环境感知、信息共享和智能控制的车联网技术。智能网联汽车可以实现自动驾驶、车车通信等功能，为城市交通规划带来许多优势。然而，目前智能网联汽车在智慧交通中的应用存在一些问题，如交通拥堵、行车不够安全和效率低下等，这些问题制约了智慧城市交通规划的发展。[2] 因此，本文提出了一种基于智能网联汽车的智慧城市交通规划方法，旨在解决目前存在的问题，提高智慧城市交通规划的效率和安全性。

1 目前智慧交通存在的问题

当大家谈论自动驾驶的时候，通常谈论的是单车智能，希望汽车可以像人类一样去驾驶，并且自动识别交通标识、读懂交通信号灯，及时分辨路况、识别路上的物体。但事实上，交通安全问题并不是只靠单车智能就能够解决。以单车智能路线为代表的自动驾驶技术虽然在很多方面已经取得了显著的进步，但仍然面临一些问题。

一是自动驾驶安全问题没有得到很好的解决。自动驾驶技术的核心是机器学习和人工智能算法，这些算法的决策和判断是基于大量的数据和经验。然而，由于现实世界的复杂性和不可预测性，这些算法可能会在某些情况下出现误判或失败，从而引发安全问题。例如，在某些极端天气或路况条件下，自动驾驶车辆可能无法准确识别和应对危险。此外，自动驾驶车辆在面对人类驾驶员的复杂行为和交通规则的不确定性时，也可能出现判断失误。因此，尽管已经进行了大量的研究和改进，自动驾驶技术的安全问题仍然需要进一步解决。

二是单车感知长尾问题限制了车辆可运行设计域。自动驾驶车辆需要通过传感器和算法来感知和理解其周围环境，以便做出正确的驾驶决策。然而，由于现实世界的多样性和复杂性，可能会出现一些罕见或极端的情况。这些情况可能不在自动驾驶系统的训练和设计范围内，这就是所谓的长尾问题。例如，在某些极端天气或路况条件下，自动驾驶车辆可能无法准确识别和应对这些情况。因此，为了使自动驾驶技术在更广泛的应用场景中得到有效应用，需要解决单车感知的长尾问题，扩大车辆可运行设计域。

三是自动驾驶的经济成本较高。自动驾驶技术的实现需要大量的资金投入。例如，为了实现完全自动驾驶，一辆汽车可能需要搭载十几个摄像头和激光雷达等传感器，以及高性能的计算机和算法。这些设备和技术的成本都非常高，对于大规模商业应用来说，这是一个重要的问题。此外，自动驾驶车辆的保险费用也可能会更高，因为自动驾驶车辆的事故责任认定可能更加复杂。因此，为了使自动驾驶技术更具商业竞争力，需要降低其经济成本。

四是城市道路交通情况非常复杂，包括各种道路标志、交通信号、行人和其他车辆等。对于自动驾驶车辆来说,需要准确感知和理解这些信息,并根据这些信息做出正确的驾驶决策。然而,由于道路交通情况的复杂性和动态性,自动驾驶车辆在处理这些情况时可能会面临很多挑战。例如,在繁忙的交通路口或者行人众多的区域,自动驾驶车辆需要准确识别行人和车辆的行为、意图,并根据这些信息做出正确的驾驶决策。此外,不同驾驶员和行人可能有不同的驾驶风格和行为习惯,这也增加了道路交通情况的复杂性。因此,为了使自动驾驶技术在城市道路交通中得到有效应用,需要解决道路交通情况复杂的问题。

综上所述,单车智能自动驾驶要在智慧交通中实现规模化落地,依然面临着安全性、运行设计领域限制和经济性等方面的挑战。

2 车路协同

从以上内容可以看出,在当前自动驾驶条件下,业内还无法找到兼顾安全性、运行设计限制和经济性的平衡点。但车路协同(VRC)技术可以用较小的代价来解决复杂的场景问题。车路协同是智能交通系统(ITS)的最新发展方向,采用无线通信、传感探测等先进技术手段,实现对人、车、路信息的全面感知及车辆与基础设施之间、车辆与车辆之间的智能协同配合,并在全时空动态交通信息采集与融合的基础上,开展车辆主动安全控制和道路协同管理,充分实现人、车、路的有效协同,保证行车安全,提高通行效率,改善交通环境,从而形成安全、高效、环保的道路交通系统。相比单车智能存在实现成本高昂、商业落地缓慢、技术路线有瓶颈等弊端,车路协同系统在技术、成本、安全等方面都很有优势[3]。

如果说自动驾驶是让路上的车辆都能有经验丰富的"老司机"驾驶,那么车路协同就是给每辆车开了一个"天眼",这个"天眼"就是"上帝视角"。它能帮助车辆在"完美"视角下保障安全、疏导交通、高效分配道路资源[4]。车路协同系统架构如图1所示。

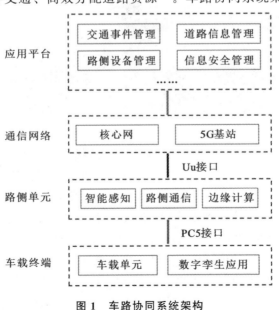

图 1 车路协同系统架构

车路协同系统架构包括车载终端、路侧单元、通信网络、应用平台4个层级。其中路侧单元（RSU）包括路侧感知设备、路侧通信设备、路侧边缘计算设备、定位设备和电子标志标线。

路侧感知设备包括安装在道路上的激光雷达、摄像头、气象感知模块等智能感知设备，它们负责实时采集道路流量、车速等交通参数，采集道路的冰、雪、雨等气象信息，以及路面的状况、行人、障碍物等信息。[5]

路侧通信设备支持基于C-V2X（蜂窝网络的车联网技术）的通信协议，车与基站之间的通信采用Uu模式（蜂窝网络通信接口），工作在蜂窝网络频段；车与路端设备之间采用PC5模式（直接通信接口），工作在5.905~5.925MHz专用频段，用于局部的、即时性的信息提示、预警等。[6]

路侧边缘计算设备接收来自路侧感知设备的信息，对交通态势、交通事件、交通参与者等信息进行检测、识别、跟踪，并结合来自车载终端、区域MEC和应用平台等的信息进行融合计算，形成路况信息、预警信息。[7]

电子标志标线包括数字化路侧标志牌、情报板，以及可穿越冰雪、雨水、尘土的车道标志设备等。[8]

车载单元（OBU）通过无线通信技术接收来自路侧设备的交通信息，并根据这些信息进行相应的决策和操作。车路协同系统示意图如图2所示。

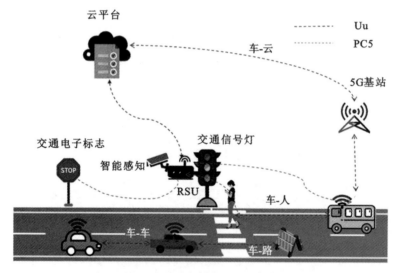

图2 车路协同系统示意图

在车路协同系统的部署上，一般会选择在道路沿线设置路侧单元（RSU）。其中路侧感知设备采用视频和雷达等，采集当前道路状况以及交通情况。将采集到的数据发送给路侧边缘计算设备，由路侧边缘计算设备将道路和交通数据进行融合，将处理后的信息进行分发、存储和上报。平台系统收到上报信息后，将计算结果返回给RSU。RSU将收到的信息分发给车载单元（OBU），OBU接收信息后传给车辆的数字孪生应用，结合高精地图，以仿真形式展示车辆行驶位置以及状态。图2的车路协同系统中，各个设备会配合云平台完成交通信息处理与决策，并将相关信息通过车载单元传输给车辆，从而实现车与路的智能协同和配合。

3 智能控制节点

在常见的车路协同系统中,由路侧智能感知设备采集交通流、路面状况和一些异常事件等信息,并由路侧单元进行处理;路侧单元将处理后的信息传向路侧通信设备,再通过路侧通信设备传递到车载单元;与车辆采集的信息进行交互和融合;智能网联汽车根据收到的信息对当前的交通环境进行判断,做出相应的反应动作。

这种实现方式仍然依赖于单车智能,每个智能网联汽车根据收到的信息,调用自己的算法模块,对各种场景做出反应。由于不同厂家的智能网联汽车的自动驾驶算法不同,智能网联汽车对场景的反应也不相同。因此智能网联汽车除了对收到的信息做出反应外,还要根据周围汽车的改变而做出相应的反应,多辆智能网联汽车不断根据信息调整自己的自动驾驶策略,这也造成了算力上的浪费。

因此,笔者对车路协同系统进行一些改变,在道路侧增加一个智能控制节点,可以一段道路设置一个,一个智能控制节点接收该道路上多个路侧单元的交通流、道路路面状况和一些异常事件等信息,根据信息进行判断,为这段道路上的智能网联汽车设计行驶路线,并根据实时交通环境做出相应的反应。加入智能控制节点的车路协同系统架构,如图 3 所示。

图 3 在车路协同系统中增加了一个智能控制节点。经路侧单元处理后的融合信息不再直接发给应用平台,而是通过 PC5 接口发给最近的一个智能控制节点,智能控制节点使用智能交通算法库处理道路交通数据,分析、计算交通状态,进行智能交通调度,将处理后的交通调度数据下发给智能网联汽车;同时将处理后的交通道路数据上报给应用平台。这样使得上层应用和底层数据解耦,将部分应用平台功能下沉到智能控制节点上,可以减少信息传输的路由节点,降低 Uu 通信模式的时延。

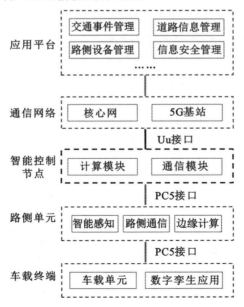

图 3 加入智能控制节点的车路协同系统架构示意图

增加了智能控制节点的车路协同系统示意图如图 4 所示。可以看出，在增加了智能控制节点的车路协同系统中，路侧单元（RSU）通过智能感知设备获取交通以及路况数据，经过融合计算后通过 PC5 通信方式上报给智能控制节点。智能控制节点同时接收多个来自 RSU 的交通路况数据以及智能网联车的数据，通过智能计算，将得到的车辆调度信息下发给智能网联汽车。智能网联汽车接收数据后，按照调度信息行驶。

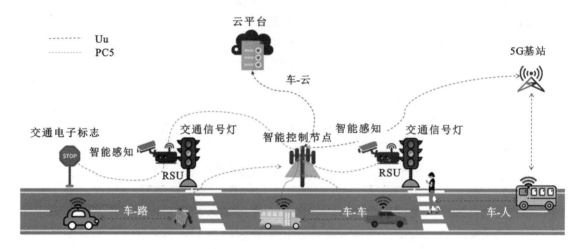

图 4　增加了智能控制节点的车路协同系统示意图

这种车路协同方法通过路侧的智能控制中心，以控制智能网联汽车的自动驾驶路线，可以减少单车计算，提高整体效率。在一段道路上，可以由一个控制中心来控制车辆的自动驾驶。这种方法的优点有三个方面：第一，可以分担单车的算力消耗，基于云控平台给出全局最优的驾驶策略；第二，在特定场景下，车路协同能够集中采集其范围内的交通参与主体，根据所有主体的目的和状态，给出全局最优的解决方案，无须再通过"试探"和"博弈"给出决策规划，可以优先在矿山、港口、物流等非公共开放道路的特定场景下进行应用；第三，车路协同感知和算力主要在路端，需要建设相关的新基建确保其正常运行。基于不同的感知和算力，单车智能的成本相对较高，而车路协同可以让道路与道路上行驶的自动驾驶汽车信息互通，可有效降低成本。相比较而言，车路协同比单车智能的成本更低、实用性更强。

总体来说，这种车路协同方法在自动驾驶领域有着广阔的应用前景，不仅可以提高道路的通行效率，降低交通拥堵和事故风险，而且可以降低自动驾驶车辆的研发和运营成本，推动自动驾驶技术的广泛应用。

4　结论

本文探讨了中国在"十三五"期间自动驾驶产业的发展以及智慧交通系统的概念，阐述了智慧交通系统的定义和重要性，强调了以交通管理服务为业务应用导向，并以人、车、路、环境等数据为基础。智能网联汽车作为智慧交通的核心支撑，在智慧交通中存在交通安全、单车感知长尾、经济成本较高以及城市道路交通情况复杂等问题。

针对这些问题，本文提出了一种基于车路协同的智慧城市交通规划方法。车路协同系统通过车辆与道路基础设施之间的信息共享和智能协同，可以解决自动驾驶的安全问题，扩大车辆可运行的设计域，降低经济成本，并解决城市道路交通情况复杂的问题。通过车路协同，可以实现更高效、更安全的交通规划和出行服务，从而改善城市居民的出行体验和生活质量。车路协同为解决自动驾驶在智慧交通中规模化落地问题提供了一种新的思路和解决方案。

参考文献

［1］金绍晨．车路协同技术在城市交通中的应用研究［J］．城市道桥与防洪，2022（7）：160-163，172，21-22．

［2］吴涛．车路协同智能路侧系统关键技术研究［D］．淄博：山东理工大学，2012．

［3］刘棠，冯钊，张耀卿．基于车路协同的高速公路交互式交通情报系统建设思路研究［C］//刘干，邹礼泉，孙建林．创新引领 智慧畅行——2018年首届中国道路交通安全智库大会论文集．北京：经济日报出版社，2018．

［4］张云顺，华国栋，李宁，等．基于车路协同的智能驾驶研究综述［J］．汽车文摘，2022（6）：49-57．

［5］上海智能新能源汽车科创功能平台有限公司，上海电科智能系统股份有限公司．一种基于边缘计算的智能网联公交车路协同控制系统：CN202110966155.0［P］．2021-12-03．

［6］张国锋，李宁，秦通．智慧高速公路车路协同系统构建方案研究［J］．北方交通，2023（6）：91-94．

［7］李大成．车路协同在智慧高速领域的应用探索［J］．互联网经济，2020（11）：64-70．

［8］苏州万集车联网技术有限公司．目标识别方法、装置、终端设备及存储介解到质：CN202211372177.5［P］．2023-01-17．

循环经济下绿色快递包装盒的研究与设计[①]

熊 映[②] 李 茂 朱希夫

(武汉华夏理工学院 智能制造学院,湖北 武汉 430223)

摘 要

本文针对快递行业持续快速发展下快递包装造成的资源浪费和环境污染等问题,从可循环、绿色化角度出发,结合快递包装行业的发展现状,研究设计了一款以PSM材料制作的模块化可拆卸重组、可循环使用、可调节大小的新型绿色环保快递包装盒,以提升资源利用率,降低快递包装造成的环境污染。

关键词

循环经济;绿色发展;快递包装盒

随着社会经济的快速发展,快递行业已由电商平台的"爆炸式"发展渗入整个商业系统,成为国家基础性产业之一。据统计[1-2],我国快递业务量自2016年开始一直保持着超过25%的增长速度,快递业务收入在行业中的占比也持续提升。快递行业认真落实党中央、国务院的相关部署,加快行业改革发展,其业务规模已连续多年位居世界第一。

快递行业的持续快速发展,不仅带来了可观的业务收入,同时也带来了随处可见的包裹层层胶带的各类快递包装物。为此,我国先后出台了一系列相关政策和意见,推动快递行业的绿色升级与发展。据此,本文结合快递包装的发展现状和循环经济建设,提出了一种绿色快递包装盒的设计,以有效提升资源的利用率,降低快递包装造成的环境污染。

1 快递包装发展现状

目前,我国的快递包装从品类主要分为快递运单、集装袋、封套、包装箱(瓦楞纸箱)、包装袋、胶带和填充物七大类;从包装物品性质可以分为袋类、箱类、木质类和其他[3],如图1所示。这些物品材料99%为纸质包装材料和塑料包装材料[4],如瓦楞纸箱、塑料袋类、套装类纸箱等,如图2所示。其中纸质包装材料的防水性、承重性和韧度有

[①] 基金项目:武汉华夏理工学院校级科研基金项目(名称:基于物联网的新型环保快递盒研发与设计。编号:20020)。

[②] 作者简介:熊映(1991—),女,硕士,讲师,研究方向:先进制造。

限，其包装结构稳定性不高，容易遭受破坏，很难被二次利用；而塑料包装材料成本低、重量轻，且韧性和强度都较好，深受快递包装者的青睐。但因其种类繁多、尺寸不一、大小混乱、利润空间有限、权责不明确等原因，回收难度很大，二次使用几乎不可能。

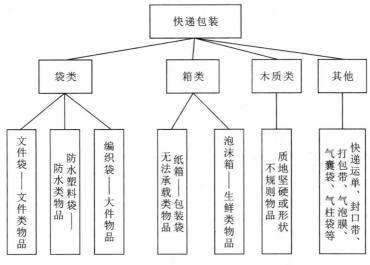

图1 快递包装主要分类

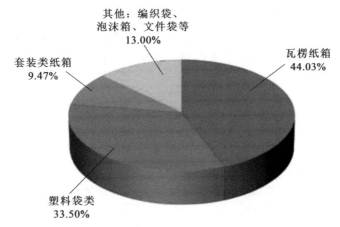

图2 快递包装消耗情况

据统计[4]，我国快递包装的回收率不及20%，其中纸箱用品的回收率不超过10%，其余大部分快递包装被当作垃圾进行填埋处理，带来了较大的资源浪费和环境污染。同时，若按20%的回收率估算，2020年，上述两类快递包装废弃物消耗超过了864万吨。若将其进行填埋处置，其带来的资源浪费和环境污染已经很大，更别提其处置费用。有专家按现今快递业的发展速度估算[5]，预计到2025年，中国快递包装废弃物产量将达到2160万吨，处理费用将达到30亿元以上，填埋处置量将超过100万吨。

因此，加大研发力度、统一包装标准，研发一款既能满足用户需求又绿色环保的快递包装，是当前快递包装绿色转型的关键所在。

2 循环经济下绿色快递包装的设计理念

循环经济是以资源的高效利用和循环利用为核心,以"减量化、再利用、资源化"为原则,简称"3R"原则[6](如图3所示),以低消耗、低排放、高效率为特征的经济发展理念。其与可持续发展一脉相承,于2020年纳入我国发展战略,经"十三五"发展已取得显著成效,是解决中国当前资源对经济发展的瓶颈制约的重要举措。

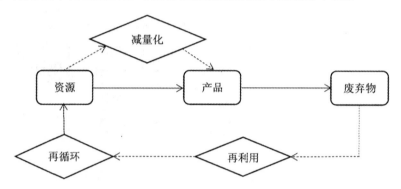

图 3　循环经济"3R"原则示意图

结合循环经济发展,从快递业的生产使用周期来看,加快快递行业的绿色升级,要将快递包装材料从"资源—产品—包装废弃物"向"资源—产品—再生资源"转化。因此,可从包装材料可再生、包装结构可重复使用、包装废弃物可回收三方面开展研发与设计,以实现快递包装绿色理念。[7]

3 基于循环经济的新型绿色快递包装盒设计

基于上述研究与分析,从快递包装的材料和结构进行设计,我们研发了一款绿色环保、可多次重复使用、可回收降解且便捷高效的快递包装盒。

3.1 绿色快递包装盒材料选用

要实现"资源—产品—再生资源"的材料生产周期发展,其选用的材料应当可回收再利用。同时,快递包装材料还需要有一定的强度、韧性、耐磨性和防水防火等性能。据此,可降解塑料是不错的选择。

所谓可降解塑料,是一种能满足使用要求,在保存期内性能稳定,而使用后在自然环境条件下可降解成对环境无害的物质的塑料,现有光降解型、生物降解型、光/氧化/生物全面降解型、二氧化碳基生物降解型和热塑性淀粉树脂降解型塑料。其中热塑性淀粉树脂降解型塑料是一种以淀粉为主原料的可生物降解的热塑性塑料,经过酯化、交联、接枝共聚等高分子化学加工工艺和改性塑化后,提升其刚性、韧性和弹性,具有原料来源广、可降解再生、降解后的废弃物可堆肥且无污染等特点，是一种广泛应用于各类包装市场的新型环保材料。[8]

因此，绿色快递包装盒采用热塑性淀粉树脂降解型塑料，并添加一定氢氧化铝表面改性剂，不仅绿色环保，而且具有一定的强度和阻燃性，可为快递物品的安全可靠保驾护航。

3.2 绿色快递包装盒设计

为提高快递包装的利用率和重复使用率，其结构采用模块化设计，每个模块的正面（即快递包装盒内部面）设计了板筋结构，以提升其强度和刚度，背面采用网格设计，增大箱体运输过程中的摩擦力，减少箱体的惯性运动，如图4所示；模块之间通过"模块卡槽-插销-模块"的拼接设计，完成封闭快递包装盒的连接，便捷灵活、安全可靠，同时又可以根据快递物品的大小，拼装不同数目的模块，实现快递包装盒不同容量的需求，如图5所示；快递包装盒采用微型电子锁封箱替代传统的胶带密封，安全可靠又环保简便；并增设二维码、App等现代信息存储方式替代传统的快递运单传递用户信息，提高用户信息的安全、隐秘性，减少了快递包装材料的浪费，为5G物流追踪技术在快递包装盒上的运用提供保障。

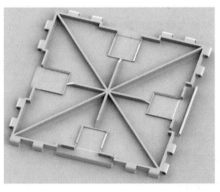

(a)正面　　　　　　　　　　　　(b)背面

图4　快递包装盒模块结构

图5　不同尺寸的快递包装盒组装

当使用快递包装盒将物品运输至快递站点，客户会收到相应短信和App或小程序消息提醒，扫码开盒取出物品后，可当即归还快递包装盒及快递包装盒内填充物。当然，客户也可以连同快递包装盒一起取出,但会通过 App 或小程序收取相关押金,待客户归还完毕,通过 App 或小程序申请后将退还客户押金。除此之外,快递包装盒采用 5G 物流追踪技术,通过 App 或小程序实时反馈快递位置(见图 6),用户可以通过 App 或小程序申请配送时间和快递包装盒归还时间,既提升了用户的可操作性,也提升了快递包装盒的回收效率。

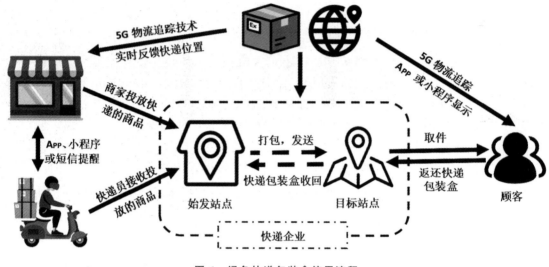

图 6　绿色快递包装盒使用流程

4　结语

在以"绿色、低碳"为主旋律的今天,循环经济发展理念逐步进入各行各业,快递包装绿色化是当前快递业发展的追求与目标。本项目中的绿色快递包装盒选用改性后的热塑性淀粉树脂降解型塑料,绿色环保,可回收降解;采用模块化和积木式拼接设计,实现快递包装盒大小可调,满足不同的市场需求,同时实现模块的多次可重复使用,提高资源利用率;采用现代化信息技术存储客户信息、反馈快递位置,在提高信息安全和可操作性的同时保障快递包装盒的可回收性,进而减少包装废弃物的产生,降低其带来的资源浪费和环境污染,切实助力快递包装绿色升级发展。

参考文献

[1] 中华人民共和国国家邮政局. 2022 年邮政行业发展统计公报解读[EB/OL]. (2023-01-18)[2023-08-15]. https://www.spb.gov.cn/gjyzj/c100276/202305/d5756a12b51241a9b81dc841ff2122c6.shtml.

[2] 中华人民共和国国家邮政局国家邮政局. 2021 年三季度例行新闻发布会实录[EB/OL]. (2021-07-08)[2023-08-16]. http://www.spb.gov.cn/hd/zxft_15555/xwfbh/202107/t20210708_3956761.html.

[3] 白窦萍. 快递业快件包装的现状与对策分析 [J]. 中国市场, 2021 (19): 142-143.

[4] 赵静茹. 垃圾分类背景下快递包装回收再利用模式及策略研究 [J]. 河南科技学院学报, 2021, 41 (9): 44-51.

[5] 余飞. 快递包装正在努力变得更加环保 [J]. 中国储运, 2021 (8): 34-35.

[6] 姚涵菁, 苗慧, 倪长虹, 等. 循环经济视角下快递包装标准化策略探析 [J]. 中小企业管理与科技（中旬刊）, 2021 (5): 86-87.

[7] 丁天明. 基于循环经济理论的我国快递包装"绿色化"发展研究 [J]. 物流科技, 2020, 43 (4): 28-33.

[8] 李娟, 邓婧, 梁黎. 可降解塑料在包装产品中的应用进展 [J]. 塑料科技, 2021, 49 (4): 94-98.

Chapter 2

教育教学研究

应用型高校通识教育实施效果研究
——以武汉华夏理工学院为例[①]

李 琼[②] 王耀曲

(武汉华夏理工学院 商学院,湖北 武汉 430223)

摘 要

本文以应用于美国高等教育领域的瓦贝希问卷的设计思路为基础,通过量化数据指标研究影响通识教育实施效果的因素。结合高校本科生通识教育的实际情况,将原有评价通识教育效果的九大指标调整为十一大指标。研究表明:优质教学是促进学生成长的主要动力之一。高校要精心设计通识教育课程,提升教学水平,发挥通识教育课程的功能和特色;教师注重个人素质和道德修养,提高与学生的互动质量,促进学生成长;创新教学模式,发挥通识教育的优势作用;简化行政管理流程,优化管理水平;加强政策引导,促进通识教育资源的优化。

关键词

通识教育;实施效果;效果评价;研究

1 研究的背景与意义

1.1 研究的背景

1912 年,京师大学堂更名为北京大学。蔡元培自担任北京大学校长后,着力吸收德国教育家洪堡的教育理念以及柏林大学的经验,同时又吸收了西方各国优秀学校的经验以及中国的教育传统之长处,进行了一系列改革,将这所老式学堂,转变为一所具有现代性质的、以学术为特色的大学。[1] 他提倡"顺应自然,发展个性",提倡"德智体美"全面发展,培养"健康的人格",提倡"文""理"结合,要求理工科专业的学生学习一些人文方面的知识,培养他们的人文主义精神。文科生还要学习一些自然科学知识。尤其是他对

---

① 基金项目:校级通识教育科学规划专项课题(名称:面向构筑新未来的民办高校大学生通识教育培养效果研究)。

② 作者简介:李琼(1980—),女,硕士,副教授,研究方向:营销战略。

中国近代科技、教育和文化领域所提出的"包容""开放"的理念，更是开创了一个时代的新风气。

新中国成立以来，文化与教育的发展，使文化与教育走向了专业化，并为社会提供了大量的专业人才。但是，伴随着社会的发展，由于过于专业而造成的人才基础薄弱、素质低下、不能适应社会变革等问题也逐渐显现出来。20世纪90年代以来，随着教育部和各高等院校的积极倡导，许多高等院校开展了人文素质教育。目前全国各高等院校都在开展各种形式的通识教育，同时有关通识教育实施问题的学术探讨也呈现出一片繁荣景象。在查阅了国内有关文献后，笔者发现，在通识教育方面，虽然已经有了一定的进展，但是这些进展主要集中在通识教育课程（简称"通识课程"）的设置与具体的选择上，很少有学者对同步教学的效果进行深入探讨。目前只有几所高校对通识教学成效进行了自我评价，但大多是以学生对人文、科学、社会、自然等方面的知识掌握程度为标准，对通识教学前后学生的能力、态度、情感和价值观的改变没有纳入到评价系统中。即便有，也因为评价手段的不科学而导致结果难以让人信服。面对此现状，人们难免产生疑问：我国高等院校通识教育效果到底如何？如何科学、客观、有效地评估通识教育实施效果？如何合理规划教育资源，提高通识教育效果？此次研究以武汉华夏理工学院通识教育实施效果为例，对这些问题进行探讨。

1.2 研究意义

1.2.1 理论意义

通识教育在我国高校已经得到普遍推广，成为高等教育中不可或缺的重要内容，通识教育的效果或者说通过通识教育学生能够获得的能力和素养的改变是我国通识教育发展到现在需要去面对和解决的问题。以往的相关研究大多是通过对高年级学生在课外竞赛的获奖情况、人文科学知识的掌握情况等来评价通识教育的效果，排除了学生背景、不同知识的受教等多种因素的现实影响，不够准确。本项目是对同一批学生在通识教育前后相关能力和素养指标的变化进行测评，是对目前相关研究的理论模型的数据补充和改变创新。

1.2.2 现实意义

本课题以武汉华夏理工学院为实证研究对象，所获得的一手数据和资料对武汉华夏理工学院的通识教育效果测评具有较为直观的反映。课题最后将评价与改进作为效果研究的闭环结果进行研究，具有较好的现实意义。同时，武汉华夏理工学院通识教育是湖北省民办高校的典范，通过对其通识教育的深度分析，能够找出民办高校在通识教育实施中存在的共性问题，对于我国民办高校进一步进行通识教育的改革和创新具有借鉴意义。

2 国内外相关研究现状

自1995年以来，教育部在全国部分高校推行了"文化素质教育"的改革试点工作，这与很多西方国家倡导的博雅教育、通识教育非常相似。[2] 经过多年的实践探索，通识教育在国内很多高校受到了高度重视，由专业能力、职业能力的培养向全面发展的"社会人"培养已经成为国内很多高校的共识。其中清华大学、北京大学、复旦大学也都通过设立通识学院、改革培养模式和核心课程体系的方式，逐步将通识教育加以落地。多年来，我国很多高校不同类型的学科都开设了众多通识教育相关课程，包括思想政治理论、外语、计算机、体育、军事理论等教育部规定的通识课程以及各高校开设的个性化通识课程，但是普遍存在着"散""杂""乱"的特点，通识课程与通识能力、学科特点等还未匹配与耦合。

通识教育对学生综合素质能力的贡献在国外已经形成共识，对于通识教育实施效果的研究主要有两个方面。一是以通识能力为导向的通识教育实施效果的研究。1937年，卡内基教学促进会的沃尔特提出能力导向教育理念：对学生学习成果的判定不应该受限于学期课时，而应依据他们展现出自己能做什么来决定。[3] 随后欧美很多高校开始进行围绕构筑大学生通识能力的教学体系改革，而针对通识能力进行相关研究却比较晚，主要围绕工科学生进行通识能力构建的研究。具有代表性的是2010年Gokuladas进行的相关研究，他以大学毕业生是否能找到工作为因变量，以毕业生的入学成绩、专业学习成绩、语言推论能力、逻辑和解决问题的能力，以及情商、沟通能力、领导能力、团队合作能力、自律和自我激励等软性技能为自变量，对印度工科专业毕业生的就业能力进行了研究。结果表明，通过通识教育形成的语言推论能力、逻辑和解决问题的能力以及软技能对于毕业生就业状态的影响比专业学习成绩更为显著。二是以多元测定指标为导向的通识教育实施效果的研究。[4] 1982年哈佛大学开始推行"核心课程"之后，美国开始对高校的通识教育效果进行评价。[5] 20世纪80年代，在美国最为盛行的是以标准化测验来评价高校通识教育效果，主要包括美国大学院校测验、教育测验的学术能力检定、大学院校测验社的大学学术熟练测验，此外还有部分地方或者学校自编的标准化测验。

我国通识教育的历史可追溯到清末的"通才教育"，此后，大学经历了"专才教育"和文化素质教育两个阶段，直至21世纪后才开始重视并实施通识教育。[6] 目前，我国学者主要围绕通识教育与专业教育的融合及通识课程的建设、评价等思想和操作层面的问题进行研究，直接研究通识教育效果的内容很少，基本都停留在理想效果的研究上，缺乏实证的数据性研究。[7]

本文选取武汉华夏理工学院作为对象，从通识教育实施效果展开实证调查，不仅可以清晰地了解武汉华夏理工学院通识教育的实施效果，为武汉华夏理工学院进一步进行通识教育的教学改进提供基础依据，也可以为通识教育的相关研究提供一定的实证研究贡献。

3 问卷的设计来源与发放

3.1 问卷的设计来源

20世纪80年代，美国掀起了以标准化测验来评价高校通识教育效果的风潮。其中运用较多的评价工具包括美国大学院校测验、教育测验的学术能力检定、大学院校测验社的大学学术熟练测验。此外，还有部分地方或者学校自编的标准化测验，如 California Critical Thinking Skills Test、Watson-Glaser Critical Thinking Appraisal。

2005 年，瓦贝希学院在全美范围内开展了一项叫作全美通识教育调查的研究，即 WNSLAE 项目，内容涉及学生的学习效果和学习经验，重点考察学生在态度、动机、成就、心理幸福感等多方面的数据指标，测评效果具体详尽。印度等多个国家以 WNSLAE 评测指标为基础对通识教育效果进行相关研究，得到业界极大的认可。[8] 正是基于此，本文以 WNSLAE 评测指标为基础，结合武汉华夏理工学院通识教育的培养目标开展相应研究。

3.2 问卷的发放与回收

本研究在武汉华夏理工学院通识教育部的支持下，采用线上发放问卷的方式进行调查，主要根据武汉华夏理工学院 8 个学院 2021 级学生人数等比例划分随机抽取部分学生，并通过各学院 2021 级辅导员组织相关学生进行问卷的填写。本次调查共进行了两次调查问卷的发放，相隔时间为半年，首次回收问卷 1280 份，在对回收问卷进行初次整理后，筛选并剔除无效问卷 28 份，剩余有效问卷 1252 份；第二轮问卷的发放共回收有效问卷 1192 份。

4 实施效果实证分析

4.1 武汉华夏理工学院通识教育简介

近年来，武汉华夏理工学院大力推进通识教育在本科教育培养中的作用，通过改革本科教育培养计划、增加通识教育课程比例、丰富通识教育选修课程等方式，已经搭建起了具有自身特点的通识教育结构和框架，并且明确了培养"五会"新人。本文在严格按照前文所述的通识教育概念、全面参考武汉华夏理工学院通识教育课程模块的基础上，结合 WNSLAE 评测指标，确定了武汉华夏理工学院通识教育实施效果测评的 11 个指标，包括学习能力、艺术修养、实践能力、领导才能、创造性、自信宽容度、身心健康、团队协作能力、达成目标驱动力、表达能力以及价值判断能力。

4.2 数据的采集与分析

由调研数据可知，调查对象中男生占 43.93%，女生占 56.07%，学生的性别比例相对均衡，符合调查实际情况。调查对象中 8 个学院的学生都有所涉及，其中艺术设计与传媒学院占比最高，为 37.94%；生物与制药工程学院和土木建筑工程学院占比较低，分别为 0.16%、2.80%，其他学院占比均在 10% 左右。调查对象中来自大都市的学生相对较少，仅占 3.35%；来自农村的学生相对较多，占 34.11%；但来自不同行政级别的地区的学生均在本次调查中占有一定比例，学生的城乡背景分布状况差异明显。总体来说，以上数据表明调查对象的个人背景差异明显。

4.3 数据的信效度分析

由表1可知，本问卷的克隆巴赫系数为0.972，可靠性较高。由表2可知，本问卷的总体效度＞0.9，符合测量要求。

表 1 可靠性统计

克隆巴赫系数	基于标准化项的克隆巴赫系数	项数
0.972	0.978	112

表 2 KMO 和巴特利特检验（总体）

项目		数值
KMO 取样适切性量数		0.974
巴特利特球形检验	近似卡方	152350.874
	自由度	6216
	显著性	0.000

5 效果测量与分析

5.1 通识教育前后的成效指标总体变化情况分析

在进行学生综合能力素养对比分析时，依据本校研究实际情况将学生综合能力指标分为11类，具体为学习能力、艺术修养、实践能力、领导才能、创造性、自信宽容度、身心健康、团队协作能力、达成目标驱动力、表达能力以及价值判断能力。学生的各项素质在进行通识教育后都有所进步。其中艺术修养增幅最大，其余各项能力都有所增长。

（1）学习能力。

如图1所示，在进行通识教育后，被调查者的学习能力处于前10%和高于平均水平（与前10%有重合，下同）的占比上升，处于平均水平及以下的学生占比减少或持平，由此可见通识教育的开展有利于提升学生的学习能力。

（2）艺术修养。

如图2所示，在进行通识教育后，被调查者的艺术修养处于前10%和高于平均水平的占比上升。说明在进行通识教育后，学生的艺术修养有一定提升。

（3）实践能力。

如图3所示，在进行通识教育后，被调查者的实践能力处于前10%的占比增长4.08个百分点，高于平均水平的占比增长3.44个百分点，处于平均水平的占比增长2.40个百分点；低于平均水平（与后10%有重合，下同）的占比减少8.23个百分点，处于后10%部分的占比减少1.67个百分点。说明在进行通识教育后，学生的实践能力有所提升。

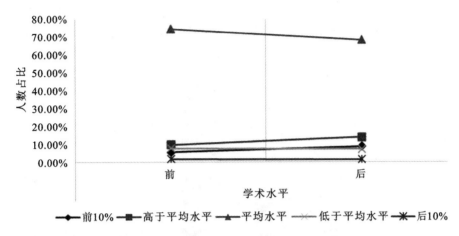

图1 通识教育前后学习能力变化情况分析

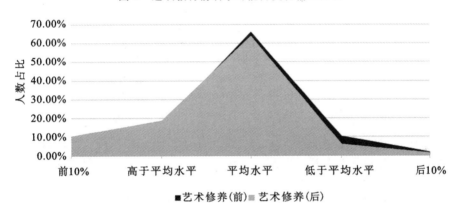

图2 通识教育前后艺术修养变化情况分析

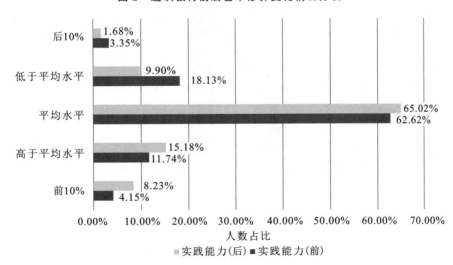

图3 通识教育前后实践能力变化情况分析

（4）领导才能。

如图4所示，在进行通识教育前，被调查者的领导才能处于平均水平及以上的占比为87.94%，其中前10%的占比为7.51%，高于平均水平的占比为13.34%；在进行通识教育后，学生的领导才能处于平均水平及以上的占比为92.57%，整体水平有所提升。

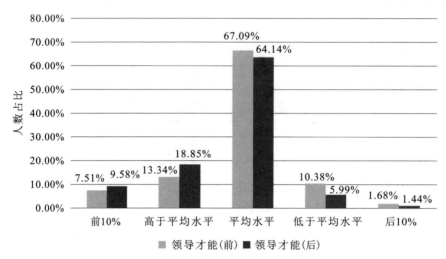

图4　通识教育前后领导才能变化情况分析

（5）创造性。

如图5所示，用折线图表示的在进行通识教育后的创造性在前10%和高于平均水平的占比节点明显高于进行通识教育前的创造性柱状图；在平均水平、低于平均水平部分，创造性（后）占比低于创造性（前）占比；而处于后10%的占比在进行通识教育前后没有明显变化。说明总体创造性水平有所提升，但处于后10%的学生没有跟上前进的节奏。

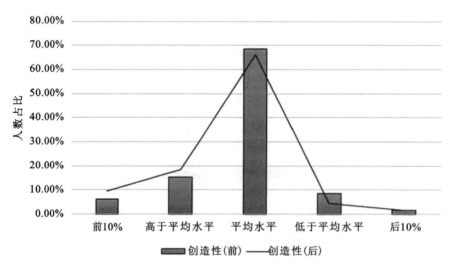

图5　通识教育前后创造性变化情况分析

（6）自信宽容度。

如图6所示，在自信宽容度指标中，将其细分为自信心和同理心两个部分。在自信心这一指标中，进行通识教育后处于前10%和高于平均水平的占比都有所提高，处于平均水平及以下的占比有所下降；在同理心这一指标中，进行通识教育后处于前10%和高于平均水平的占比同样有所提升，处于平均水平的占比降低，低于平均水平和后10%的占比前后变化不明显，说明处于平均水平及以下的学生在进行通识教育后同理心并没有明显增强。总体来说，在进行通识教育后，被调查学生的自信宽容度还是有一定提升的。

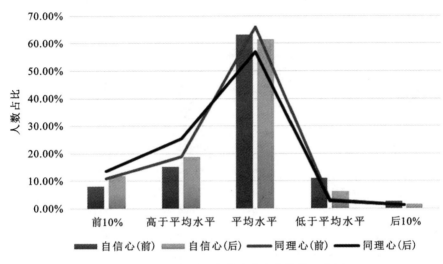

图6　通识教育前后自信宽容度变化情况分析

（7）身心健康。

如图7所示，在考察被调查者的身心健康方面，将其分为两个部分：生理健康和心理健康。在生理健康方面，处于前10%的占比由10%左右上涨到约17%，高于平均水平的占比由19%左右上升到约22%，处于平均水平及以下的占比均有一定幅度的下降；在心理健康方面，处于前10%和高于平均水平部分的占比均有所上升，其余三部分的占比相应减少。总之，在进行通识教育后，学生的身心健康状况呈现向好趋势。

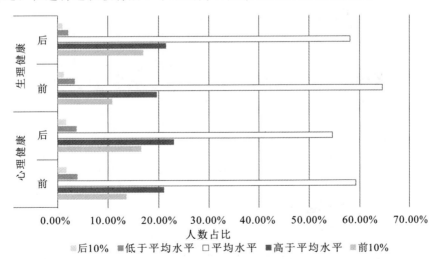

图7　通识教育前后身心健康变化情况分析

(8) 团队协作能力。

如图 8 所示，在进行通识教育前，在被调查者的团队协作能力方面，处于前 10% 的占比不足 10%，高于平均水平的占比不足 20%；在进行通识教育后，前者超过 10%、后者超过 20%；处于平均水平和低于平均水平的占比明显下降；处于后 10% 的虽然占比很低，但在通识教育后占比并未明显下降。

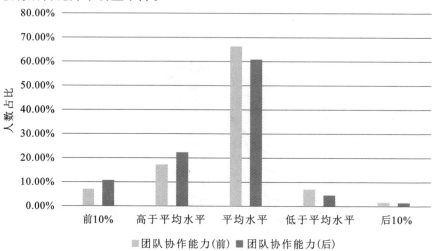

图 8　通识教育前后团队协作能力变化情况分析

(9) 达成目标驱动力。

如图 9 所示，在进行通识教育后，学生的达成目标驱动力调查中，处于前 10% 和高于平均水平的占比明显上升，其余占比基本持平或呈下降趋势。整体而言，学生在接受通识教育后达成目标驱动力有所增强。

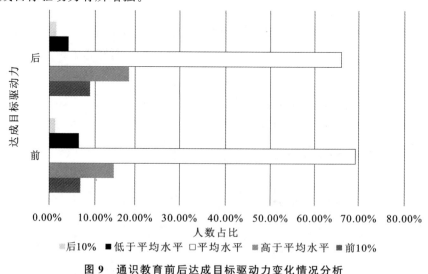

图 9　通识教育前后达成目标驱动力变化情况分析

(10) 表达能力。

如图 10 所示，学生表达能力在接受通识教育前处于前 10% 及高于平均水平的占比不足总体的 25%，在进行通识教育后其占比增长到约 30%；处于平均水平及以下的占比也有较大幅度的下降。说明通识教育对学生表达能力的提升效果良好。

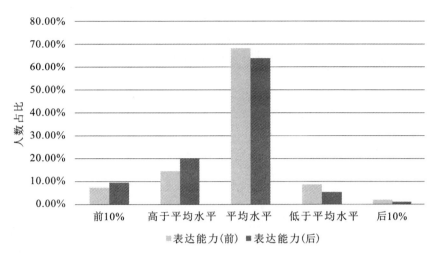

图 10 通识教育前后表达能力变化情况分析

(11) 价值判断能力。

在进行通识教育后,价值判断能力指标上均有一定增长,说明通识教育对学生的价值判断能力的提升有一定促进作用。

综上所述,从通识教育前后学生的个人素质变化情况来看,除了在自信宽容度指标上学生的同理心提升效果不明显外,其余素质能力均有所进步。整体来说,在提升学生个人素质方面,通识教育所起的作用还是比较明显的。

5.2 院校资源与学习成果之间的相关分析

5.2.1 研究假设与分析框架

本研究根据武汉华夏理工学院的通识教育特征,结合已有研究理论建立了以下理论假设:优质的教学和与教师的高质量互动,学习挑战和学习动机,多元化经验,与教职员的交往频率,与同学的交往频率,以及合作性学习,与学生在多个成效指标上的增长存在正相关。具体假设如下。

H1:优质的教学和与教师的高质量互动与学生在多个成效指标上的增长存在正相关;

H2:学习挑战和学习动机与学生在多个成效指标上的增长存在正相关;

H3:多元化经验与学生在多个成效指标上的增长存在正相关;

H4:与教职员的交往频率与学生在多个成效指标上的增长存在正相关;

H5:与同学的交往频率与学生在多个成效指标上的增长存在正相关;

H6:合作性学习与学生在多个成效指标上的增长存在正相关。

5.2.2 相关分析

院校资源与多成效指标相关分析,如表 3 所示。

表3 院校资源与多成效指标相关分析

项目	多成效指标	优质的教学和与教师的高质量互动	学习挑战和学习动机	多元化经验	与教职员的交往频率	与同学的交往频率	合作性学习
多成效指标	1						
优质的教学和与教师的高质量互动	0.614**	1					
学习挑战和学习动机	0.452**	0.584**	1				
多元化经验	0.352**	0.420**	0.355**	1			
与教职员的交往频率	−0.074**	−0.100**	−0.004	0.082**	1		
与同学的交往频率	0.301**	0.352**	0.351**	0.340**	0.638**	1	
合作性学习	0.462**	0.525**	0.448**	0.363**	−0.084**	0.632**	1

注：**表示在0.01级别（双尾），相关性显著。

从相关系数来看，多成效指标除与教职员的交往频率相关系数为负数且相关性较弱外，其余变量均有较强相关性，其中优质的教学和与教师的高质量互动系数为0.614，相关性最高，其次是合作性学习及学习挑战和学习动机；其余变量相关性相对较弱。

5.2.3 回归分析

院校资源对多成效指标回归分析，如表4所示。

表4 院校资源对多成效指标回归分析

模型	非标准化系数		标准系数	t	Sig.	共线性统计量	
	B	标准误差	Beta			容差	VIF
常量	0.405	0.099		4.081	0.000		
优质的教学和与教师的高质量互动	0.471	0.033	0.439	14.363	0.000	0.528	1.895
学习挑战和学习动机	0.101	0.030	0.096	3.415	0.001	0.618	1.617
多元化经验	0.146	0.047	0.078	3.076	0.002	0.769	1.300

续表

模型	非标准化系数		标准系数	t	Sig.	共线性统计量	
	B	标准误差	Beta			容差	VIF
与教职员的交往频率	−0.016	0.030	−0.027	−0.528	0.597	0.187	5.334
与同学的交往频率	0.006	0.055	0.005	0.102	0.919	0.177	5.663
合作性学习	0.203	0.040	0.156	5.112	0.000	0.530	1.887
R	R 方	调整后 R 方	标准估算的错误	均方	F	显著性	
0.644	0.415	0.412	0.49710	34.664	140.276	0.000	

通过分析可以看出，优质的教学和与教师的高质量互动，学术挑战和学习动机，多元化经验，以及合作性学习，对多成效指标具有正面影响，系数分别为 0.471、0.101、0.146、0.203。优质的教学和与教师的高质量互动及合作性学习对多成效指标的影响较为明显，其中优质的教学和与教师的高质量互动对多成效指标影响最大，其次是合作性学习、多元化经验及学术挑战和学习动机，与教职工的交往频率、与同学的交往频率对多成效指标没有直接影响。

6 结论与建议

6.1 提高课程水平，优化学校资源配置

以上的研究结论和数据表明，优质的教学是促进学生成长的主要动力之一，为了进一步发挥通识教育课程的教育作用，高校首先应精心设计通识教育课程，通过开设丰富而优质的正式课程来提升教学水平。其次，在课堂教学方面，要选择不同的教学方法来配合不同的课程，充分发挥其功能和特色。例如在上"艺术素质"或"高等语文"这类课程时，教师应依据学生兴趣和需求继续深入运用研究性教学、小组讨论等新式教学组织形式。与此同时要不断地完善和优化学校的教学、实验场所的相关硬件基础设施，以提升学生的课堂体验。

6.2 制订教师培育计划，提高教师专业素养

调研数据显示，学生与教师的高质量互动是促进学生成长的又一主要影响因素。高校应精心设计教师进修计划，制定引导性政策鼓励教师积极参与到各类计划中去，方便校内、校外教师的进修学习。同时，要提高教师的个人素质和道德修养。学生在修完通识教育课程后，印象最深刻的事情往往不是学到了什么知识，而是某堂课上教师的行为或者是

思想火花的碰撞。因此，教师要学习多方面技能，着重提升专业素养，探索多种教学方式，让课堂变得更加生动有趣、印象深刻。

6.3 创新教学模式，发挥通识教育优势作用

一般来说，正式的通识教育课程主要由教务处规划；非正式的通识教育课程如新生指导、学术指导、宿舍管理、社团活动、社会实践等，则由团委和后勤集团等组织开展。通识教育的这种"双轨"运行，造成了实际工作中的各种冲突，这是应该引起校方重视并积极协调的。同时，除了课程类型的创新外，也可以对教学场所进行革新，根据不同类型的课程选取不同的教学场所，采取翻转课堂的形式，由学生自主学习体验教师讲课的氛围，能够促进学生更好地学习课程内容，增加课堂的趣味性。

6.4 简化行政管理流程，优化管理水平

调研数据显示，与教职员的交往频率与多成效指标存在负相关关系，主要是由于辅导员等办公室教职人员与学生的距离较远，且相关工作对接程序复杂。因此，学校必须树立为学生服务的思想，以便更好地服务于学生。为了扭转学生被动适应学校规章制度的局面，学校还要彻底改变不便于管理的规章制度，努力探索方便于服务的规章制度。只有充分尊重学生的民主权利和主体地位，学生才会认同学校、认同学校的教育，提高学习的积极性。也只有行政运作高效便捷、信息畅通的学校才能赢得学生的广泛认同。

同时，要加强行政教职人员与学生的交流，利用辅导员下沉学生社区等活动，深入了解学生生活，拉近师生距离，做到亦师亦友，以便为学生提供更优质的管理与服务。

6.5 加强政策引导，加大通识教育资源优化

为了保证通识教育理念的顺利实施，高校应当通过制定相关政策来明确通识教育的地位和分量，表明学校的立场和态度；出台专门针对通识教育而制定的目标、评价方法等文件，明确通识教育实施的目的、预期达到的效果，并且更具实际性地对相关政策、制度进行修改完善。

高校可以从现有的教育经费中分拨一部分，专供通识教育购进设备、书籍，聘请人文、自然、社科等领域的知名专家学者，组成通识教育教师团，为通识教育的实施提供物质保障。

参考文献

[1] 于汝霜. 自由教育向通识教育的演变 [D]. 汕头：汕头大学，2010.
[2] 张红伟，张怡. 通识教育的反思、借鉴与创新 [J]. 中国大学教学，2019（10）：23-26.

［3］Brubacher J S，Rudy W. Higher education in transition：a history of American colleges and universities，1636-1976［M］. 3rd ed. New York：Harper & Row，1976.

［4］李曼丽，张羽，欧阳珏. 大学生通识教育课程实施效果评价研究［J］. 教育发展研究，2014，34（Z1）：37-43.

［5］徐志强. 哈佛大学通识教育理念研究［J］. 河北大学学报（哲学社会科学版），2021，46（3）：94-100.

［6］路琳. 论素质教育评价体系的构建［J］. 清华大学教育研究，1998（2）：71-74.

［7］郭恒泰. 试论实施素质教育的评价指标［J］. 教育导刊，1998（Z2）：17-19.

［8］钟晨. WNSLAE 项目对我国高校通识教育质量评估的启示［J］. 江汉大学学报（社会科学版），2011，28（6）：93-96.

论中华优秀传统文化与高校思政课教学的有机融合

王星玥[①]

(武汉华夏理工学院 马克思主义学院，湖北 武汉 430223)

摘　要

　　中华优秀传统文化是中华民族独特的精神标识，是高校思政教育的关键性构成，而我国高校思政课是宣扬中华优秀传统文化的主阵地，所以中华优秀传统文化与高校思政课教学的有机融合是落实我国高校"立德树人"的根本宗旨，也是思政课教学本身发展的必然要求，更是站在实现"两个一百年"奋斗目标的历史交汇点上的时代需要。许多高校已对此课题开展了研究，但在实践过程中遇到不少问题，影响了二者的融合效果。本文旨在增强大学生对中华优秀传统文化的价值认同感，提高教师的传统文化素养，促进二者之间的无缝衔接，从而构建中华优秀传统文化进思政课程的实践体系。

关键词

　　中华优秀传统文化；高校思政课；融合

　　习近平总书记在中共中央政治局第三十九次集体学习时指出，中华优秀传统文化是中华文明的智慧结晶和精华所在，是中华民族的根和魂，是我们在世界文化激荡中站稳脚跟的根基。中华优秀传统文化是中华民族的精神命脉，是高校思政课教学重要的内容资源库，且中华优秀传统文化与高校思政课都承担着价值导向功能，二者具有高度的契合性。如何将中华优秀传统文化融入到高校思政课教学之中，已经成为一项重要课题。然而，就当前高校思政课教学情况看，二者在融合过程中缺乏亲和力、针对性与有效性，融入效果并不如意，融入方式方法也有待改进。本文基于中华优秀传统文化与高校思政课教学有机融合的重要性，分析中华优秀传统文化与高校思政课教学有机融合的困境，探究中华优秀传统文化与高校思政课教学有机融合的策略。

---

① 作者简介：王星玥（1985— ），女，硕士，讲师，研究方向：哲学及思想政治教育。

1 有机融合的内在联系及意义

1.1 内在联系

中华优秀传统文化是中华民族 5000 多年文化发展演进中积淀、凝结而成的中华民族精神，具有恒久的影响力。正如习近平总书记所指出的，在历史进程中凝聚下来的优秀文化传统，绝不会随着时间推移而变成落后的东西，因此应该视其为世代相传的传家宝。习近平总书记在党的二十大报告中指出，要传承中华优秀传统文化，满足人民日益增长的精神文化需求。而教育便是传承中华优秀传统文化的主要途径之一。教育是国家发展的动力，关乎民族兴亡，而中华优秀传统文化积淀着中华民族的基因与血脉，连接着国家的历史和未来，中华优秀传统文化与教育之间有着天然的内在联系。教育事业对实现中华优秀传统文化起着推进作用，而教育的根深叶茂需要不断夯实文化根基、丰富精神血脉，中华优秀传统文化正是历代人民智慧的结晶，积淀了极为丰厚的精神食粮，蕴含着丰富的历史资源和教育资源，因此中国教育必然需要中华优秀传统文化的滋养。

高校是向国家输送人才的重要场所，应积极传播中华优秀传统文化，发挥"领头雁"的作用。高校思想政治教育作为弘扬中华优秀传统文化的主阵地，应主动担负起推动中华优秀传统文化传承的时代责任，同时，中华优秀传统文化中包含着大量的思政教育资源，因此中华优秀传统文化与高校思想政治教育之间具有充分的兼容共生性。

中国共产党高度重视思政课建设，在各个历史时期对思政课建设都做出过重要部署。习近平总书记对办好思政课也非常关心，他指出，当前形势下，办好思政课，要放在世界百年未有之大变局、党和国家事业发展全局中来看待，要从坚持和发展中国特色社会主义、建设社会主义现代化强国、实现中华民族伟大复兴的高度来对待。我们正在为实现"两个一百年"奋斗目标而努力……我们培养的人要能够完成"两个一百年"的伟业。这就是教育的历史责任。[1]

作为社会意识形态领域在大学的重要阵地，高校思政课是落实立德树人根本任务的关键课程。当代大学生承担着建设社会主义现代化强国的重要使命。当代高校思政课是以培养大学生成为合格的中国特色社会主义事业的接班人为最终目的。基于此，如何在百年未有之大变局的时代环境下提升高校思政课的教学实效，促进高校培养出具有正确人生观、价值观、世界观的未来精英，是当前高校思政课教学面临的关键课题。

中华优秀传统文化是涵养社会主义核心价值观的重要源泉，高校思政课是宣传社会主义核心价值观的重要阵地，二者都为中华民族伟大复兴这一目标的实现承担着价值导向功能。我国政府高度重视中华优秀传统文化与高校思政课融合的问题并做出部署。2014 年 3 月，教育部出台了《完善中华优秀传统文化教育指导纲要》，提出要充分发挥高校思想政治理论课的重要作用，促进思想政治教育与中华优秀传统文化教育的紧密结合。2017 年 1 月，中共中央办公厅、国务院办公厅印发《关于实施中华优秀传统文化传承发展工程的意见》，提出要在哲学社会科学及相关学科专业和课程中增加中华优秀传统文化的内容。[2] 这两份文件都要求优秀传统文化教育与高校思政课教学相融合，最终发挥对大学生进行正确价值引导的作用。因此，促进中华优秀传统文化与高校思政课教学有机融合，是时代的要求。

1.2 融合的意义

中国传统文化是在长期的历史发展过程中形成和发展起来的，是民族文明、风俗、精神的总称。钱穆曾认为，一民族文化之传统，皆由其民族自身递传数世、数十世、数百世血液所浇灌，精肉所培壅，而始得开此民族文化之花，结此民族文化之果。[3] 近年来，我党对中华优秀传统文化的继承和发扬尤为重视，习近平总书记指出，优秀传统文化是一个国家、一个民族传承和发展的根本，如果丢掉了，就割断了精神命脉。中华优秀传统文化和中国高校思政课在社会理想追求、特质、哲学基础等方面有着内在契合的一面。

习近平总书记在学校思想政治理论课教师座谈会上指出，中华民族几千年来形成了博大精深的优秀传统文化，我们党带领人民在革命、建设、改革过程中锻造的革命文化和社会主义先进文化，为思政课建设提供了深厚力量。将中华优秀传统文化有机融合到思政课的教学之中，可以丰富思政课的教学资源，延展思政课的教学内容，提高思政课的教学实效性，达到思政课教学"润物细无声"的效果。教学是传承和弘扬中华优秀传统文化的有效路径，通过高校思政课这一发扬中华优秀传统文化的重要阵地，促进中华优秀传统文化的创新发展。

2 有机融入的困境

根据以上剖析，可以看出中华优秀传统文化与高校思政课教学融合的必要性，并且许多高校已经开始进行探索和实践，也取得了一定的成效。但是在实际操作过程中仍然遇到不少问题，影响了二者的融合效果。

2.1 大学生的价值认同感不强

大学生这一群体在思维方式上具有求异性，在目标追求上具有求新性，常常对新奇事物表现出强烈兴趣。在"互联网＋"的时代进程下，社会信息化高度发展，微信、微博、抖音、快手等各类网络社交媒体快速产生，已成为新时代大学生与外部世界沟通的主要方式。网络新媒体有着"碎片化""浅薄性""快餐性"的娱乐特点，而这些恰恰与中华优秀传统文化的"系统化""严肃性""沉淀性"的精神实质背道而驰。因此，在当前这样一个有着快餐特性的文化传播背景下，加之大学生思想活跃，喜爱各种新生事物，历史悠久的中华优秀传统文化很难吸引高校学生群体的注意力，在一定程度上造成中华优秀传统文化与高校思政课教学有机融合的困境。

在"互联网＋"的时代进程中，全球化高速发展，西方文化以"曲折、隐喻的方式隐匿在网络空间中",渗透至大学生生活中的各个方面,尤其在意识形态领域。由于大学生缺乏防范和辨析能力,容易被西方资产阶级文化意识所影响甚至动摇,不仅挤压了中华优秀传统文化继承与发展的空间,对高校思政课教学的育人目标也提出了较大挑战。

由此可以看出,在外部环境还没有形成足够让大学生继承和发扬中华优秀传统文化的自觉性条件下,新时代大学生对中华优秀传统文化无论是在内容上还是价值上都缺乏认可,甚至持不自信态度。这样,即使教师有心将中华优秀传统文化元素融入思政课教学,仍会出现大学生对此难以理解的现实状况。

2.2 融入教学的效果不佳

"思政课教学离不开教师的主导",在实际的高校思政课教学过程中,教师是否具有深厚的文化素养直接关乎教学效果。就当前高校思政课教师队伍而言,首先,许多教师缺乏中华优秀传统文化的深厚积淀,导致其在教学中未能充分运用好这一丰富的内容资源库,甚至出现了牵强附会的现象。其次,教师仍然采用"灌输型"的教学方法,这种单一的教学形式不仅让中华优秀传统文化与思政课教学在融合上浮于表面,更让学生在听课过程中感到枯燥,进而教学效果大打折扣,甚至起到相反的作用。

2.3 教学衔接不紧

近年来,中华优秀传统文化和高校思政课教学的融合已经取得了一定效果。然而就整体而言,二者尚未实现有效衔接,主要表现在思政课教材与实践环节等方面的问题上。

第一,思政课教学所使用的教材在中华优秀传统文化内容上缺乏系统性与时代性。虽然现行思政课教材引入了一些中华优秀传统文化内容,但未能对其所蕴含的内涵进行深层次的解读,比如缺乏对中华优秀传统文化所产生的背景环境、阶级立场等相关因素进行介绍与分析,这就造成了教师不能通过教材文本对所要宣扬的传统文化有较为精准的认知,只能生搬硬套字面语句,导致融合机械化。现行教材文本对于中华优秀传统文化的探索也缺乏创新性。中华优秀传统文化经数千年沉淀而成,不可避免地带有历史的陈旧痕迹。要想在新的历史条件下将中华优秀传统文化有机融入到思政课教学之中,必须实现传统文化在现代化进程中的活力与重构。而现行思政课教材文本还未能做到创造性地挖掘与阐释传统文化的当代特性,造成二者在融合上突破不了时空的局限性。

第二,思政课教学缺乏对实践环节的重视。中华优秀传统文化的形成和发展是中华民族数千年来的经验总结,并且在一代又一代的实践中逐渐完善。因此,中华优秀传统文化想要与思政课教学有机融合,理当重视实践环节。然而当前的思政课教学现状是只注重理论教育,忽视实践教学,许多高校连仅有的少量实践课都不能充分利用,从而导致学生的体验感缺失,让传统文化教学成了浮于表面的传统文化讲授。

3 有机融合的策略

3.1 增强大学生的价值认同感

习近平总书记指出,青少年是祖国的未来、民族的希望……这一时期心智逐渐健全,思维进入最活跃状态,最需要精心引导和栽培。"蒙以养正,圣功也。"就是说青少年教育最重要的是教给他们正确的思想,引导他们走正路。中华优秀传统文化有利于大学生形成完善的精神观念和正确的价值体系,若想促进中华优秀传统文化有机融入到高校思政课中,应以对优秀传统文化的认同为着力点,引导学生对中华优秀传统文化的心理认同,坚定文化自信。

第一,新时代大学生在思维模式、喜好兴趣、与外界的交流方式等方面都呈现出新的变化,要加强对当代大学生的认知规律和接受特点的研究,明晰当代大学生的学习诉求,掌握当代大学生学习传统文化的基础。在对以上学情信息进行充分的研判后,把握好中华优秀传统文化在思政课教学中的内容供给和价值感召,切实做到"以学生为中心",用中华优秀传统文化滋养学生的精神世界,满足学生的人文素养需求,这样才能让学生切身感受到中华优秀传统文化的应用价值,才能对学生的思想和价值观起到正面的影响,才能使中华优秀传统文化通过思政课教学真正根植于新时代大学生的内心。

第二,改革传统的教学方式,让思政课教学有活力。除了上述提到的要把握好新时代学生的喜好和现有基础,思政课教学还要遵循当代大学生的学习方式。习近平总书记在全国高校思想政治工作会议上指出,要运用新媒体新技术使工作活起来,推动思想政治工作传统优势同信息技术高度融合,增强时代感和吸引力。在"互联网+"的时代背景下,要借助信息技术创新教学方式,使传统的、单一的教学模式走向立体的、互动的教学模式,以促进中华优秀传统文化与思政课教学的有效融入。一是采用当代大学生喜闻乐见的形式开展教学,例如挖掘网络平台中有关传统文化的内容并加以筛选,在课堂上以较直观的方式呈现在学生面前。二是运用新媒体便捷强大的互动功能发挥学生的主体性。例如,运用信息技术加强课堂优化和课堂互动程序,提升师生互动效果;鼓励学生通过自媒体平台自主创作和输出传统文化微视频。让思政课教学从"单声道"走向"多声道",提高学生的积极性。

3.2 提高教师的传统文化素养

思政课是落实立德树人根本任务的关键课程,思政课作用不可替代,思政课教师队伍责任重大。要实现用中华优秀传统文化滋养思政课教学,提高思政课教学实效性,就要充分发挥思政课教师的作用。

首先,高水平的思政课教师不仅要对思想政治理论有较深的理解和研究,还需要有较为深厚的中华优秀传统文化积淀。校方应该运用多种途径提升教师的文化素养,例如,运用评价指标指引、激励教师积极主动地学习传统文化,调动教师学习研究的内驱力,不断增加自身文化储备，这样才能保证教师在实际教学过程中，游刃有余地使用传统文化这一丰厚的资源库。

其次，引导教师自觉运用中华优秀传统文化的内容组织思政教学活动。高校可定期举办讲座、沙龙、观摩示范课等活动，为教师交流在实际教学中的心得、困难及经验提供环境。教师也要利用各种信息共享平台，掌握更多的将传统文化融入思政教学的方法、途径。

最后，思政课教师要以中华优秀传统文化中所蕴含的道德行为标准，规范自身的日常礼仪与品行。教师不仅是思想的传播者，还是行为的示范者。提倡教师将中华优秀传统文化中蕴含的道德标准"外化于行"并以身示范，以此影响大学生对中华优秀传统文化所提倡的思想观念的认同，为学生将所学融入自身的生活实践起到良好的引领作用，从而高质量地实现思政课"立德树人"这一教学目标。

3.3 实现二者之间的无缝衔接

第一，整合教学内容，找准中华优秀传统文化同思政课教学的对接点，实现二者的精准融合。首先，紧贴思政课本，认真研读教材，依托教学大纲探寻思政课每个章节不同内容中所契合的传统文化，探寻二者之间共通的精神实质和价值精髓，根据教学目标筛选出适合的衔接点并运用到教学过程中。再次，以宽广的世界视野、时代眼光、历史思维拓展中华优秀传统文化的内涵，以理论创新将二者的结合达到新的高度。与时俱进地挖掘中华优秀传统文化的当代意义，创造性地激发中华优秀传统文化的活力，科学地诠释中华优秀传统文化与新时代建设和谐社会理念相通的内在底层逻辑，主动探索新时代下思政课教学有机融入中华优秀传统文化的可行性。

第二，注重高校思政课教学的实践环节。要将中华优秀传统文化切实融入到思政课中，就要重视理论教学与实践教学的有效结合，努力构建中华优秀传统文化进课程的实践体系。中共中央、国务院印发的《关于加强和改进新形势下高校思想政治工作的意见》中指出，加强和改进高校思想政治教育的基本原则中，包括坚持全员全过程全方位育人，把思想价值引领贯穿教育教学全过程和各环节，形成教书育人、科研育人、实践育人、管理育人、服务育人、文化育人、组织育人长效机制。"三全育人"强调思政课教学不应该仅局限在理论知识中，还要加强教学实践。若想实现中华优秀传统文化与思政课教学的无缝衔接，就要做到让学生更好地践行中华优秀传统文化。

中华优秀传统文化蕴含着求美、求善、求精等要素，讲究知行合一，对指导当代大学生的实践活动具有重要的现实意义。把握高校思政课教学这一主阵地，将其拓展到更宽广的实践领域，让中华优秀传统文化贯穿于大学生的生活成长过程中，加深大学生对思想政治理论知识与优秀传统文化之间的关系的体悟，在潜移默化中促进学生的全面发展。

构建中华优秀传统文化进思政课程的实践体系是一项系统工程。第一，进课堂内实践。即在课堂理论讲授的同时增加实践环节，例如运用情景式教学，让学生在课堂上通过小品等形式直接展现出中华优秀传统文化的魅力。这样既发挥了学生的主体性，又体现了在实践中学习。第二，拓展至课堂外实践。高校思政课教学大纲中的每门课都体现出设置实践课时的要求。要切实利用好实践课时，将学生带出校园、带入社会。例如，充分运用所在城市的红色文化资源,把课堂设在博物馆、纪念馆,既让学生感受到所在城市独特的文化魅力,又实现了在实践中理解。第三,延伸到课程作业。教师可以把思政课程作业布置成需要通过实践来完成的内容。例如,鼓励学生课后拍摄微电影以重现经典桥段,并通过网络平台发布作品,既起到宣传中华优秀传统文化的作用,又实现了在实际中践行。

参考文献

[1] 习近平. 思政课是落实立德树人根本任务的关键课程 [J]. 奋斗,2020 (17):4-16.

[2] 新华社. 中共中央办公厅 国务院办公厅关于实施中华优秀传统文化传承发展工程的意见 [N]. 人民日报,2017-01-26 (1).

[3] 钱穆. 国史大纲 [M]. 北京:商务印书馆,1994.

大中小学思政课一体化视域下高校思政教育的挑战与创新

罗琦为[①]

(武汉华夏理工学院 马克思主义学院,湖北 武汉 430223)

摘 要

大中小学思政课一体化建设是一项复杂的系统工程,要求思政课教师提高对教学内容的整体掌握程度及教学方法的创新性。国内外意识形态领域的复杂性,包括网络话语的更新加大了师生之间的话语鸿沟,冲击着传统高校思政的工作模式。从教学方式方法来看,第一课堂、第二课堂、第三课堂要联系起来,线上线下、课内课外要一体化,针对不同学段,要贴合学生的成长规律进行适应性设计。同时也为高校思政课教育模式孕育了新的创新机遇,新时代,在大中小学思政课一体化背景下,高校思政教育创新的三个维度表现在:教学机制一体化的创新,师资培养培训一体化的创新和思政课评价一体化的创新。

关键词

思政一体化;新媒体;思政教育;教学改革

引言

党的二十大报告提出,要用社会主义核心价值观铸魂育人,完善思想政治工作体系,推进大中小学思想政治教育一体化建设。大中小学思政课一体化建设是新时代背景下党和国家就学校的思想政治教育工作发展做出的重要决策部署。这一重要决策部署关系到国之大计、党之大计,关乎为党育人、为国育才,是加快建设教育强国的题中应有之义。构建大中小学思政课一体化共同体,切实发挥思政课立德树人的关键作用,是落实这一重要决策部署的关键环节。与传统媒体相比,新媒体具有一定的动态属性。新媒体运用数字网络技术,借助各类互联网渠道及计算机、手机等数字终端,为用户提供信息、娱乐等交互服务,是在信息革命之后逐步发展起来的一种新型媒体形式。

习近平总书记在全国高校思想政治工作会议上指出,善用网络及其他新媒体、新技术,让工作变得更有生气,将思想政治工作的传统优势与信息技术进行高度的融合,使工作更具时代感和吸引力。他还提出,要对新媒体技术进行充分的利用,将新时代的信息技

---

① 作者简介:罗琦为(1985—),女,硕士,讲师,研究方向:法学。

术与思想政治工作中的某些传统优势进行有效的融合，以提高思想政治工作的感染力和时代感。课程思政教学模式对思想政治教育的教学方式进行了创新，它将隐性的德育资源和显性的道德影响相融合，既有较强的实用性，又加强了各种学科与思想政治理论课之间的协作性。在实际操作上，"思政慕课""思政 App""思政小程序"和"翻转课堂"等多种新型思政课教学模式正在涌现，呈现出蓬勃发展的态势。如何根据新媒体下的环境特征对大中小学思想政治教育一体化进行相应的研究，如何利用网络等新媒体、新技术加强和创新高校思想政治工作，让其充满时代的活力，更好地立德树人，是当前高校思想政治工作面临的新课题。

习近平强调，办好思想政治理论课关键在教师，关键在发挥教师的积极性、主动性、创造性。[1] 在师生学习党的二十大报告的同时，也进行着一场充满活力的"大思政"课程，如何将大会的精神与大中小学思政课一体化有机结合起来，进一步深化高校思政课的内容建设；做好语言表达的转换，将理论知识转化为生动活泼的教学语言，促使党的创新理论如一缕春风吹开学生的思想之花；活用教学资源，认真选取新时代的案例、事件、人物、场景，做好数据、对比分析，将图片、视频等资源组织起来，让教学的内容更加具有针对性和说服力，都是摆在教师面前的重要课题。

1 高校思政教育面临的挑战

1.1 新媒体平台的开放性

思想是与社会的政治、经济密切相关的，它可以体现出社会中的各种群体在政治、经济方面的利益，是形成上层建筑的关键。大学既是各种人文理念的汇聚之所，还是各种思想观念的汇聚之所，思想观念的生成与汇聚之所。思想政治工作是高校的一项重要工作内容。美国《新闻周刊》刊登了一篇名为《新殖民主义》的报道，其中提到："究竟是哪一种人才算是新殖民时代的人呢？思想是一个国家和民族的无形的战斗领域。"同时，新媒介所具有的开放、自由的特性，也使得不同的思想观念得以通过它在全球范围内得以广泛扩散。尤其是，一些西方发达国家利用现代的新媒体技术设备及雄厚的资本，有规划、有组织地对我国大学生展开思想上的渗透工作。此外，新媒体对我国大中小学生的道德认知、思想观念造成了较大的冲击。从而导致一些人理想信念迷失、价值观念混乱，无形之中对高校学生的思想政治教育产生了一定的负面作用。

西方国家惯用的渗透手段主要有三个方面。一是通过具象化的影视文化景观统摄对象并诱导其感官体验。在形式上化用中国经典故事，在细节上体现"中国元素"，但在实质上对故事内核作了"西化"替换。二是通过具象化的商品消费符号支配思想意识。从NBA 球队到阿迪达斯、耐克运动服饰等，美式价值符号深深签印在从商品包装到荧屏广告、从宣传画册到店铺装饰上，同时契合并满足了个性化追求、乐于感官体验的青年群体。三是通过差别化的价值符号同构并操控青年的价值体系。美国是互联网的缔造者，也是互联网的最大受益者，美国利用互联网的先进技术和信息，设置议程、制造舆论、塑造文化、制造话题，同时将影视音频文化、消费文化和美式生活方式等价值碎片串联成美式价值体系，并以所谓的"自由""民主"方式制造所谓的"国际话语权"，同构并操控青年娱乐、学习和生活等价值体系。

在党的十九大报告中，习近平总书记指出，我们要推动马克思主义中国化、时代化、大众化，建立一个有强烈凝聚力和引导力量的社会主义思想体系，把所有的人都集中在理想信念、价值理念、道德观念上。在思政教育过程中，教师要充分运用新媒体，对其进行创造性思考，以辩证的方式来思考问题，以一种更加强大的战略定力来增进对中国特色社会主义的认识，从而使其更好地为我国的改革与发展做出贡献，增强当今大学生对中国特色社会主义道路的认同。

1.2 网络话语体系的迭代转换

话语是思想政治教育系统的重要因素，思想政治教育作为一种语言实践活动，其话语的表达方式直接影响着思想政治教育的实效性和针对性。特别是在新媒体迅速发展的条件下，信息内容的海量化、碎片化对思政课教师的话语供给提出了新的要求。积极推进大中小学思政课一体化建设，就要高度重视思政课话语创新，提高思想政治教育话语的解释力、生命力和感召力，这是满足新时代各学龄段学生对话语内容的多样化诉求、拓展青年大学生思维理解的"接受域"、消弭他们对高校思想政治理论课认知"鸿沟"的重要途径。

新媒体日趋成熟，逐渐形成独特的网络话语体系，虚拟传播的流行用词是在网络间活跃的通行证，语言更新换代快速且以形式意义为主，充斥着散漫性和无序性，与流行文化相融。这与传统话语中的严肃性、庄重性、稳定性完全不同，会让学生觉得和老师之间的交流有话语鸿沟，不把真实的思想动态说出来，因而难以实现预期的教育目标。

其实，在马克思主义大众化过程中，本来就要对大众进行群体、层次、年龄等方面的划分，运用适合不同群体的、种类丰富的、针对性强的大众化话语方式，使抽象的理论具象化，实现马克思主义理论传播与受众需求的有效对接。思政课更要根据青少年接受新事物、新信息较快的特点，多运用新词汇、新概念以及图文并茂的话语形式进行社会主义核心价值观的培育。

1.3 新媒体快速发展的挑战

随着新媒体的迅速发展，它对人类的思维方式、交流方式和生存方式产生了较大的影响。也从根本上改变了当代大学生的认知方式。传统的思政教学模式所讲授的内容与学生平时的所见所闻有一定距离，学生往往知其然而不知其所以然。在教学中，不注意激发他们的主观感受，不注意激发他们的情绪，就不会使他们感动。而在新媒体环境下，学生的主体意识会被极大地调动起来，具有较强的表达欲望，他们不再满足于被动地接受思想政治教育课程的外部灌输，而是渴望平等、双向的互动交流。基于这一认识，思政课应该与当下的社会发展密切相连，把习近平新时代中国特色社会主义思想融入学术、融入学科、融入课程、融入培训、融入读者、融入思想，将该思想的核心要义、精神实质、丰富内涵、实践要求做到全方位、系统性的传授，这是目前大学思政课的首要任务。

2 传统思政教育模式的局限性分析

2.1 传统的思政教育观念亟待转变

新媒体对人类的生存与交流产生了深远的影响，使学生的认知思维出现变化，思政教育面临前所未有的冲击。在传统教育中，思政教育者掌握绝对主动地位，将精彩有用的信息筛选出来集中分享给学生。但新媒体时代信息无处不在，零门槛传播，自由评论和转载，学生在接收现代化信息的同时对教育内容和形式都有了新的要求。如果思政教育者依旧循规蹈矩，难免会出现南辕北辙的结果。学生自由表达意愿和以往单向传播和灌输的教育方式不相符，也对高校思政教育者提出更高要求。思政课既不能选择回避问题，也不能单纯只讲问题，而应"迎着问题去""沿着问题讲""提出问题收"。[2] 思政教育者要改变工作方式，力求让学生形成知识崇拜，才能吸引学生注意力，让他们成为自己的"粉丝"，从而跟上节奏，应对时代的变化，而不至于在理论、宣传、教育等方面丧失话语权。

2.2 传统的思政教学内容更侧重理论

高校的思政课程主要集中在五本教材上：《思想道德与法治》《马克思主义基本原理概论》《中国近现代史纲要》《毛泽东思想和中国特色社会主义理论体系概论》《习近平新时代中国特色社会主义思想概论》。这五本教材大部分都是政治历史和政治理论，所以部分讲授缺乏和社会现实相联系，导致学生只会记得课本上的理论知识，却不懂得分析方法。"时间有限的学校思政课教学，不可能解答、预答学生在漫长的人生道路上、广阔的社会天地间、崭新的未来开拓中碰到的各种各样的问题，但是，可以通过培养学生分析解决问题的能力，从而发挥使学生受益终身的作用。"[3] 大学思政课教科书上的理论知识多，这是一个不可改变的事实，但教学太过重视理论知识，反而会割裂与现实政治的联系，就会让思想政治课程失去其教育意义。

举例来说，中国共产党第二十次全国代表大会提案是每位人大代表根据现实生活中百姓关注的焦点，为了切实解决问题而产生的，提案中提炼出的政治观点会成为教科书上新的政治知识，这就是政治学科产生的过程。简而言之，就是人们从现实中总结理论，又用理论去指导现实。而传统的思政教学拘泥于课本上的知识，不能理论联系实际地给受众进行时事分析，甚至还有少数学校看重的是提高学生的成绩，而不是学生是否具有较高的政治敏感和政治素养。另外，知识教育相对于社会的现实发展来说，存在着某种程度的滞后，如果大学思政教学脱离社会实际，也会导致学生的思维难以紧跟时事、缺乏现实锻炼，从而难以形成先进的、理性的政治思维去面对社会中出现的各种情况。

2.3 传统思政教育实践教学形式有待丰富

第一，在高校思政教育中，思政教育实践教学大多是以讲座、讨论、辩论等辅助方式进行的。而在新媒体的背景下，微博、抖音、微电影等新媒体通过其灵活性，可以实现文字、图片和语音等多种不同的信息传递，具有更快、更广的传播速度和范围，已经逐步成为当今社会中的一种重要的信息传递方式。在新媒体中，学生可以接收到最新的教育资讯，同时，教师也可利用新媒体掌握学生的最近动向，并向学生分配最新的实践教学工作，这种方式让资讯传播性更加显著，对后续的教学工作也有很大帮助。

第二，传统的思政教育实践教学存在时空限制。在有限的教学时间内不能保证每位学生都有参与和展示自己的机会，而新媒体可以让每个人在这个过程中，对自己的观点进行完全的表述，还可以和老师、同学开展更加紧密的沟通和互动，这样就可以突破传统实践教学在时间和空间上的局限。

3 高校思政教育创新的三个维度

3.1 健全"联动式"教学机制一体化

大中小学思政课一体化变革之初衷，在于改变教师的教学理念，不断地更新教学内容、改进教学方式、优化职业素养，让课堂"活"起来，防止千篇一律、生搬硬套，从而产生一种"与老师相融，与老师同频共振"的"立德"效应。[4] 这种在线教育方式有着至关重要的作用。

推进层级协同，打破制度壁垒，深化"思政课一体化"理念，围绕课程思政与思政课程、学校思政与学校教育、教育系统内外等三个层面的一体化进行资源整合，建立与其他学校以及场馆等机构定期沟通交流的协同机制，形成校内马克思主义学院、教务部门与校团委等部门合力共进的联动机制。在此基础上，再组建全国性大中小学"红色精神培育联盟校"，为大中小学的思政课一体化建设提供指导服务；充分运用全国高校思政课"手拉手"集体备课中心，汇聚华中地区红色资源优势，召开伟大建党精神"大思政课"集体备课会，尽量辐射大中小学思政课教师。

推动学校与社会协同育人，可与当地历史博物馆、革命纪念馆等单位共建"伟大建党精神育人联盟"；与当地场馆合作，共建思政课现场教学点。这些举措不仅为开展大中小学思政课教师的实践研修及现场教学创造了条件，也可为地方丰富育人资源提供人才支持。深入实施与学校附属中小学"大中小学思政课一体化建设教育集团"建设计划，推进与学校所在地教育局一体化共建活动。开展"云上思政课"建设，尤其是充分利用在线教学平台，优化课内课外、网上网下、校内校外资源共享体系。在全市设立教学研究基地校，以项目驱动的方式，推进形成一批德育课程实施示范学校、示范课堂和一群优秀的思政课教师，形成一批优质的课堂教学案例，推动"师资培训、教学资源、教学模式"等优质资源的流通、共享与互补；因地制宜"把思政小课堂同社会大课堂结合起来"，建设一批"家门口社会实践研修基地"，为开展大中小学思政课教师实践研修及现场教学创造条件。[5] 在"以学科为单元""以结果为中心"的理论指导下，高校可以从"人才培养计划"到"课程教学内容"再到"课堂教学方式"三个层次进行全过程、全方位的改革，力求整体规划、整体建设、重点突破、层层发力，从而达到对学生的思想政治和知识系统的有效整合。一是立足大局，以立德树人为基本使命，以中国特色社会主义理论教育和社会主义核心价值观教育为核心，培养学生正确的核心价值观。[6] 二是从细节入手，将思维能力、职业能力和社会责任心的训练，详细分解到各大学科的教育需求中，并将其贯彻至各个学科的教育目标，从而促进整个教育过程的发展。

3.2 构建"立体式"师资培养培训一体化

对于高校而言，要充分发挥马克思主义理论、教育学以及教师教育等学科优势，就要紧扣新时代思政课教师队伍的建设要求，围绕习近平新时代中国特色社会主义思想"三进"，构建"立体式"的职前职后贯通的师资培养培训体系。前瞻发力，职前实施育人计划，让"准思政课教师"在入职前树立起一体化的建设思维；远观未来，职后构建以师范院校为主体、重点由马克思主义学院参与、服务基础教育的一体化师资研修体系，促进思政课教师提升一体化实践技能。积极联合师资培训中心、学生德育发展中心，集聚校内外优势力量，搭建"学段融合＋分层递进"的培养培训体系，实施思政课教师全员培训、教学骨干能力提升、拔尖人才专项培养计划；发挥"大中小学思政课一体化建设教师实训基地"和"思政课教师教学能力培育实验室"的功能，深化创新驱动，运用虚拟仿真方式等现代技术手段，创新思政课教师的实训方式，以专题讲座、结构化研讨、教学展示等多个板块展开，助力中小学思政课教师教学和研究能力"双提升"，为落实、落细、推进一体化建设提供内生性力量。

深入开展"大手拉小手"同城协作，成立区域性的大中小学思政课联合教研组，打造教师专业发展共同体，以观摩课为抓手，围绕重大主题内容定期集体备课、磨课。依托各地教师教育学院建立由大中小学各学段教师、市级教研员等主导的协同机构，共同开展教研活动，让大中小学思政课教师从"背靠背"转向"面对面"，及时解决一体化实施中的问题。建设师资队伍阶梯式发展支持体系，形成以大中小学思政教育为整体、以学段发展和学科教学实践变化为条件、以满足思政课教学一体化和有效性达成为导向的培训机制。

3.3 打造"贯通式"思政课评价一体化体系

传统思政课评价的"断层结构"形成已久。由于学段之间缺乏有效的统筹衔接，"分段育人""分层评价"的现象普遍存在。这种分段式的课程评价专注于单一学段内的思政教育表现，却忽视了学段之间的系统性本质，导致大中小学思政课评价普遍存在"评价内容的交叉性和重复性明显""评价标准的渐进性、整合性弱化""评价方法的相似性、雷同性频发"等现实问题。大中小学思政课这种分而评之的"断层结构"成为阻隔各学段贯通内在联系的症结所在。

从顶层设计对大中小学思政课一体化评价开展统一规划，关键在于破除一直以来各学段之间相互割裂的评价模式，通过构建一体贯通的评价导向，为评价体系确立坐标点，打破评价断层，打通大中小学思政课评价的症结所在。具体而言，将立德树人的价值导向具体落实到评价之维，可在大中小学各学段围绕"政治认同""家国情怀""道德修养""法治思维""文化自信"五大支柱创设评价指标，以五大支柱作为牵引导向，形成一体贯通的多元化评价格局。尤为重要的是，要在指标创设中体现习近平新时代中国特色社会主义思想的主线地位，立足各学龄段学生的认知心理发展特征，打造循序渐进又一脉相承的思政课一体化评价体系。

将教师作为评价主体，是各学段思政课评价普遍存在的做法。尤其在中小学校，这种以班主任和任课教师为评价本位的考核模式已然形成既定模式。虽然学生满意度日渐成为大学思政课教学质量评价的重要标准，但教师的评价主体地位依然根深蒂固。辩证地看，教师作为授课主体，与学生有着最为直接与密切的接触，对课程教学效果的评价是最有发言权的，因此，将教师作为评价主体是具有可行性的。但是，思政课评价本质上是一种价值判断活动，会依据不同评价主体的价值取向产生不同的评价结果，仅仅依靠单一化的主体开展思政课评价显然不够客观与科学，必须建立多元主体共同参与的合作评价机制。

首先，教师应成为思政课评价的领路人。教师从传统思政课评价中的"掌权者"逐渐转换为学生思想品德发展的引导者。将评价活动贯穿于每一堂课程，更加关注动态性、过程性的一体化评价，坚持做到以评促学，以评促教，以确保思政课评价的长期开展及良性循环。其次，学生应成为思政课评价的真正主体。转变一直以来学生只能被动接受评价的传统观念，动员学生以主体身份参与课程评价，接受自我评价和同学互评。从小学阶段简单的行为规范自评，到中学阶段的思想道德认知，再到大学阶段对理想信念践行的反思，循序渐进地引导学生成为思政课评价的真正参与者。最后，建立"教育监管部门＋学校＋社会＋家庭"的合作评价机制。将评价视域从课堂延展到学校、社会与家庭，将思政课的评价对象从单纯评价学生学业情况扩展为面向教育要素、教育过程、教育效果评价的多向度融合。以"四结合"的横向评价体系网贯通大中小学纵向学段的一体化教学，不仅充分整合了学校、家庭与社会的德育资源，形成强有力的教育合力，而且能够将思政课评价真正扎根社会、融入生活，引导学生得到更加长远而有效的持续发展。

传统的思政课评价中，在中小学以分数给学生贴标签，以升学率作为课程评价的功利性标准，在大学以奖项等给毕业生思想品德划分等级的现象屡见不鲜。其中，仍有人秉持以分数为中心，简单地将知识性考核作为学生的学业评价标准，用测量学习成效的"分数"表征以偏概全，偏离了思政课教学的价值初衷。

大中小学思政课一体化评价的核心任务是解决评什么、怎么评的问题。打破"唯分数""唯升学"的惯性壁垒，要破的是"唯"，而不是将知识、分数这一评价标准完全废止。因此，在评价内容层面要进行考量，立足"人"的发展，构建以促进学生发展为目标的发展性评价指标。在遵循思想政治教育工作的内在规律与学生认知能力发展规律的前提下，按照教育要素的有效性、教育过程的有效性和教育结果的有效性三个重要尺度构建发展性评价指标体系。[7] 具体而言，教育要素一体化评价主要是在思政课开展之前评判各教育要素的设置是否科学、合理、可行；教育过程一体化评价主要是在思政课开展过程中对"教师教学过程"与"学生学习过程"进行动态、实时的系统评估；教育效果一体化评价主要是评价大中小学生通过接受各学段的思政课教育后，在知识掌握、素质提高、能力提升等方面达到社会要求和个人需求的程度。

打破大中小学思政课评价考核的模式化、形式化趋向，建立多向度、综合性的评价路径，是提升大中小学思政课整体育人效益的关键环节。要尽可能从多层面、多角度采取多种方法对思政课一体化建设展开有效评价。首先，坚持定量评价与定性评价相结合，从

"量与质"双维把握一体化建设的实效性。其次,坚持动态评价与静态评价相结合,既从一体贯通的动态视角把握运行状况,也要考察特定阶段下的相对稳定性,把握各学段相对静态的建设质量。最后,坚持线上评价与线下评价相结合。创新评价工具,既保留传统线下评价的过程优势,又充分挖掘数字化、网络化、人工智能等现代技术与各学段教育评价的深度融合,在混合式教学改革中做到线上与线下的双维反馈,打造大中小学一体贯通的评价生态。

总而言之,要坚持以思政课教学改革为任务驱动,全面推动大中小学思政课一体化建设走深走实,形成组织架构合理、高效常态运转的完善机制。党的二十大对新形势下落实立德树人根本任务、思想政治教育一体化建设提出了新要求,对新时代背景下思政课落实育人目标、改进育人方式、提升育人效果指明了新方向,通过对高校思政教育创新的三个维度,从教学机制一体化、师资培训一体化以及教学评价一体化等方面进行研究,以期为持续做好大中小学思政课一体化建设、继续拓宽高校思政课改革创新思路、不断提升思政课育人水平提供思路与参考。

参考文献

[1] 习近平. 思政课是落实立德树人根本任务的关键课程 [J]. 奋斗, 2020 (17): 4-16.

[2] 沈壮海. 学习习近平总书记关于思想政治理论课建设的重要论述 [J]. 马克思主义研究, 2022 (6): 1-8, 155.

[3] 蒋旭东. 思政课内涵式发展与系统性布局论析——以大中小学一体化视域下思政课教学质量提升为视角 [J]. 学术论坛. 2020, 43 (6): 112-119.

[4] 沈壮海, 刘灿. 论新时代思想政治教育的高质量发展 [J]. 思想理论教育, 2021 (3): 4-10.

[5] 王玉国. 大中小课程一体化背景下课堂教学变革 [J]. 大学(研究版), 2019 (1): 45-49.

[6] 习近平. 论党的宣传思想工作 [M]. 北京: 中央文献出版社, 2020.

[7] 张耀灿, 等. 高校思想政治理论课教育教学质量监测体系研究 [M]. 北京: 经济科学出版社, 2014.

课程思政建设的"痛点"分析和对策研究

王 东[①]

(武汉华夏理工学院 马克思主义学院,湖北 武汉 430223)

摘 要

本文紧扣课程思政的基本内涵,从认识、制度、定位和方法四方面对当前课程思政建设存在的"痛点"进行深入分析,剖析不同"痛点"产生的内在根源。并以此为依据,提出通过强化专业课教师思政、校际交流和课程思政实践、校内学科交叉融合以及纠正对课程思政教条化的认识的方式,以消除课程思政"痛点"产生的源头为突破口,全面提升课程思政的实效性,以适应新时代高校"为党育人、为国育才"的要求。

关键词

课程思政;痛点;对策

1 课程思政的内涵及目的

1.1 课程思政的内涵

提升课程思政的效果,首先要解决课程思政建设的"痛点"。要解决课程思政的"痛点",则要先回答什么是课程思政这个最基础的问题。从目前的文献检索来看,对于课程思政的内涵基本形成了以下共识。第一,课程思政的研究对象是非思政课程。"课程思政是指学校利用所有非思政课程开展思政教育的一个体系。"[1] 第二,课程思政是"三全育人"理念在教学中的体现。课程思政实质上就是在高校专业课程建设中,以习近平新时代中国特色社会主义思想和社会主义核心价值观为指导,全过程地贯彻"立德树人",培养社会主义建设者和接班人的理念。[2] 由此,可以给课程思政做一个清晰的概念界定:课程思政是指将思想政治教育融入到专业课程教学中,通过挖掘课程中所蕴含的思想政治教育元素,将思想引导、价值塑造与知识传授、能力培养有机结合起来,实现全课程、全方位育人的一种教育理念和教育模式。

[①] 作者简介:王东(1976—),男,硕士,副教授,研究方向:思想政治教育。

1.2 课程思政的目的

课程思政的目的是发掘专业课程的育人功效，使专业课程和思政课程同向同行，形成育人合力，提升育人实效，满足新时代高校"为党育人、为国育才"的要求。"全面推进课程思政建设，就是要寓价值观引导于知识传授和能力培养之中，帮助学生塑造正确的世界观、人生观、价值观，这是人才培养的应有之义，更是必备内容。"[3]

具体来讲，课程思政的目的体现在三个方面。第一，发挥专业课程协同育人的功效。在大学阶段，学生接触最多的是专业课程和专业课教师，根据当前高校课程设置情况来看，专业课程的时间占比达到90%以上，而思政课程占比不到10%，所以，应通过发掘专业课程的育人功效，使思政课程和专业课程在育人方面共同发力，提升高校育人的效果。第二，满足新时代人才培养质量的需要。随着民族复兴进程的加快，我国对于人才培养质量的要求也在不断提升，传统的重专业素养轻政治素养的人才培养标准已经越来越不适应时代的需求。尤其是全球竞争加剧，对人才的争夺更是日趋激烈，要正确回答"为谁培养人、培养什么人、怎样培养人"这三个时代之问，课程思政是必然的选择。第三，提升专业课教学质量。传统的专业课教学往往只注重本专业知识体系的传授，而忽视不同专业课程之间的内在关联，通过课程思政建设可以促进不同学科，尤其是理工科和文科之间的交叉融合，使学生在学习专业知识的同时，提升思辨能力、创新精神和人文素养，从而提升学生的综合素养。

2 课程思政建设的"痛点"

课程思政虽然具有非常重要的意义，但在实践过程中，存在着一些"痛点"。"课程思政是新出现的理念，发展还处于起步阶段，因而课程思政建设还面临着诸多问题。"[4]

2.1 对课程思政的重要性认识不足

认识是行动的先导。人的实践活动是意识指导下的活动，实践的主动性取决于认识的充分性。当对某一实践行为的重要性有充分的认识，则行为本身就具有很强的主动性。当对某一实践行为的重要性缺乏充分的认识，行为的主动性必然减弱，甚至变成被动的行为。

对课程思政的重要性认识不足成为制约课程思政建设的因素之一。虽然当前对课程思政重要性的论述有很多，为了课程思政的全面推进也下发了很多重要文件，但从实际情况来看，仍然有很多教师对课程思政的重要性认识不足，重专业教学轻思政教育的传统思想根深蒂固，在课程思政建设上缺乏主动性，缺乏迎难而上的精神，很多专业课教师在课程思政建设上甚至采取敷衍塞责的态度。"在实际的教育教学中，一些专业课教师存在模糊或者错误的认识，尚未形成育德与育才并重的思想意识，认为大学生思想政治教育是思想政治理论课教师和辅导员的分内之事，专业课教师只负责对学生进行专业知识的传授和专业能力的训练。"[5]

2.2 对课程思政建设缺乏系统科学的顶层设计

很多高校在课程思政建设上下发了很多文件，制定了很多措施，但实际上对于如何推进课程思政建设并没有清晰的思路和具体的方法，课程思政建设口号喊得很响，活动搞得很多，但大都是表面文章，切实有效的举措并不多。课程思政是一个全局性的工程，依靠个别专业个别教师的单打独斗是很难取得实质性突破的。比如课程思政教学团队的组建、专业课教师和思政课教师的联动机制、课程思政资源库的创建、专业教师思政融入能力的培训，以及课程思政的评价机制，所有这些都不是某一个或几个教师能够完成的，都需要从学校层面进行宏观设计和指导，缺乏学校层面系统性的指导，课程思政建设必然是一盘散沙，难以形成育人的合力，更难以达到育人的实效。

2.3 对课程思政在教学中的定位不准

很多专业课教师一看到思政就想到思政课程，因此想当然地把课程思政等同于思政课程，结果就是为了思政而思政，把专业课堂变成了思政课堂。在专业课堂上不是把专业知识的传授作为主要任务，而是把思政课的教学内容作为讲授的重点，张口理想信念，闭口家国情怀。这种脱离专业课程特点的思政教育不但难以真正实现课程思政的目的，反正容易让学生出现审美疲劳，引起学生对于课程思政的反感。

2.4 对课程思政特点的把握存在偏差

课程思政虽然要求专业课程与思政课程同向同行，共同发挥育人功效，达到协同育人的目的。但课程思政的方法同思政课程的方法还是有很大区别的。思政课程作为高校育人的主渠道和主阵地，在教育方法上强调的是以灌输为主，更加侧重于显性教育，理论要阐述清楚，政策要解释明白，价值引导上要求旗帜鲜明、大张旗鼓。课程思政则强调润物无声、潜移默化，侧重于隐性教育，让学生在不知不觉中接受思想教育和价值引导。从专业课程自身挖掘思政元素，并将其融入到专业课程的教学过程之中，这是课程思政的特点。但是，对于很多专业课教师而言，专业课堂的思政元素在哪里，如何将思政元素融入到专业课程的教学之中，融入和嵌入的表现形式有什么不同，这几个关键性问题一直没有得到很好的解决，生搬硬套思政元素，把课程和思政变成毫无关联的"两张皮"，仍然屡见不鲜。"一些课程教学中还存在着简单植入、生硬嵌套、流于形式等现象。"[6]

3 课程思政"痛点"产生的根源

提升课程思政建设的实效性需要找准当前课程思政建设的"痛点"，但仅仅找到了课程思政建设的"痛点"还不够，还需要对这些"痛点"产生的根源做深入的把握。

3.1 专业课教师思政素养欠缺

课程思政的概念从 2014 年提出至今已有约 10 年,为深入推进课程思政建设,国家先后发布了《高等学校课程思政建设指导纲要》《教育部高等教育司关于深入推进课程思政建设的通知》等一系列相关文件,对课程思政的重要意义、实施要求、适用范围均做了详细的阐述。但是,为什么至今仍有一些教师对于课程思政的重要性认识不足?原因不外乎以下几个方面。首先是缺乏危机意识。一些教师居安而忘危,意识不到人才竞争在大国竞争中的重要性,意识不到对青年理想信念和价值培育的好坏关系到中国特色社会主义建设事业的成败。对伟大事业必须要经历伟大斗争这一重要结论缺乏清醒的认识。其次是责任意识和使命意识不强。一些教师没有认识到其所担负的培养社会主义合格建设者和接班人的使命,没有把教育工作作为一项事业去追求,只是把教育工作当作一项工作,把教学当作一个任务,只考虑完成自己所承担的专业课教学,而不愿意去关注学生思政方面的问题。第三是受思维定式的束缚。一些教师认为专业课教师的任务就是传授专业知识,思政教育是思政课教师的工作,不愿意花时间和精力去学习和研究。

3.2 课程思政建设实践经验较少

从学校层面来讲,虽然对于课程思政的重要性和必要性有清醒的认识,但顶层设计跟不上,尤其缺乏与之相关的配套制度。虽然有关于推进课程思政的相关文件和制度,但制度缺乏可操作性,指导性和考核性不强,导致课程思政的合力难以形成,课程思政的效果难以体现。之所以会出现这种情况,首要原因还是缺乏实践。理论来源于实践,实践需要正确的理论指导。课程思政虽然提出的时间比较早,但在全国各高校推开是比较晚的,总体上看还是新生事物。既然是新生事物,就需要一个观察、研究、探索其发展规律的过程。规律往往深藏于事物的内部,规律的显露也需要一个过程,所以发现并掌握规律并非一朝一夕的事情。缺乏课程思政实践,经验总结就缺乏必备的要素材料,制度建设就缺乏依据和参考,由此导致配套制度缺乏,课程思政缺乏方向性指引。次要原因是缺乏校际交流的机制和平台。虽然有很多高校在课程思政建设上取得了一定的成绩,积累了较为丰富的经验,但由于高校之间缺乏交流机制和平台,这些经验难以共享。当然高校之间办学条件的差异也是制度建设参差不齐的重要原因之一。

3.3 课程思政建设存在功利性倾向

课程思政定位不准,把课程思政等同于思政课程,把专业课上成了思政课,这是当前很多高校普遍存在的课程思政建设的"痛点"。导致这个"痛点"出现的原因有学校层面的,也有教师层面的。从学校层面看,相关培训学习组织得少,对于课程思政的文件解读不透彻,执行文件精神过急过粗,重形式不重效果,重结果不重过程,在对课程思政的深刻内涵没有深刻全面的把握之前以下任务、提要求的方式仓促推行,这是导致课程思政"跑偏"的重要原因。从教师层面看,主要还是惰性思维作祟的结果。对课程思政的文件精神缺乏学习的主动性，认识只是停留在事物的表面，没有深入到事物的内部，没有深入思考思政课程和专业课程之间的内在联系与差异。在课程思政上有形式主义的倾向，有完成任务的想法，有应付检查的动机，缺乏学术研究应该具备的攻坚克难的精神。在教学过程中体现出来就是思政理论的简单堆砌，而不是深度融合。

3.4 专业课程与思政课程之间的关联性不强

一些教师不知道如何挖掘专业课程中的思政元素，更不知道如何将思政元素正确融入到专业课程教学过程之中。笔者在课程思政调研中发现，对于文科类专业教师来讲，课程思政元素的挖掘相对比较容易，或多或少总能找到几个思政元素点，主要的困难是找不到课程思政融入的正确方法。而对于理工类专业教师来讲，课程思政元素的挖掘已经是一件非常困难的事情，更不用说融入方法的问题。专业课教师是课程思政的主体因素，而课程思政元素的挖掘又是课程思政的第一环节，如果主体因素问题解决不了，第一环节的障碍突破不了，课程思政元素的融入自然没有办法开展。所以分析造成这一"痛点"的原因就具有非常具体而现实的意义。

首先，分析课程思政元素挖掘困难的原因。课程思政有专业性要求，需要具备一定的思政素养。受文理科分科的影响，对于理工类专业的教师来讲，从高中分科开始就基本把主要精力用在理工科知识的讲授上面，很少有精力和兴趣关注文科类尤其是思政专业知识的学习，所以思政思维能力相对缺乏，这是导致从专业课中挖掘思政元素困难的第一个原因。从本质上看，课程思政同思政课程具有较高的相关性，因此课程思政需要思政课教师的深入参与与指导。但由于缺乏思政课教师和专业教师的协作交流机制，思政课教师很难在课程思政方面发挥实际作用，不能就某一专业课程的思政元素的挖掘给予具体可行的指导，这是思政元素挖掘困难的第二个原因。教条化地理解课程思政元素是思政元素挖掘困难的第三个原因。很多专业课教师一看到思政元素，就觉得必须要"高大上"，非家国情怀、民族复兴、理想信念就不能称为思政元素，而理工类学科专业性很强。有其学科的内在规律性，整个知识体系同家国情怀、民族复兴、理想信念这些思政元素缺少直接联系。在这种教条化的思维主导下，课程思政的结果必须会出现两种趋势：要么专业课教学过程中毫无课程思政的特点，要么专业课教学变成了思政课教学，完全脱离了专业课教学本身，而演变为对思政理论的生拉硬扯、生搬硬套。

其次，分析课程思政元素融入困难的原因。之所以一些专业课教师在如何将课程思政元素融入专业课教学过程上存在困惑，原因有三。第一，没有立足于专业课本身挖掘课程思政元素，或者说课程思政元素同专业课知识没有内在相关性，完全是"两张皮"，二者之间没有相通之处，自然也难以相融。第二，缺乏对于课程思政应遵循的原则的正确认识，对于"融入"的"融"字没有悟透，结果是背离了专业课自身的教学规律。第三，对课程思政在认识上犯了教条主义错误，错误地认为要思政就要有理论，无理论不思政，最后是难了自己苦了学生。

4 解决课程思政"痛点"的策略

通过以上分析,在找准了课程思政的"痛点"并对这些"痛点"产生的原因进行深入剖析之后,接下来就要针对这些"痛点"以及成因来探讨解决这些"痛点"的有效策略。

4.1 加强专业课教师的思政素养教育

解决教育主体对课程思政重要性认识不足的问题是解决课程思政"痛点"的关键一步。物质决定意识,一切认识都是客观世界在人脑中的反映,一切认识的改变都以客观世界的改变为基础。认识上的问题不仅要从认识领域寻找解决办法,而且应该从实践中找答案。改变专业课教师对课程思政重要性认识不足的现状,一要靠教育,二要靠制度。通过课程思政加强对学生思想政治的教育和引导,首先要解决专业课教师的思政问题。各高校要按照"四有好老师"和"六个要"的标准加强对专业课教师的思政教育,通过座谈会、研讨会、报告会等形式在全校范围内大力宣传和倡导教育家精神,鼓励和引导每一位教师把教育当作事业去追求、当作学问去研究,把追求卓越、献身教育、启迪未来作为人生的奋斗目标。以培养一大批政治强、情怀深的专业课教师为突破口,全面提升专业课教师的思政素养。其次要加强制度建设。社会属性是人的本质属性,环境对人的意识的形成具有决定作用。专业课教师思政素养的提升除了教育以外,还需要制度推动,要制定与提升专业课教师思政素养相关的管理制度和考评制度,以制度建设的方式倒逼专业课教师主动提升思政素养。教师思政素养的提升不是一蹴而就的事情,需要久久为功,唯有通过制度建设才能保证教师思政工作的连续性和长效性。

4.2 加快构建课程思政建设的制度体系

加快构建适应课程思政需要的制度体系,发挥学校在课程思政建设上的顶层设计作用,统筹资源、形成合力,是解决课程思政建设"痛点"的必要举措。制度建设的内容要涵盖课程思政建设的方向、课程思政建设的目标、课程思政建设的方案、课程思政建设的考核标准、课程思政的评价标准等多方面的内容。要保证制度建设的科学性,一是要实事求是,从校情出发,制度建设不能脱离学校的实际情况。二是要主动学习交流。他山之石,可以攻玉。要主动向在课程思政建设上做出成绩的院校学习,把好经验、好办法引进来。三是要敢于试错。实践是真理性认识的来源。要放手发动专业课教师进行课程思政实践,在实践中发现问题、总结经验,形成正确的认识和制度。四是要随时纠偏。实践是检验真理的唯一标准。制度是否科学的关键是看制度能否经得起实践的检验,在实践中被证明为科学的制度就要坚持下去,被证明为不科学的制度就马上纠正,最终形成科学的制度体系。

4.3 推进学科之间的交叉融合

推进不同学科，尤其是思政课程同专业课程的深度交叉融合，是解决课程思政定位不准这一"痛点"的有效途径。什么是课程思政？怎样实施课程思政？这是两个非常重要的问题，对这两个问题的科学回答需要具备较为深厚的思政专业素养，这恰恰是专业课教师的短板，却是思政课教师的长项。设置课程思政的专门机构，搭建学术交流的平台，组建学科交叉的教学团队，形成学术交流的长效机制，以集体备课、相互听课、定期磨课、专题评课的方式让专业课教师同思政课教师经常性地进行教学方面的交流和思想上的碰撞。一方面让思政课教师深入了解专业课教师在课程思政上的困惑点，以便提供精准的指导；另一方面让专业课教师对思政和课程思政的认识从抽象到具体，从浅表性认识到深层次认识，最终形成对课程思政定位的精准理解和把握。

4.4 以"六度"原则提升课程思政能力

课程思政元素的挖掘以及课程思政元素融入专业教学过程，是课程思政的最后一个"痛点"。解决这一"痛点"的核心是纠正对课程思政教条主义的错误认识。专业课程不同，知识体系不同，教学内容不同，教学方法各异，因此无论是在课程思政元素的挖掘还是课程思政元素的融入上并不存在普遍适用的具体方法，要因课而异、因课而变、因课而用，要在"活学活用"上下功夫。而"活"的关键主要依靠课程思政的主体——专业课教师。专业课教师要提升课程思政能力，就需要把握课程思政的"六度"。

第一，高度。专业课教师要有政治站位，要时刻清醒地认识到教师所肩负的职责和使命，时刻要有"为党育人，为国育才"的政治清醒，时刻提醒自己站在课堂上的一言一行都是思政、都在育人，所以对言行举止要格外注意，要能够对学生起到表率作用。

第二，态度。在涉及热点、焦点问题时要有明确的态度，要有正确的是非观，不能率性而为，所做的结论、所下的评判不能同国家的政策和立场相背离，专业课中对学生的价值观引导要同思政课价值观引导同向同行。

第三，广度。要能够跳出本专业的束缚，要涉猎广泛、触类旁通。厚积才能薄发，课程思政追求的是润物无声、育人无形，讲究的是信手拈来、有感而发，没有大量的知识积累是很难做到的。

第四，深度。课程思政要有学理性，思政元素要同专业课有一定的契合度，是在专业知识的讲解中引入的，同样要立足于专业本身去分析和阐述。这就要求专业课教师要善于观察、善于思考，要探寻思政元素同专业知识的内在联系，所做的结论要有逻辑上的自洽性，要体现出政治性和学理性的统一。离开专业课知识体系而实施课程思政就是说教，没有专业知识体系支撑的课程思政是没有生命和灵魂的，更是难以服众的。

第五，热度。课程思政元素一定要有热度，要体现出对热点问题和焦点问题的回应和思考。现在的学生获得信息的渠道非常多，一方面特别关注社会的热点和焦点问题，另一方面又缺乏正确的判断能力，容易被误导。教师与学生的关注点同频共振，既可以吸引学生的兴趣，又能够及时给予学生正确价值观的引导，这样的课程思政效果会更好。

第六,温度。课程思政既要体现出对学生思想的引导和价值观的塑造,同时要能够解决学生的实际问题。所以不能泛泛而谈,要接地气,课程思政元素的挖掘要同学生的学习生活息息相关。人只对自己的实践对象有认识的动机。脱离学生的认知规律、超越学生认知能力的思政元素是难以吸引学生的兴趣的,更是难以引起学生情感上的共鸣的。

总之,落实课程思政的实效,要对课程思政有一个科学全面的认识,同时要对课程思政在实施过程中遇到的问题有整体系统的分析和把握,针对问题,精准施策,用制度建设促进认识提升。在整合资源的同时,加大对科研的投入力度和对专业人才的培养力度,这样才能真正发挥课程思政协同育人的作用,培养出适应时代要求的、德才兼备的合格社会主义建设者和接班人。

参考文献

[1] 谭泽媛. 课程思政的内涵探析与机制构建 [J]. 教育与职业, 2020 (22): 89-94.

[2] 许小军. 高校课程思政的内涵与元素探讨 [J]. 江苏高教, 2021 (3): 101-104.

[3] 王淑荣, 董翠翠. "课程思政"中专业课教师政治素养的四重维度 [J]. 河南师范大学学报(哲学社会科学版), 2022, 49 (2): 129-137.

[4] 崔正贤, 马万利. 新时代课程思政建设的功能效用、问题症结与着力方向研究 [J]. 中国电化教育, 2022 (11): 82-89.

[5] 陈淑丽. 协同育人视域下高校课程思政建设的现实困境与应对机制 [J]. 教学与研究, 2021 (3): 89-95.

[6] 李爽. 高校课程思政建设中存在的主要问题及应对策略研究 [J]. 东北师大学报(哲学社会科学版), 2021 (5): 137-144.

智慧学习环境中外语教师创新教学策略探究[①]

江 倩[②]

(武汉华夏理工学院 外国语学院,湖北 武汉 430223)

摘 要

教育信息化为外语教学提供了创新点。智慧学习环境中的外语教学具有无可比拟的优势,但在实际教学中还存在一些问题,比如智慧资源有限、应用层级不高、与外语教学融合不足等。本文通过研究智慧学习环境中外语教学的特点,提出创新教学策略,包括:基于智慧环境重塑教师认知,基于个体差异实施精准教学,基于人本思想提供有温度的课堂,基于网络学情特点创造有乐趣的课堂。为智慧学习环境中的外语教师教学创新提供参考,助力提升外语教学效果和质量。

关键词

智慧学习;外语教师;教学创新

引言

《教育信息化2.0行动计划》指出,构建"互联网+"条件下的人才培养新模式、发展基于互联网的教育服务新模式、探索信息时代教育治理新模式。[1]《中国教育现代化2035》明确提出,利用现代技术加快推动人才培养模式改革,实现规模化教育与个性化培养的有机结合。[2] 教育信息化的发展需求,促进了信息技术与教育教学深度融合,由人工智能、大数据、"互联网+"、虚拟仿真等技术构建的智慧学习环境,给学生提供了深度、个性和高效的学习平台,也给教师提供了更优质丰富的教学资源和手段。

新的时代背景下,强化信息技术与外语教学的深度融合,推进外语教学的创新发展,显得尤为重要。智慧学习的终极目标是促进学习者的智慧发展,通过对学科知识的学习,培养学科关键能力。外语教学需要培养学生具备包括语言能力、文化意识、思维品质和学习能力在内的关键能力。智慧学习环境以其先进的技术优势,对于实现外语人才培养目标,优化外语教学效果,意义重大。与此同时,教学环境从传统到智慧的改变,给外语教

---

① 基金项目:湖北省教育科学规划课题(名称:智慧学习环境中外语教学模式构建与应用研究。编号:11150)。
② 作者简介:江倩(1981—),女,硕士,副教授,研究方向:英语翻译,商务英语。

师带来了不小的挑战,如何更好地驾驭信息技术加持下的外语教学,是每位外语教师都要积极思考的课题。智慧学习环境中的外语教师要紧跟时代潮流,积极探索智慧学习环境中的创新教学策略,优化外语教学效果。本研究围绕以学生为主体的中心地位,从以下四个方面对智慧学习环境中外语教师的教学创新进行探索,基于智慧环境重塑教师认知,基于个体差异实施精准教学,基于人本思想提供有温度的课堂,基于网络学情特点创造有乐趣的课堂。

1 智慧学习环境中外语教学的特点

智慧学习的核心在于充分利用信息技术,构建智慧学习环境,帮助学生选择适合的学习内容与方式,获得最有效的指导和帮助。外语教学具有人文性和应用性,需要培养学生具备扎实的外语知识、开阔的国际视野、良好的对外交流能力和正确的价值观。智慧学习和外语教学相结合,其优势影响了教学全过程,在教师、学生和教学内容这三个方面具有突出特点。

1.1 外语教师的"三高":高级、高效和高阶

智慧学习环境为外语教师提供了高级的教学工具和环境,强大的技术支持使教学工作更高效。以口语课为例,智能口语实训平台提供按照主题分类的大量优质口语练习素材,包括文字、影音、课件、习题库、录音软件等在内的丰富的教学资源极大缩短了教师备课、讲授、批改作业和收集反馈信息的时间。教师根据学生在线测评结果选择难度适当的口语任务,指导学生开展口语自主练习,同时在后台监控学习过程,及时发现薄弱点,调整授课内容。智能化的人机互动,能模拟交际情境;高精度的语音测评系统,能清晰诊断学生发音问题。语言训练软件在智能硬件加持下让外语教学更高效。

以北京外国语大学建立的"全球语言文化VR实验室"为例,学生佩戴VR眼镜即可置身于形态多变的虚拟化场景,或面对不同生活情境开展沉浸式演讲,或置身英语演讲大赛面对台下观众侃侃而谈。语音识别系统实时对学生的语音、语调、语流等进行评估。智慧学习环境也对外语教师提出了高阶要求,除了语言教学能力,教师还要具备高阶信息技术水平,建立高阶信息化外语教学理念。

1.2 外语学生的"三化":灵活化、个性化、自主化

在智慧学习环境中,学生能更灵活地开展学习,不再受到时间和空间的严格约束;可根据自身的认知习惯、兴趣爱好、客观条件等完成个性化学习;灵活、个性化的学习模式提高了学生的学习热情,自主学习程度随之提高。以翻译课为例,教师采用线上线下相结合的混合式教学模式。学生线上完成相应任务点,包括观看教学短视频、阅读翻译赏析资料、完成知识点小测验、开展小组翻译活动等,在相对自由的时间和空间里完成学习任务。线下课堂中,学生在教师指导下完成翻译重难点挖掘、碎片知识系统化处理、答疑解惑以及课堂互动。在智慧教室开展的翻译课程,尤其强化了小组展示和互动功能,让学习

过程更具挑战性和趣味性，学生参与度更高。研究表明，智慧教室创建的学习环境能够有效提高师生互动水平，促进学生学习兴趣、学习动机、参与度以及成效的提升。[3] 笔者讲授的"笔译工作坊"课程充分利用智慧学习环境，针对商务英语专业三年级两个班开展智慧教学，学期末后台数据显示商务英语1201班和1202班学生在线上教学平台发帖总次数达1753次，其中教师发帖次数925次，参与互动人数100%，足以看出智慧学习环境下学生对这门课投入了巨大的热情，具有较高的认可度。

以西安外国语大学的混合课程建设为例，学校高度重视混合情境下的外语教学，举办了相关主题国际研讨会，混合式教学改革成果斐然，利用信息技术打造了一批具有创新性、高阶性、挑战性的优质外语课程，包括校内线上线下混合式"一流课程（金课）"、国家级一流本科课程、多语种微课等，灵活、个性化、自主化的学习模式显著提升了外语教学效果。

1.3　教学内容的"三性"：及时性、精准性、趣味性

智慧学习环境中海量的学习资源和大数据提供的实时学情，有助于实现教学内容的及时更新和精准投放。外语教学要突出语言的交际功能、虚实融合的语言情境、生动有趣的网络短视频、高精度的人机交互等极大增加了教学内容的趣味性。以写作课为例，为服务学生考级需求，智慧教学平台能及时更新近几年的外语考级写作真题库，方便学生练习；平台自带的批阅工具可完成高精度评价，后台数据帮助教师选择并调整写作任务板块及其难度。以高校Unipus智能写作中心环境下的真实写作课堂为例，教师通过小组在线投票了解学生对于议论文写作步骤的理解程度，智慧云盒将学生语音表述实时转为文字呈现在教师主屏幕上，系统调取学生在线完成的习作范文，教师及时进行讲解点评，机器评阅自动反馈语言错误，在线完成师生、生生互评。在智能写作中心语音转写、智慧屏幕等技术的加持下，整堂写作课行云流水，实现了数字技术对写作课堂智慧教学的高效赋能。

笔者向所在高校英语专业学生发起了"智慧学习环境中外语学习体验"的调查问卷，量表显示64.29%的受访学生认为在智慧学习环境中获得了美好的外语学习体验，79.59%的受访学生对智慧教室的整体环境给予了积极评价，85.71%的受访学生对教师授课情况给予了积极评价。学生反馈智慧学习环境的突出优势，如图1所示；学生反馈学习变化，如图2所示。调查数据表明，智慧学习环境中外语教学具备的"三高"、"三化"和"三性"特点，对外语学习助力良多。

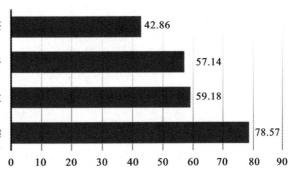

图1　学生反馈智慧学习环境的突出优势（单位:%）

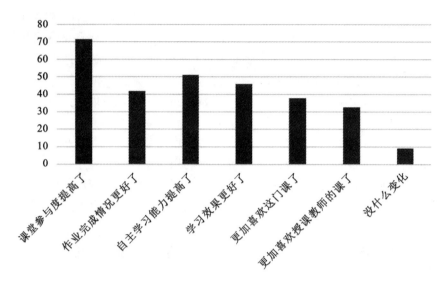

图 2　学生反馈学习变化（单位:%）

2　智慧学习环境中外语教师的困境

智慧学习环境给外语教学带来了较大的便利，丰富的技术支持使外语教师可以选择更加灵活多样的教学方式，构建更加全面客观的评价模式，实现更具效能和创意的教学设计。然而在智慧学习环境提供的较大红利之下，鲜有人关注外语教师面临的困境。

其一，教学惯性使外语教师对于信息技术的应用仍浮于表面，与外语教学深度融合不足。对于传统教学得心应手，即使固守传统模式，教学过程也能顺利开展，获得学校和学生的认可，这使教师容易自我满足、故步自封，与教育信息化的发展需求背道而驰。较为常见的做法是，教师按照原来习惯的教学思路，只是在智慧学习环境中挑选合适的教学资源或者技术手段，用于备课时制作课件、授课中的展示和互动、在线考试或者评价环节等，信息技术与外语教学深度融合不足，尚未形成系统的智慧教学理念，即从教学顶层设计开始，把信息技术融入到外语教学的流程和结构中，创新教学方法，帮助学生全程开展智慧外语学习。这种情况下，智慧环境建设更像是门面工程，不能真正提高外语教学质量。

其二，信息化教学难度较大使外语教师畏惧不前，应用层级不高。教育信息化2.0时代智慧学习的创新应用，包括认知计算与个性化学习、富媒体内容、虚拟现实与沉浸式学习、全通道学习内容配送、智慧教室、学习数据与学习分析、感知技术与实时数据源等。[4] 这意味着，多为文科背景的外语教师要适应智慧学习环境，必须具备较高的信息化水平，要向数据分析师、活动组织者和资源制作者等新角色转变。在教学和科研的双重压力之下，外语教师还要积极提升这些较为复杂的数字能力，困难较大。比较常见的情况是，外语教师能熟练掌握常用的信息技术工具，比如制作微课、线上答疑、学生管理、云平台测试等，还无法应对数据挖掘和分析或者虚拟现实技术等这类更深层次的信息技术应用层级。

其三，有限的智慧资源使外语教师兴趣索然。智慧环境涉及的先进技术，包括人工智能技术，大数据，互联网＋，虚拟仿真技术等，能真正运用到实际教学中的还比较有限，因为引入这些技术需要大量人力、物力的投入。各大高校顺应教育部要求开展了智慧环境建设，但大多数仅限于建设部分智慧教室，数量有限的智慧教室无法满足众多外语课程的教学需求。购买开发水平较高的智慧教学平台等软硬件设施，价格不菲，能像北京外国语大学那样建设 VR 实验室的学校更是寥寥无几。这种情况下，有限的智慧教学资源让外语教师在创新课程建设上束手束脚，容易失去探索兴趣。

3 外语教师创新教学策略探究

外语教学与信息技术的深入融合，势在必行。教师是教学活动的主体，在教学活动中起着非常重要的作用，教师主动进行教学创新策略的探究，直接关系着学生的培养质量、教育的根本。本研究将从教师认知、个体差异、人本思想以及网络学情这四个方面着手进行探究。

3.1 基于智慧环境，重塑教师认知

教师是教育工作的中坚力量，有高质量的教师才能有高质量的教育。"教师认知"是教师教育研究的一个重要领域，Borg 和 Burns 将其定义为"教师基于教与学所形成的一系列的信念、知识、感知、概念和理解等"。兰德智库的一份报告曾指出，"学生的学业表现虽受到其个性、家庭以及地区差异的影响，但与学校相关的诸多因素中，教师对于学生的影响最为关键。"[5] 教师认知与其教学决策息息相关，对促成学生成功具有重大意义。

3.1.1 升级对于技术的认知

智慧学习环境中，信息技术强势介入，它强大的客体优势得到外语教师的普遍认可。外语教师多为文科背景，对于丰富的信息技术知识不够敏感，实现从不会到会的过程是 0 到 1 的跨越。目前外语教师对于智慧技术的认知大多仍停留在工具层面，多用于展示授课内容或者丰富互动环节。随着操作熟练度的提高，技术带来的壁垒和隔阂逐渐减少，技术的工具属性得到进一步发挥。但是智慧学习环境下的教学，创新是核心特点，外语教师必须进一步升级对技术的认知层次。除了充当工具，信息技术应该与教师的教学理念和教学行为融为一体，成为教学顶层设计的一部分，其在外语教学中的应用才能变得更加稳定并且具有可持续性，最终能自然而然地应用于教学活动中。教师和技术达到"人-技-身"合一的境界，技术真正成为教师身体的一部分延伸，这是智能时代"人-技-身"的理想状态，也是未来人工智能辅助教学的应有之义。[6]

3.1.2 调整对于自我的认知

智慧学习环境中，外语教师不再是传统意义上语言知识的传授者。信息技术深度融入外语教学，对教师能力提出更高要求，师生边界变得模糊，教师的角色和功能发生较大转变。有学者提出，在信息化教学环境中，教师承担监督、激励、语言指导和社会支持四重

角色。Godwin-Jones 认为,教师应当成为训练有素的编码员、研究者和全球化公民,这三种角色相互关联。[7] 智慧环境中,外语教师需要重塑教师认知,转变教学观念,提升教学水平,克服畏难心理,思考自己是否具备信息化教学能力,如何提高智慧教育环境下的数字胜任力。根据张屹等人的研究数据,教师的信息技术能力与学生行为投入呈正相关,也就是说,教师熟练操作与应用技术工具,积极利用技术手段创新教学方式,能够显著提升学生课堂投入度,对学生的学习效果有直接影响。[8]

3.2 基于个体差异,实施精准教学

"精准教学"最早由美国学者奥格登·林德斯利提出,其核心理念是尊重学习者个体差异,促进学习者的个体价值实现。智慧学习环境中的外语教学,应广泛采集教与学活动过程与结果数据,基于这些数据深度挖掘学情与分析需求,靶向指导外语教师精准地"教"和引导学生高效地"学"。

3.2.1 精准教学的实施条件

外语教师需要充分考量学生在语言基础、认知水平、兴趣经验、生活习惯和成长环境等多个方面的差异,为开展精准教学提供可能。智慧学习环境为教师的考量方式提供更多可能,尤其是可靠的数据支持。为外语学习者专门设计的教学平台,覆盖听、说、读、写、译五大语言能力,慕课、翻转、混合式等教学模式在智慧环境中有效实施,学生的移动学习终端与智慧环境形成对接,记录过程性数据,智慧平台对数据进行储存、管理和分析,为教师提供即时的学习分析和教学干预。比如,测试、讨论、小组任务、投票、问卷等智慧工具,可以提供准确的数据反映学生在语言点、文化背景、习得效果、教师评价等方面的情况。根据这些反馈,教师可以及时调整教学设计和内容,进行教学反思,还可以在智慧平台的帮助下匹配到最佳学习搭档。

3.2.2 精准教学的实施路径

按照外语人才培养目标确立知识体系,理清其中关联,设计不同层次的课程目标以及与之相匹配的课程难度,满足不同认知水平和语言基础学生的发展需求。智慧学习环境下的外语教学要做到精准教学,可以按照以下四个方面路径。第一,智能系统采集学生数据,涉及学习前状态(主要包括语言基础和认知水平)、学习中状态(主要包括学习方法和过程状态记录)和学习后状态(主要包括自我认同和学习结果评价);第二,大数据精准分析学生学习情况,进行智能诊断、资源推送、智能辅导,这种人机互动集中于学生和智能设备之间;第三,外语教师根据学情,优化学习过程,在线上线下混合模式下为每位学生提供适合的学习资源,在生生互动中匹配最佳学习伙伴,这种人机互动包括学生与设备之间、教师与设备之间、学生与教师之间、学生设备与教师设备之间;第四,教师与学生共同完成过程反思,根据智慧学习环境中生成的学习过程监测结果和学习结果报告,进行教学复盘,找出优化方案。

3.3 基于人本思想，让教学有温度

智慧学习具有以学习者为中心，以目标、过程和评价为导向的显著特点。[9]

人本主义代表人物罗杰斯作为"学生中心"教学理念的最早倡导者，指出教师应该成为学生学习的促进者，尊重学生、信任学生，对学生产生同情式理解，这样才会取得理想的教育效果。[10] 关怀是一种基本的社会能力，促进人与人之间的交流理解，在教育环境中直接影响教学实施过程、师生行为模式以及结果。教师有责任关怀每一位学生，将学生的学业、情感以及社会需要并列于教学重心，帮助学生建立语言和文化习得的高成就动机。

信息技术与外语教学深度融合，需要在智慧环境中，既能发挥教师的主导作用，又能突出学生的主体地位。外语教师要探索合作探究、积极创新的教学路径，而技术只是手段。在智慧学习环境中，外语教师要充分理解并关心学生，让外语教学有温度，这是语言学习的本质所决定的。语言里有源远流长的文化，有蓬勃生长的文化自信，有绚烂夺目的思维火花，构建了人类共有的精神家园和情感认同。外语教学旨在实现语言的载体功能，实现不同文化背景下人们之间的交流沟通，是一个充满人情味的过程。

3.3.1 帮助学生应对信息时代的文化冲击

当下，面对着真假难辨的海量信息，中西方的价值观冲突、来势汹汹的文化冲击势必会给年轻的外语学习者造成困惑。外语教师要及时介入，多关心学生，及时解决学生的困惑。帮助学生牢固树立外语学习的中国立场，从容面对文化差异，建立对中华民族优秀文化的认同感。通过学习优秀文字作品，自觉建立文化沉淀，加深文化理解，关注并参与文化传播活动，增强为中华民族伟大复兴而努力奋斗的责任感。面对信息时代的文化冲击，外语教学应该充满强烈的爱国情怀。

3.3.2 帮助学生解决碎片化时代的学习弊端

信息发展和经济发展促进全民进入碎片化时代，从时间碎片到知识碎片，不断冲击着人们的精神世界。高效的信息呈现形式带给人们短暂的快感之后，其中的弊端日渐显现。外语学习中的各种微课、短视频教学都是知识碎片化的形式，学生能及时获取知识，但作为外语教师要警惕其中的问题，比如零散的知识容易让学生停留在浅层，流于外在形式，不易形成系统的知识和深刻的见解；更为不利的是，外语学生减少了语言阅读的"慢"积淀，变得越来越浮躁，追求"快"知识，缺乏对一门课程背后的整体逻辑和学术思想的探求。面对这些问题，外语教师要及时干预，帮助学生建立知识的逻辑性和系统性，通过巧妙的课堂设计和师生互动，促成外语高阶思维发展，帮助学生提高批判性思维和创造性思维能力。面对碎片化时代的学习弊端，外语教学应该充满深刻的学术情怀。

3.3.3 帮助学生建立人机互动时代的情感屏障

人工智能（AI）的出现，带来了生产力的较大变革，促进了经济和社会的发展，但是它的出现也预示着"非社会系统"的转变。在频繁的人机互动中，人与人的接触变少了，增加了归属感的需求，容易形成孤独感和焦虑情绪。语言学习最终是要服务人与人之间的交际，以 AI 为代表的人机互动在提高语言习得效果的同时，也在一定程度上剥夺了学生与其他人交流沟通的机会，在与机器的交流中形成不良的情感投射，不利于学生的身心发展。因此，教师在利用这类技术的同时，要更多地关心学生的心理和情感需求，让教学有温度，让师生交流有温情，创造更多师生交流、生生交流的机会，帮助学生在与人的互动中获得幸福感和归属感。面对人机互动时代的情感缺失，外语教学应该充满温暖的人情味。

情感层面的教学创新，将是智慧学习环境中最重要的创新路径。学生的情感状态和学习需求变化将替代知识传授成为学习过程中关注的重点，在智慧学习系统的支持下为教师和学生"提供即时的学习分析和教学干预"[11]。

3.4 基于网络特点，让教学有乐趣

随着网络技术的发展，以及高校网络建设的不断完善，大学生呈现高度依赖网络的特点。外语教师应充分利用这一学情特点，积极开辟教学创新路径，让教学富有乐趣，打造大学生更喜爱的外语课堂。

3.4.1 利用网络社交，拉近与学生的距离

目前大学生主流的社交方式是 QQ 和微信聊天，尤其喜欢在微信朋友圈晒日常。外语教师可以利用这一特点，主动融入学生的社交圈。外语教师应保持与学生的交流，比如共同探讨一首流行的英文歌、一部好看的外语电影，在润物细无声中影响学生。教师也可利用微信朋友圈，发布积极向上的内容，避免说教，给自己的学生点个赞，在自然亲切的互动中拉近与学生之间的距离。以笔者在一次英语演讲课后发布的一条朋友圈为例："给小可爱们点赞，很燃很赞很璀璨！积极准备演讲课第二次小测，四周时间三轮打磨。从'孔乙己文学'到'特种兵旅游'，从拖延症到容貌焦虑，从对小动物的宠溺到对婚姻的恐惧，从 Pink Tax 到 ChatGPT，他们用独特的视角看待世界、审视自我。我提前半小时进教室，发现里面已坐满了学生，所有人都在认真背稿。台上的他们，自信勇敢、闪闪发光，展现着青春最美的样子。"在这条朋友圈下，学生纷纷点赞，留言里充满了对自己的骄傲和对老师的感激。

3.4.2 利用网络视频，巧妙导入学习内容

全民短视频时代，观看短视频成为重要的娱乐放松方式。短视频以其短小精悍、内容丰富、有创意和个性，深受大学生的欢迎。从视频科普、知识传递、情感输出，到直播课堂、线上查询门诊信息、开通问诊入口，短视频正在与越来越多的媒体、受众形成强大的

黏性，并已成为主要的信息传播载体。[12] 外语教师可以利用这种及时生成的信息传播方式开辟教学新通道。在抖音、小红书等平台，有大量良莠不齐的外语相关短视频，教师应帮助学生甄别，结合外语学习巧妙导入一些优秀的短视频，让充满趣味性的短视频与课内知识搭建起桥梁，既能让学生兴趣盎然，又能达到提升学生语言和文化素养的效果。

外语教师教学创新路径，如图 3 所示。

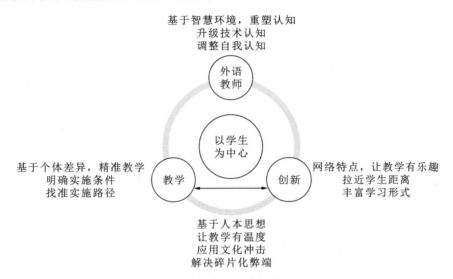

图 3　外语教师教学创新路径

在智慧学习环境下，外语教师的教学创新之路仍要紧紧围绕学生的主体地位，以学生为中心，积极探索如何充分利用智慧学习环境所拥有的诸多优势，提升外语教学水平，服务学生的成长成才。

4　结语

智慧学习环境下的外语教学具有无可比拟的优势，如何发挥其最大效能，外语教师如何冲破信息化教学困境，仍有许多值得思考的地方。智慧学习环境下的外语教师，面临新的挑战，不管采取何种教学创新策略，都应以提高学生外语关键能力、服务学生成长成才为最终目标，提高学生的思维品质。不仅要掌握语言知识和技能，还要形成以语言为工具解决实际问题的能力和创造力，帮助学生树立正确的人生观和价值观，发展多元智慧。基于智慧环境重塑教师认知、基于个体差异精准教学和基于学生主体开辟创新路径，这三个方面给外语教师在智慧环境下探索教学创新策略提供了一些思路，但显然还不够。希望本文为智慧学习环境下外语教师的教学创新研究提供一些参考，帮助其优化教学效果，服务智慧外语教学的顺利实施。此外，由于在实际研究中笔者自身能力有限，本研究存在一些不足之处。例如，虽然开展了问卷调查以及课堂观察，但由于数据分析能力不足，未能对研究中收集到的数据进行深入细致的分析。在今后的研究中有必要强化数据分析，为本研究提供更有力的佐证。

参考文献

[1] 中华人民共和国教育部. 教育部关于印发《教育信息化2.0行动计划》的通知[EB/OL]. (2018-04-18) [2023-10-26]. http：//www. moe. gov. cn/srcsite/A16/s3342/201804/t20180425_334188. html.

[2] 中华人民共和国中央人民政府. 中共中央、国务院印发《中国教育现代化2035》[EB/OL]. (2019-02-23) [2023-10-26]. http：//www. gov. cn/xinwen/2019-02/23/content_5367987. htm.

[3] Jena P C. Effect of smart classroom learning environment on academic achievement of rural high achievers and low achievers in science [J]. International Letters of Social & Humanistic Sciences，2013，3（3）：2-9.

[4] 祝智庭，魏非. 教育信息化2.0：智能教育启程，智慧教育领航[J]. 电化教育研究，2018，39（9）：5-16.

[5] Rand Corporation. 2012 RAND annual report：who are you listening to? [EB/OL]. (2013-12-01) [2023-10-26]. https：//www. rand. org/pubs/corporate_pubs/CP1-2012. html.

[6] 张珊. 智能时代的教师角色与素养——基于具身认知理论视角[J]. 中国德育，2021（4）：36-40.

[7] Godwin-Jones R. The evolving roles of language teachers：trained coders，local researchers，global citizens [J]. Language Learning & Technology，2015（1）：10-22.

[8] 张屹，郝琪，陈蓓蕾，等. 智慧教室环境下大学生课堂学习投入度及影响因素研究——以"教育技术学研究方法课"为例[J]. 中国电化教育，2019（1）：106-115.

[9] 牟智佳. "人工智能＋"时代的个性化学习理论重思与开解[J]. 远程教育杂志，2017，35（3）：22-30.

[10] Rogers C R. A way of being [M]. Boston：Houghton Mifflin，1980.

[11] 孙波，刘永娜，陈玖冰，等. 智慧学习环境中基于面部表情的情感分析[J]. 现代远程教育研究，2015（2）：96-103.

[12] 曾蒸. 全民短视频背景下数字媒体专业产教融合创新教学策略研究[J]. 中国现代教育装备，2022（15）：157-159.

基于数据驱动教学的教学质量保障机制研究[①]

王绪梅[②]　夏　婷　梁梦凡

(武汉华夏理工学院 信息工程学院，湖北 武汉 430223)

摘　要

　　本文以数据驱动教学为基础，研究教学质量保障机制的构建。该机制通过构建教学质量保障模型、设计教学评价体系、评估教学效果等多个环节，全面精准地监控和评估教学质量。利用数据分析和处理，实时反馈教学过程中的问题，为教师提供有针对性的改进建议，帮助学生了解自身学习状况，激发学习动力，为学校管理层提供决策依据，推动教育教学改革与发展。本研究不仅对提高本科教学质量具有重要意义，还可为其他领域数据驱动决策提供参考。

关键词

　　数据驱动；数据分析和处理；教学质量保障；教学改革

1　研究背景和意义

　　在 21 世纪，数据是推动社会进步和发展的重要资源。数据驱动的决策在各个领域都变得越来越重要，特别是在高等教育中，运用数据驱动教学提高教学质量已成为当前研究的热点问题。传统的以经验为主导的教学质量管理已无法满足现代教育的复杂性和多样性。

　　数据驱动教学在多个方面具有重要价值。第一，数据驱动教学通过对大量数据分析，反映教师的教学效果和学生的学习规律，为教师和学生提供更精准的教学服务。例如，教师通过对学生的学习行为和成绩等数据的分析，可发现学生的学习特点和问题，从而有针对性地制定教学计划和教学策略；学生则可通过数据分析了解自己的学习状况和不足，从而调整学习方法和进度。第二，促进教师和学生之间的互动和协作。通过对教学数据的分析和挖掘，数据驱动教学使教师能够了解学生的学习需求和兴趣，从而更好地指导学生，

[①] 基金项目：武汉华夏理工学院教学改革研究项目（名称：基于数据驱动教学的"四级五层"教学质量保证机制研究。编号：2316）。

[②] 作者简介：王绪梅（1982—　），女，硕士，副教授，研究方向：计算机应用。

并制定个性化的教学方案；学生则通过数据了解自己的学习状况，从而更好地与教师沟通交流，并及时调整自己的学习状态。第三，促进教育资源的优化配置。通过对数据驱动教学的教育数据分析，能够发现不同地区、不同学校、不同学科之间的教育资源分配不均衡问题，从而优化教育资源配置，提高教育教学的整体水平。第四，通过数据驱动教学的数据分析，可以促进教师专业素养的提升。第五，学校通过对教学数据的挖掘和分析，能够了解教学质量、教育资源分配、学生成长等实际情况，从而为学校决策提供科学依据。

本研究旨在通过运用数据驱动教学，构建教学质量保障机制，确保机制的有效性和可操作性。通过对机制运行过程中产生的大量数据进行处理和分析，提取有价值的信息，优化教学，提高教学质量，改进教学方法，推动教育信息化发展，从而实现对教学质量的全面、准确、及时监控与评估。

2 研究现状

数据驱动教学是一种以数据为基础，利用现代信息技术和人工智能技术，对教学活动进行精细化管理和优化，以提升教学效果的方法。

近年来，随着大数据和人工智能技术的快速发展，数据驱动教学在教育领域的应用越来越广泛，也取得了一些显著的研究成果。从人类社会所走过的农业时代、工业时代、信息时代到如今的大数据时代，杨现民等认为教学范式分别经历了经验模仿教学范式、计算辅助教学范式和数据驱动教学范式三个阶段。[1] 宋博文为推动精准教学，提出基于数据驱动精准教学的应用过程，包括课前诊断精准学情、课中决策精准施教、课下干预精准评价、课后服务精准强化，最终为学校逐步实现精准化教学提供参考和路径。[2] 刘邦奇提出数据驱动教学是学校聚焦教学数字化实践，通过构建数据管理和综合服务系统，促进教育数据高效流通，激活数据潜能，助力教学智能生成，实现教学数字化转型升级的路径，为探索实践教学数字化转型的规律、共筑未来教学新生态提供了参考依据。[3] 左璜深刻地分析了数据驱动教学范式变革下教师面临的挑战及可能性应对，认为数据驱动教学范式必然会成为重要的教学范式，走入学校、进入课堂，而作为教学主体的教师将在拥抱和适应新范式的过程中获得成长，并对新时代的教育教学产生深远影响。[4]

教学质量保障机制是运用系统工程的原理和方法构成的教学质量保障体系的结构关系和运行方式，其目的是通过对教学过程中的各个环节进行评估、监控和管理，提高教学水平和效果，确保学生获得优质的教育体验。钱明霞等认为数据驱动本科教学质量监测是促进高校教学高质量发展的有效路径，提出数据驱动本科教学质量监测的路径选择应关注四个方面：完善数据质量标准，构建基于责权厘定的技术规范；注重数据伦理规约，构建向善型教学数据治理体系；聚焦数据价值释放，促进智慧型教学质量评价机制构建；关注智能评价转型，创设人机协同型教学决策服务体系。[5] 面对当前传统粗放型教学决策方式面临改革的现状以及社会对于学生个性化"学"和教师个性化"教"的呼吁，数据支持的教学逐渐成为研究热点。相关的科学研究结果也表明，及时采集并分析教育数据，可以为教学决策提供指导和帮助，进而为学生提供更加个性化的服务，实现因材施教。潘柳霞从教育数据的视角出发，以"数据支持的个性化教学"为核心问题，通过案例分析法、访谈法、问卷调查法以及准实验研究法开展了相关研究，进行数据支持的个性化教学模型探索，并提出具体的实施策略，最终通过教学实践验证了所提模型的有效性[6]。

数据驱动教学在教育领域的研究和应用已经取得了一些显著成果，但仍然存在一些挑战和问题需要进一步研究和解决。例如数据治理方面的挑战、教师素养方面的挑战等。未来，随着技术的不断发展和应用场景的不断扩大，数据驱动教学将会在更多的领域得到应用，同时也需要更多的研究者和实践者共同探索和实践。

3 教学质量保障机制与模型构建

3.1 构建基于数据驱动教学的教学质量保障模型

基于数据驱动教学的教学质量保障模型是科学评估教学质量和提升教学水平的重要依据。首先确定教学质量保障的目标，并收集与这些目标相关的数据，如学生的考试成绩、出勤率、作业完成情况以及教师的教学相关数据，运用统计和聚类分析等方法，对这些数据进行处理和分析，揭示影响教学质量的关键因素。最后根据评估结果对模型进行优化和调整，使之更好地服务于教学目标。[7] 基于数据驱动教学的教学质量保障模型构成要素，如图1所示。

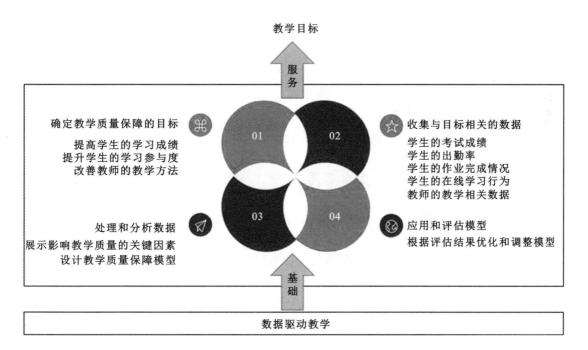

图1 基于数据驱动教学的教学质量保障模型构成要素

3.1.1 确定教学质量保障的目标

确定教学质量保障的目标包括提高学生的学习成绩、提升学生的学习参与度、改善教师的教学方法等。目标应具体、可衡量、可达成、相关性强并有时限。

3.1.2 收集与目标相关的数据

收集与目标相关的数据,即根据目标收集相关的数据。例如,学生的考试成绩可以通过在线平台获取;学生的出勤率可以通过学生打卡或者视频监控获取;学生的作业完成情况可以通过学习管理系统获取;学生的在线学习行为可以通过学习平台的数据挖掘获取;教师的教学相关数据,如授课计划、课堂表现,可以通过教学观察和学生反馈获取。

3.1.3 处理和分析数据

处理和分析数据即对收集的数据进行处理和分析,提取有用信息,包括数据清洗(处理缺失值和异常值)、数据转换(如数值化分数或等级)、统计分析(如均值、中位数、标准差等的计算)、趋势分析(如时间序列分析)和因素分析(找出影响教学质量的主要因素)等方法。

设计教学质量保障模型,即根据数据分析的结果设计教学质量保障模型。模型的设计需要考虑到各种可能影响教学质量的因素,可以是单因素模型,也可以是多因素模型。例如,可以用学生学习成绩作为被解释变量,用教师的教学方法、课程的内容和结构作为自变量,构建多元线性回归模型。

3.1.4 应用和评估模型

将设计的模型应用于实际教学中,然后定期评估其效果。如果模型的效果不佳,则需要返回模型设计阶段进行修正。评估可以使用不同的指标,如学生学习成绩的提高程度、学生参与度的提高程度、教师满意度的提高程度等。

根据评估结果,不断优化和完善教学质量保障模型,使之更符合实际教学情况,更好地服务于教学目标。优化需反复进行数据收集、处理、分析和模型修正。

3.2 设计教学效果评价体系及方法

基于教学质量保障模型,设计科学、全面的数据驱动教学效果评价体系,对于提高教学质量、优化教育资源配置、促进学生全面发展具有至关重要的作用。在设计这一体系时,应遵循以下四项关键原则:一是以过程性和终结性评价相结合的方式,对教师、学生、课程、环境等多方面进行评价,评价内容从单一的知识评价转向包括知识、技能、态度、价值观在内的全方位评价;二是运用多种数据挖掘和分析方法,以综合评价的方式进行评价;三是通过不同渠道收集数据,包括教学过程、课外活动、社会实践等,全面、综合反映教学质量;四是评价过程关注整个教学过程和学生的学习过程,以结果导向转变为增值性评价。

教学效果评价体系具体设计方法如下。

3.2.1 实施过程性和终结性评价相结合的方式

在教学过程中,实施过程性和终结性评价相结合的方式是提高教学质量的重要手段。

通过这两种评价方式的结合,教师可更全面地了解学生的学习情况和需求,从而更好地调整教学策略,提高教学效果和学生的学习成果。

(1) 过程性评价。

过程性评价是一种持续性的评价方式,其主要目的是及时了解学生的学习情况,发现教学中的问题,并对其进行调整和改进。这种评价方式通常包括定期的单元测试、课堂表现观察以及作业完成情况分析。

单元测试是一种有效的过程性评价工具,它可在教学过程中定期进行,以了解学生对各个知识点的掌握情况。通过单元测试,教师可发现学生在哪些方面已经掌握,在哪些方面还需要加强,从而调整教学策略,提高教学效果。

课堂表现是过程性评价的另一个重要方面。通过观察学生的课堂参与度、专注度以及与教师的互动情况,教师可了解学生的学习态度和对知识的掌握程度。如果教师发现有学生在课堂表现不佳,则可及时介入,通过提供额外辅导或调整教学方式来改善学生的学习效果。

作业完成情况也是过程性评价的一个重要指标。作业不仅能用来检验学生对课堂知识的理解和应用能力,还能帮助教师了解学生对于特定教学内容的掌握情况。如果学生的作业完成情况不佳,则教师可通过反馈和指导,帮助学生理解和掌握相关知识。

(2) 终结性评价。

终结性评价是在一个学期或一门课程结束时进行的评价方式,其主要目的是全面了解学生的学习成果。这种评价方式通常包括期末考试、作品评定等。

期末考试是终结性评价的常见形式之一。通过期末考试,教师可了解学生对整个学期或整个课程的知识掌握情况。与单元测试不同,期末考试通常涵盖更广泛的知识点,而且难度相对更高。因此,期末考试的结果可更全面地反映出学生的学习效果。

作品评定是终结性评价的另一种形式。在某些学科领域,例如艺术、写作或编程中,学生的最终成果可能是一个具体的作品或项目。通过对学生作品的评价,教师可了解学生的应用能力、问题解决能力以及创新能力等方面的情况。此外,作品评定还可为学生提供一个展示自己作品和技能的机会,从而提高其学习动力和自信心。

3.2.2 评价内容从单一的知识评价转向全方位评价

全方位评价是一种综合性评价方式,它不仅关注学生的知识掌握程度,还注重学生的实际操作能力和技能水平、学习态度和兴趣爱好以及价值观和道德品质等方面的发展。它是一种较科学、全面的评价方式,能帮助教师了解学生的学习情况和需求,为每名学生提供有针对性的指导和支持,帮助其充分发挥自己的潜力和实现个人价值,促进其全面发展。

(1) 知识掌握程度评价。

知识掌握程度评价是教育评价的基础,主要通过作业、课堂提问和单元测试等方式进行。在这些评价方式中,教师可通过观察学生对知识点的理解和应用能力,了解学生对知识的掌握程度。此外,教师还可通过定期的单元测试来检测学生对某一阶段所学知识的综合运用能力。

(2) 实际操作能力和技能水平评价。

实际操作能力和技能水平评价主要通过实践活动、项目制作和作品展示等方式进行。在这些评价方式中，教师可通过观察学生的实际操作能力和技能水平表现，了解学生是否能够将所学知识应用到实践中，并解决实际问题。此外，教师还可通过项目制作和作品展示等方式，了解学生的创新能力和团队合作精神等方面的情况。

(3) 学习态度和兴趣爱好评价。

学习态度和兴趣爱好评价主要通过观察学生在课堂上的表现、与学生的交流以及分析作业的完成情况等方式进行。在这些评价方式中，教师可通过观察学生的学习态度是否端正、是否积极参与课堂活动、是否对学科内容有浓厚兴趣等方面的情况，了解学生的学习动力和学习状态。此外，教师还可通过与学生的交流，了解学生的兴趣爱好和发展潜力等方面的情况。

(4) 价值观和道德品质评价。

价值观和道德品质评价主要通过观察学生的言行举止、社会实践和团队合作等方面进行。在这些评价方式中，教师可通过观察学生的言谈举止以及待人接物等方面的情况，了解学生的价值观和道德品质。此外，教师还可通过学生在社会实践和团队合作中的表现，了解学生的团队协作能力和领导才能等方面的情况。

除此之外，全方位评价还关注整个教学过程和学生的学习过程，将学生的进步和成长作为评价的重要指标。

关注整个教学过程的实施情况，包括教学内容的设计、教学方法的选择、教学进度的安排等。通过对这些方面的观察和分析，教师可了解教学内容是否符合学生的需求和兴趣、教学方法是否能够有效地帮助学生掌握知识、教学进度是否合理等。通过对这些方面的反思和改进，教师可更好地调整教学策略和方法，提高教学效果和质量。

关注学生的学习过程，学生在学习过程中不仅需要掌握知识和技能，还需要培养正确的学习态度和价值观。因此，教师需关注学生在学习过程中的学习态度、学习方法、思维方式、合作能力等方面的表现。通过对这些方面的观察和分析，教师可了解学生的学习情况和需求，为每名学生提供有针对性的指导和支持，帮助他们充分发挥自己的潜力和实现个人价值。[8]

3.2.3 采用多种数据挖掘和分析方法进行综合评价

通过教学管理系统、学生调查问卷、教师反馈等多种渠道收集数据；运用数据清洗和预处理等技术，对收集的数据进行处理，提高数据的质量和可用性；采用统计分析、关联规则挖掘、聚类分析等多种数据挖掘方法对处理后的数据进行深入分析。综合评价过程，如图2所示。

在教学质量保障机制研究中，数据分析和处理方法起着至关重要的作用。以下是一些常见的数据分析和处理方法，以及它们在教学质量保障机制中的作用。

描述性分析法通过描述数据的基本特征，例如平均数、中位数、众数等，可了解学生成绩的分布情况。

探索性分析法通过直方图、茎叶图等，可初步探索数据的分布情况，以更好地理解数据。

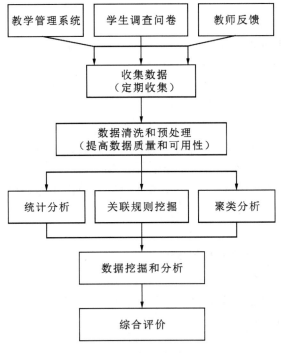

图 2　综合评价过程

因果分析法通过分析教师教学质量和学生成绩之间的因果关系，可找出影响教学质量的关键因素，从而采取有效的干预措施。

聚类分析法可将学生按照成绩、兴趣等因素进行分类，以便更好地了解学生的特点，为个性化教学提供依据。

关联规则分析法可发现数据之间的关联规则，例如学生的成绩和兴趣之间的关系，从而为教师提供有针对性的教学建议。

决策树分析法可构建决策树模型，预测学生的学习成绩和毕业情况等，为学校提供更有效的资源配置和实施方案。

结构方程模型是用于检验因果关系的一种统计方法，可检验教学理论中的因果关系，例如学生的自尊心和学习动力等因素对学习成绩的影响。

以上几种数据分析和处理方法在目的、用途和特点上存在差异。选择合适的方法可以更好地了解数据和现象的本质和规律，帮助教育工作者更好地了解学生的学习情况和需求，为学校管理层提供较准确的决策支持，从而提高教学效率和保障教学质量。[9]

3.3　评估教学效果

根据教学评价体系对教学效果进行评估。教学效果评估主要包括教学质量评估、教育资源配置评估、教师专业素养评估、学生综合素质评估、社会认可度评估五个方面。

第一，对各层级的教学质量进行评估，包括教学内容、教学方法、教学资源、教学效果等方面，确保各层级的教学质量得到保障和提高。

第二，对各层级的教育资源配置进行评估，包括人力、物力、财力等资源的投入和利用情况，确保教育资源的合理配置和有效利用。

第三，对各层级的教师专业素养进行评估，包括教学能力、教育理论水平、教育技术应用等方面，确保教师具备实施教学质量保障机制的能力和素质。

第四，对学生综合素质进行评估，包括知识掌握、实践能力、创新能力等方面，以了解教学质量保障机制对学生全面素质提高的效果。

第五，对教学质量保障机制的社会认可度进行评估，包括学生和家长的反馈、社会评价等方面，以了解教学质量保障机制的实践效果和社会影响力。

教学效果评估应从多个方面入手，全面评估基于数据驱动教学的教学质量保障机制的实施效果，以确保其有效性。同时，应注重实践性和可操作性，根据实际情况合理制定评估指标和方法，并定期进行总结和反馈，不断完善和优化教学质量保障机制。[10]

4 存在的问题及解决策略

在数据驱动教学应用于教学质量保障机制的研究过程中，遇到的问题包括数据质量问题、数据隐私问题、先进技术和工具问题以及文化问题等。

4.1 数据质量问题

数据质量是数据驱动教学与管理的最基本、最重要的因素。如果收集到的数据存在错误或不准确，那么基于这些数据的决策可能无法达到预期的效果。为了解决这一问题，可通过引入数据清洗和验证的步骤来提高数据质量。数据清洗是指检查和纠正数据中的错误、不一致和缺失值的过程，数据验证则是确保数据符合预定的规范和标准。此外，可定期对收集到的数据进行审查和更新，以适应教学环境的变化，包括跟踪学生的学习进度和成绩，以及评估教学方法的有效性等。

4.2 数据隐私问题

数据隐私问题也是一个需要关注的问题。在使用学生数据时，需要确保学生的隐私得到保护，否则可能会对学生造成伤害。因此，要建立严格的数据管理和使用规定，明确如何收集、存储和使用学生数据，以确保隐私不泄露。包括限制的对象及时段，需提供透明的数据使用报告，让学生和家长了解数据的使用情况。此外，还需确保数据的安全性，可通过加密技术保护数据的传输和存储。

4.3 先进技术和工具问题

数据驱动教学需要运用先进的技术和工具以收集、分析和解释数据，教师应具备相应的技术能力。因此，学校要为教师提供培训和支持，帮助其掌握数据驱动教学所需的先进技术和工具，通过多种方式提升教师的技术能力。包括使用数据分析软件，创建和使用在线学习平台等。同时，引入更易于使用的平台和工具，降低技术门槛；通过举办研讨会和工作坊等活动，让教师有机会直接与专家交流，获得实践经验和建议。

4.4 文化问题

文化问题是一个重要的考虑因素。数据驱动教学需改变传统的教学模式，会受到一些教师和文化背景的影响。因此，通过研讨会、培训等方式，向教师传播数据驱动教学的理念和方法，帮助其理解数据驱动教学的优点、在实际教学中应用数据驱动的原则，鼓励教师尝试和实践数据驱动教学，逐步改变教学习惯和思维方式。例如，通过设立实验班级或课程，让教师有机会尝试新的教学方法。

5 总结与展望

数据驱动教学在教学质量保障机制研究中具有重要的应用价值和潜力。通过数据驱动教学，对学生的学习状态和效果进行实时、动态监测，及时发现问题，调整教学策略，因材施教，提高教学质量。同时，便于教学管理部门及时掌握教学现状，为优化教育资源配置、提升教育的整体水平提供决策依据。

基于数据驱动教学的教学质量保障机制研究是一项长期的任务，未来可在以下四个方面进一步开展研究：第一，提升数据处理的精准度和可靠性，探索更加高效和准确的数据处理技术，提高教学质量和效果；第二，探索数据驱动教学的多元化应用，将数据驱动教学应用于其他领域，例如职业培训、在线教育等；第三，完善数据驱动教学的伦理和法律规范，遵守相关的伦理和法律规范，确保数据驱动教学的合法性和规范性；第四，提升教师和学生对于数据驱动教学的认知和应用能力，更好地推广和应用这种教学方法。

总之，随着技术的不断发展和应用场景的不断扩大，数据驱动教学将会在更多的领域得到应用，同时也需要更多的研究者和实践者共同探索和实践。

参考文献

[1] 杨现民，骆娇娇，刘雅馨，等. 数据驱动教学：大数据时代教学范式的新走向[J]. 电化教育研究，2017，38（12）：13-20，26.

[2] 宋博文. 从过程到反思：推进数据驱动的精准教学[J]. 山西青年，2023（16）：73-75.

[3] 刘邦奇. 数据驱动教学数字化转型：机理、场域及路径[J]. 现代教育技术，2023，33（9），16-26.

[4] 左璜，徐芷珊. 数据驱动教学范式变革下教师面临的挑战及可能应对[J]. 教育导刊，2023（9）：38-46.

[5] 钱明霞，江玉凤. 数据驱动本科教学质量监测：基本逻辑与困境突破[J]. 教育理论与实践，2023，43（15）：51-55.

[6] 潘柳霞. 数据支持的个性化教学模型构建及应用研究 [D]. 杭州:杭州师范大学, 2022.

[7] 张帅帅. 基于全面质量管理理论的高校教学质量保障路径研究 [D]. 石家庄:河北科技大学, 2021.

[8] 陈红华, 史晓云, 余爱华. OBE理念下构建高校教学质量管理体系的思考 [J]. 黑龙江教育(高教研究与评估), 2021 (2): 3-5.

[9] 方潜生, 黄显怀, 程家福, 等. 从审核评估看高校内部教学质量保障体系的完善 [J]. 现代教育管理, 2019 (11): 57-61.

[10] 李庆钧. 基于"以学生为中心"理念的高校教学质量保障体系研究 [J]. 扬州大学学报(高教研究版), 2021, 25 (4): 1-7.

产教融合背景下汽车类专业实践教学改革探究[①]

宰文洁[②]

(武汉华夏理工学院 智能制造学院,湖北 武汉 430223)

摘 要

产教融合是深化校企合作、培养应用型人才的重要途径。汽车类相关专业是对实践能力要求较高的专业,在人才培养上注重学生实践能力的提升。如何提高学生的实践能力及创新能力,提升人才培养的质量,是应用型本科院校应深入思考的重要问题。本文从应用型高校汽车类专业(指车辆工程、汽车服务工程等专业)实践教学的模式、内容、评价指标及师资队伍建设等方面进行探讨,提出实践教学改革的措施及优化策略,以提高学生的综合素养,满足汽车行业对应用型人才的需求。

关键词

产教融合;汽车类专业;实践教学

1 产教融合的背景

2014年,国务院发布的《关于加快发展现代职业教育的决定》,从职业教育入手,将产教融合确立为现代职业教育发展的总体要求和基本原则。2015年,教育部、国家发展改革委、财政部联合发布的《关于引导部分地方普通本科高校向应用型转变的指导意见》,提出以产教融合、校企合作为突破口,确立应用型的类型定位和培养应用型技术技能型人才的职责使命,推动转型发展高校把办学思路真正转到服务地方经济社会发展上来。2017年,国务院办公厅发布的《关于深化产教融合的若干意见》(以下简称《意见》),明确了深度产教融合的内容,并将产教融合进一步扩展到"双一流"建设高校。自此,产教融合已成为很多高校建设与发展的方向,并成为其培养人才、服务地方经济发展的重要途径。[1]

当前环境下,解决高校人才培养供给侧和现代汽车产业人才需求侧的矛盾问题,可以

---

① 基金项目:武汉华夏理工学院教学改革研究项目(名称:基于"新工科"车辆工程专业理念的实践教学体系构建与研究。编号:2022)。

② 作者简介:宰文洁(1986—),女,硕士,讲师,研究方向:汽车设计。

通过深度产教融合，培养应用型人才予以缓解，同时通过推动产教融合也可推动现代产业的发展壮大。《意见》中提出，为推进产教协同育人，政府应对建设应用型本科高校和具有鲜明行业特色的高校给予大力支持，并围绕相关产业对应用型人才的需求，高校可以通过强化实践教学，对人才培养体系进行完善。在政府的大力支持和推动下，产教融合被各高校不断重视，成为很多高校转型、改革的重要内容和关键途径。

2　国外、国内产教融合的现状

2.1　国外产教融合的应用

在发达国家，产教融合的应用有着成熟的模式，并形成了适应其国情的鲜明特色，如美国的"合作教育"模式、德国的"双元制"模式、英国的"三明治"模式、澳大利亚的"新学徒制"模式等。[2]

美国高校对"合作教育"的表述为：合作教育是把课堂学习和与学生专业或职业目标相关领域内的有报酬的、生产性的（有成效的）工作经验结合起来的一种教育计划。[3] 其主要类型有强制式、任选式和选择式，组织形态上有集中管理、分散管理和集中分散相结合的模式。"合作教育"可以理解为一种工学结合的模式，学生的工作岗位或工作内容需与其所学的学科专业或人才培养目标紧密联系，通过将理论学习与专业实践相结合的方式促进学生实践素养的发展，同时评价主体也是多方的。这样学生在获得学位的同时也能获得一定的工作经验。

德国的"双元制"模式是一种应用技术大学与行业企业合作开展应用型人才培养的育人模式，学生需要在学校和企业分别接受理论学习和实践技能培训。在德国，"双元制"的实施是在政府强有力的制度保障下开展的，并且有明确的法律法规进行约束。学生在"双元制"的模式下是需要实实在在进入工作一线，按照相关规定完成生产任务的。其考核也是双元的，学校考核理论知识，颁发结业证书；企业考核技能水平，颁发职业资格证书。

英国的"三明治"模式采用"理论—实践—理论"交替的人才培养模式，强调实践[4]；将人才培养过程分为"工作"与"学习"两部分，有效地让学生将理论知识学习与企业实操过程相结合。在这种模式下，强调以学生实践素养培育为核心，实操技能应用性强，在评价体系中注重过程考核。学生在企业实习期间实行"双导师"制，教师也会全程指导，有机会与企业进行接触，学校和企业之间的联系较强。

澳大利亚的"新学徒制"模式是将传统学徒制模式的"做中学"特征融入现代学校教育，并与本国"国家培训生制度"有机融合而形成的一种育人模式。该模式的核心特点是能力本位思想，澳大利亚学徒大部分时间在工作场所参加生产与实践的学习与训练，仅有20%的时间在学校参加普通课程学习。[5] 在这种模式下，学徒需要达到行业需要的职业能力标准，并获得国家认可的资格证书。

从以上几种成熟的产教融合模式不难发现，产教深度融合需要政府的支持，学校、企业的相互配合，相关法律法规及制度的完善，同时学生必须真实参与到企业工作中来并获得相应的学分或职业证书,加上考核评价机制的多元化等共同作用,才能实现共赢的效果。

2.2 国内产教融合的应用

《意见》中提出,我国大力推动产教融合,最终要实现两大目标:一是培养大批高素质创新人才和技术技能人才,解决人才培养供给侧和产业需求侧的结构性矛盾;二是多主体围绕产业关键技术、核心工艺和共性问题开展协同创新,加快科技创新成果转化,全面提升我国自主创新能力。

国内高校传统产教融合的模式主要有以下几种:"产学研"模式、"工学交替"模式、"订单班"模式等。

"产学研"模式主要是以科学研究为导向,为了解决科研和生产环节中各种设计、加工及制造工艺技术难题,对高校和企业的人才、软硬件设施等有较高的要求,是典型的将科研与实际生产相结合的模式。"工学交替"模式则偏向于服务行业,在这种模式下,学生既是"员工"同时也是学生,通过这两种身份能更好地将理论知识与工作岗位所需的实践技能相结合。"订单班"模式是高校和企业共同合作,一般是按照行业发展对人才的需求,企业与学校共同制定人才培养方案,全部或部分学费(或奖学金)由企业承担,学校组织教学活动,学生实习及毕业后直接进入企业,实现定向培养。

在《意见》颁布以后,国内产教融合的模式也以项目的形式开展,以育人为目标,方向可以是面向人才培养、面向科技创新以及兼顾人才培养与科技创新。面向人才培养的项目,重点强调培养学生的实践创新能力,解决学校教育与行业企业需求脱节问题。面向科技创新的项目,要注重高校、企业、科研院所协同创新,共同解决产业"卡脖子"问题,并将科技成果转化为生产力。人才培养与科技创新兼顾的项目,大都是校企合作全面深入且时间较长的项目。

国内产教融合的模式还未成熟,主要表现为高校对此模式的积极性远高于企业,并且相关法律法规不健全,评价机制不完善,评价标准不统一,人才培养质量难以保证。因此,政府、高校与企业都还处于摸索、融合阶段。

3 汽车类专业实践教学现状

实践教学是工科类人才培养的重要环节,车辆工程专业及汽车服务工程专业作为典型的汽车类专业,实践教学在应用型本科人才培养体系中有着不可或缺的地位。武汉华夏理工学院作为应用型本科高校,其人才培养目标主要是应用型人才,而工科类专业在应用型人才培养方面的重点就是工程实践,因此,实践教学的作用显得尤为突出。下面以武汉华夏理工学院汽车类专业实践教学为例,简要分析实践教学的现状和存在的主要问题。

3.1 实践教学模式偏于传统

随着市场对人才需求的不断变化,车辆工程专业及汽车服务工程专业的人才培养方案也在不断更新,从早期的以理论教学为主(实践学分占比不足20%)到现在注重学生综合技能(实践学分占比接近35%),可以看出实践教学是实现应用型人才培养的一个重要途径。

实践环节主要由课内实验、独立实验、课程设计、集中实习、毕业设计等项目构成。课内实验大多偏重于对理论课相关知识点的验证,以此来加强学生对理论知识的理解和掌握。此类课程实验主要采用的模式为"讲授—演示—验证—调试",即通过教师的讲授,让学生明白实验的目的、方法及原理等内容;通过教师的演示,让学生了解实验的操作步骤并清楚地理解结果;通过学生的自主操作,巩固、掌握实验方法及流程,验证实验结果;通过调试获得理想数据。这种教学模式相对于认知性的实验来说,有一定的进步,可以调动部分学生的学习积极性,但限于详细的实验指导书、理想数据的验证调试,不利于学生创新能力的提高。

其他实践教学项目大多也是基于校内实验中心为主,通过固定模式开展,学生大多也是按照固定流程进行操作,对学生创新能力的提升有限。受限于实践教学的学时及其他教学的开展,学生很难实现在校外融入企业,参与企业生产任务,即使有部分实习在校外进行,也大多是以参观的模式开展。

3.2 实践教学条件更新慢

当前,我国正经历着科技与产业变革,特别是汽车行业,目前处于快速发展状态。新能源汽车、智能制造、自动驾驶、车联网等汽车新技术正逐步取代传统汽车技术,成为汽车行业关注的热点。对应的汽车整车制造企业、汽车零部件企业及汽车后市场企业等对相关技术技能型人才的需求缺口较大。

近年来,汽车类专业课程体系虽然在逐步变更,但配套的实践设施更新相对较慢,主要教学设备还是偏向于传统汽车。对"三电"系统的性能监控与检测、新能源汽车的性能测评、控制与测试等无法开展,仅能通过现有实验仪器设备进行静态结构的认知及工作原理的讲解或通过虚拟仿真进行了解,学生无法预测真实状态下可能出现的问题。因此,不利于提高学生应对实操中出现的各种状况的能力,进而限制学生对行业技术及发展现状、趋势的了解,甚至可能会影响其职业规划。

3.3 教师实践能力尚待提高

《普通高等学校本科专业类教学质量国家标准》中对机械类教师背景的要求是,专任教师中具有企业或相关工程实践经验的比例应不低于20%,从事过工程设计和研究背景的比例不低于30%。而现有专职专任教师中80%的教师是从学校到学校,缺少相关的实践工程项目经验,很难具备交叉学科知识储备。受限于现有实验仪器设备,大多数实验教师的教学创新是基于现有条件,科研水平和能力很难突破。现有针对高校教师的各种类型的培训多偏重于理论型,而实验教师对于先进技术的实操水平难以得到质的提升。

3.4 实践教学评价机制单一

经过多年的实践教学改革,实践教学的评价机制也在不断优化,如过程考核在总评成绩中所占比例在不断增加,从最初的 30% 到现在的 60%。但总体来说,对学生实操技能水平的考核的主要责任人是教师,只有少数实践教学环节如生产实习、毕业设计的教学过程是由企业和学校共同完成,最终成绩由双方共同决定。

大多数的实践教学评价,教师是基于学生实验报告或实习报告质量进行判断,过程考核往往是在学生实践中的某个项目给予的"印象分"。尽管这样基本能够了解学生对于理论知识点的掌握及部分实操流程是否正确,但很难把握学生对实际知识的应用能力、专业实践能力和职业适应能力等的发展状况,很难评价学生的能力是否达到了企业对应用型人才的要求。

4 汽车类专业实践教学改革

4.1 优化教学模式

经过多年探索与研究,对于应用型人才培养目标,汽车类专业的实践教学可以依据"认知—验证—设计—综合"这样的模式开展,使学生的学习能力逐步得到提升。在实验教学过程中,充分体现"以学生为中心"的教学模式,教师主要起辅导、补充的作用,增加学生的实践机会。

对于认知型实验,可以在理论课开始之前进行,让学生对相关总成、零部件的结构和工作原理有一个初步的认识,再通过理论课堂教学,加深学生对知识点的掌握。对于验证型实验,可以要求学生提前预习,查阅资料,预习报告合格后方可开始实验,对实验现象进行仔细观察,对实验数据进行详细记录,课后做好数据处理与分析。对于设计类实验,要求学生提前完成设计方案,预估实验结果。实验过程中,需监测、记录实际操作与设计方案中的差异情况,以及能否达到设计目的。对于综合型实验,往往需要融合多门课程的专业知识,对学生的综合能力要求较高,对于提升综合素养有所帮助。

4.2 以产教融合优化教学内容

应用型高校将培养服务地方经济的应用型人才作为培养目标,并且应用型人才培养的重点就是学生的实践创新能力。因此,探索符合应用型高校特点的产教融合实践教学改革,优化实践教学内容,有助于学生的高素质应用型能力的培养,更好地适应市场经济的发展。

在实践教学内容上,传统模式是基于校内实验中心的条件设施来开展的,存在人才供给侧与市场需求侧不匹配的矛盾,为解决学校与企业之间的衔接问题,可以考虑从产教融合的角度,优化实践教学内容。以武汉华夏理工学院的汽车服务工程专业为例,可在汽车维修实习、汽车服务综合实训、二手车经营实习等比较集中的实践环节试行改革。通过与校企合作单位（武汉华夏汽车服务有限公司）进行深度产教融合，明确行业岗位需求，制定相关实践教学内容。如在汽车维修实习中增设"车辆检修全流程"项目，学生以团队或者小组的形式，通过"接车—预检—确定维修方案—维修—验收—交车"等环节，全方位了解汽车售后服务的流程及内容并参与到每个环节，完成相关的实操内容，出具维修报告等。在此过程中，企业专家负责对学生做实操技能指导，校内教师负责指导学生商务礼仪、故障案例分析、维修方案设定与记录等。通过客户反馈，形成闭环机制，增加了学生的自主性，增强了教学的实践性，同时提高了学生学习的积极性。

这样以部分项目的形式进行产教融合，既能解决学时不够的问题，又能解决经费紧张的问题，同时还能服务于广大校内师生，取得多赢的效果。

4.3 搭建校企融合的教学队伍

培养符合社会要求的高素质应用型人才，需要有素质过硬的教师队伍作为有力支撑。大多数应用型高校自有教师教学任务较重，同时科研基础较弱，工程应用实践比较欠缺。为更好地建立一支"双师型"教师团队，可以鼓励实验中心教师利用假期到校企合作单位进行实习，提升教师自身的实操能力。聘用工程实践经验丰富的企业工程师作为实践导师。让企业工程师融入教学团队，构建校企融合教师团队。建立"引进来、走出去"的模式，实现"教师去企业、工程师进课堂"，教师参与企业相关技术和科研工作，企业工程师承担实践类课程的讲授。[7]

4.4 优化考核机制和质量标准

为保证实践教学质量，评价人员可以由多方共同担任，采用教师综合评价、学生自评、企业综合评价、学校督导评价，通过多方评价、不同占比取值，最终保证实践教学质量提升，评价标准趋于合理化、多样化，评价结果符合客观性。即使暂时无法实现全部实践教学内容的多方评价，也可以从单个项目着手，逐步完善，最终实现企业全流程参与。在考核标准制定过程中更加注重考核学生的各项能力，如"五会"能力、职业道德素养等，注重培养学生的工程创新能力、自学能力，促进学生综合运用能力的提高。

5 结语

随着汽车行业的不断发展，各项技术不断更新、进步，对于高素质应用型人才的要求不断提高，应用型本科高校的人才培养方案也在逐渐更新。应用型高校越来越注重实践教学，实践教学是汽车类相关专业培养学生创新能力和提高综合素养的重要环节。经过多年的发展与改革，汽车类专业实践教学取得了一定成效，丰富了实践项目，优化了教学方法，改进了评价指标。通过产教融合的方式，以项目为载体，以学生为中心，培养学生应对实际工作的能力，提高学生的实践能力和创新能力，最终达到提升学生的综合素养，使之成为适应汽车行业发展需求的应用型人才的目标。

参考文献

[1] 白逸仙,王华,王珺.我国产教融合改革的现状、问题与对策——基于103个典型案例的分析[J].中国高教研究,2022(9):88-84.

[2] 胡万山.产教融合视域下国外应用型大学课程建设的经验与启示——以德、英、美、澳为例[J].成人教育,2023,43(5):81-87.

[3] 徐平.美国合作教育的基本模式[J].外国教育研究,2003(8):1-4.

[4] 彭熙伟,徐瑾,廖晓钟.英国高等教育"三明治"教育模式及启示[J].高教论坛,2013(7):126-129.

[5] 黄巨臣,苏睿.现代学徒制人才培养模式何以有效?——澳大利亚的经验与启示[J].职业技术教育,2022,43(13):74-79.

[6] 教育部高等学校教学指导委员会.普通高等学校本科专业类教学质量国家标准[S].北京:高等教育出版社,2018.

[7] 胡琳娜,李盛辉.独立学院新工科背景下的产教融合实践教学研究[J].教育现代化,2019,6(A4):204-205.

以成果输出为导向的课程教学改革研究与实践[①]

朱凤霞[②]

(武汉华夏理工学院 智能制造学院,湖北 武汉 430223)

摘　要

　　以成果输出为导向(简称"成果导向")的教学模式是教学改革的重要方向,强调以学生为中心,关注学生学习后专业能力的达成,最大限度地保证教育结果和目标的一致性。本文依托成果导向教育理念,分析人才需求,定义人才能力结构,以自动生产线设计及应用课程为例,进行课程教学改革实践,定义课程学习顶峰成果,实施教学反向设计,不断进行教学反思,创新教学方法,培养学生的自主学习、创新设计、解决问题、语言表达和文档撰写能力,提升教学效果,提高人才培养质量。

关键词

　　成果导向;课程教学;教学改革;反向设计;教学方法

引言

　　传统教育采取的是程式化的教学模式,课程教学注重知识的标准化灌输,重学轻思,限制了学生的多元化发展,对社会的人才需求只能在一定范围内适应,很难做到满足。以成果输出为导向的教学模式,结合国家、社会及行业对人才的宏观需求和用人单位的微观需求,制定专业培养目标,建设专业课程体系,规划每门课程培养的专业能力,确定输出成果,进行课程教学的反向设计—正向实施,让"人才需求"形成闭环,以保证教育结果与目标的一致性。

---

① 基金项目:武汉华夏理工学院教学研究项目(名称:以成果输出为导向的专业课程群建设与教学改革研究。编号:2314)。
② 作者简介:朱凤霞(1982—),女,硕士,副教授,研究方向:机械加工工艺与装备。

1 成果导向教育理念

1.1 成果导向教育的内涵

美国学者斯派蒂将成果导向教育定义为"以学习结束后学生必备能力为所有教学活动目标的教育组织模式"。其核心理念是以学生为中心,坚持成果导向—反向设计—持续改进,强调高等教育的投入—过程—产出,即用确切的目标反向设计教学方案,由最终输出成果反推教育教学活动。[1]

1.2 成果导向教育的作用

将成果导向教育引入教学设计过程,确定课程学习的顶峰成果,并且制定成果评价指标,让学生清晰地了解课程学习要达到的具体要求和获得的最大能力,学习目标聚焦在学习成果上,增强学生对课程的求知欲,明确学习思路,这对提高教学质量具有重要意义。

以成果输出为导向安排教学活动环节,预先确定成果目标及评价标准,在教学过程中用评价指标去监控教学活动效果,采用实时监测、持续改进的动态教学模式,形成"评价—反馈—改进"的有效闭环,可保证教学全过程的质量,提高课程目标的达成度。

2 成果输出导向的课程教学设计

下面以机械设计制造及其自动化专业"自动生产线设计及应用"课程为例,探讨成果输出导向的课程教学设计。该课程是在学生具备一定的机械设计能力,结合所学控制系统知识的基础上开设的一门专业课,拟通过该课程的学习,使学生能够综合运用所学知识对自动生产线进行分析与设计,解决实际生产问题。

针对"自动生产线设计及应用"课程,遵循成果输出导向教育理念,明确课程培养目标,确定课程学习顶峰成果,制定成果评价指标,设计课程教学方法,形成独特的教学理念,实践以成果输出为导向的课程教学全过程,如图1所示。

首先,明确培养目标。分析行业对本专业人才的能力需求,明确专业培养目标,从宏观上定义专业能力结构,分析本课程应达成的能力,即运用所学专业课程知识完成自动生产线的设计。

其次,定义课程成果。课程成果定义要与课程在整个专业体系中的作用相匹配;要满足对人才的知识能力需求;要清晰明了,具有可操作性;一般是显性成果,具有可测量性。根据自动生产线设计原理,结合生产实际,课程输出成果设置为"某自动机或自动生产线设计",包括不同物料的加工、定量、分拣和包装等机械装置设计及自动控制,根据学习成果反向设计教学过程,反推所需教学内容、教学方法和考核方式。

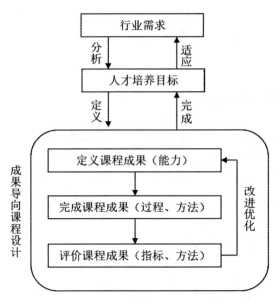

图 1 以成果输出为导向的课程教学过程

再次,实现课程成果。教学过程强调成果输出,采用个性化教学方案,教师准确把握每位学生的学习轨迹,明确其目标、基础和进程,实现课程成果的顺利输出。课程开始就向学生明确最终输出成果,让学生带着问题学习,不断优化设计方案,教师针对每位学生的设计进行一对一辅导,对于共性问题,统一在课程上集中讲解。课程结束时,学生的设计成果也基本完成。

最后,评价课程成果。采用多元化的评价标准,进行针对性评价,对学生的学习过程和输出成果的达成度进行分析,不断改善教学策略和教学方法,对学习成果的定义和实现进行持续的改进与优化。[2] 成果目标对应能力目标,能力目标对应具体知识,并设置可测量的评价标准。课程成果与评价标准如表1所示。

表 1 课程成果与评价标准

课程能力目标	课程成果目标	成果评价标准
1. 灵活运用自动机与自动线的理论知识,解决生产现场的实际问题 2. 掌握自动机械设计方法和常用机构,熟练运用工作循环图进行自动机设计计算 3. 掌握自动生产线设计的基本原理和方法,设计出保证质量、生产率高、经济性好的自动生产线	1. 设计自动加工机械(自动送料、定位、加工、检测、打标等) 2. 设计自动包装机械(自动定量、输送、制袋、包装等) 3. 设计自动灌装机械(自动定量、灌装、贴标、装箱等) 4. 设计自动化生产线(加工、包装、分拣、灌装等)	1. 工作原理图(10分) 2. 生产率计算(10分) 3. 执行机构循环图(10分) 4. 三维模型(30分) 5. 模型视频(10分) 6. 设计说明书(30分)

3 成果导向的课程教学实施

以成果输出为导向的教学模式采用反向设计—正向实施的方式，依托课程成果来组织教学活动，课前明确成果输出目标、考核内容和评价标准，教学过程中用评价标准衡量和指导学生成果设计，并逐步优化设计方案，使教学过程有明确的目标和要求。以成果输出为导向的课程教学实施过程，如表 2 所示。

表 2 以成果输出为导向的课程教学实施过程

项目	教师	学生
课前	充分备课 教学思路 教学策略	了解学习顶峰成果 了解成果评价标准 思考初步设计方案
课中	案例教学（实际案例） 小组讨论（设计方案） 方案指导（设计过程） 翻转课堂（设计成果）	课程知识学习 顶峰成果设计 团队协作学习 学习成果展示
课后	总结经验 教学反思 不断优化	获得知识 提高能力 提升素养

3.1 教学准备

课前充分的教学准备是达到课程目标的重要环节。在充分理解了行业需求、专业能力结构之后，确定课程学习成果，于课前公布给学生，并展示历届优秀设计作品，让学生了解学习任务，做到目标清晰、方向明确，激发学习兴趣。根据学习成果制订教学计划，研究课程教学方法及策略，认真备课、撰写教案，理清教学思路，为达到课程目标做准备。"自动生产线设计及应用"课程学习成果为"某自动机或自动生产线设计"，课前以大作业的形式进行任务布置，并明确设计过程、提交时间、作品质量及评价指标，让学生带着问题学习，不断完善设计作品，达成专业能力结构的支撑。课程成果完成过程，如图 2 所示。

3.2 教学实施

在深入了解以成果输出为导向的教学理念，分析人才需求情况，明确课程教学目标的基础上，广泛采用新颖的教学方法，包括"5E 教学法"，通过合理设置吸引、探究、解释、迁移和评价环节，引发学生学习和探索的兴趣；案例教学，将抽象的理论知识结合实

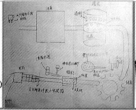

图 2 课程成果完成过程

际生产,让知识更形象生动;小组讨论,围绕课程学习成果进行分组讨论,研究问题,探索学习,做到活学活用,激发创新意识;个性辅导,从学生设计初步方案开始,不断进行辅导,重点把握学生设计的阶段性成果,保证课程顶峰成果的达成度;翻转课堂,课程结束时推选优秀设计作品进行公开展示与答辩,在班级内进行深入学习与交流,不断提升设计能力。教学过程依托课程成果的达成而设置,教学活动为教学成果的完成而服务,教学环节做到有的放矢。[3] 优秀课程成果展示与答辩,如图 3 所示。

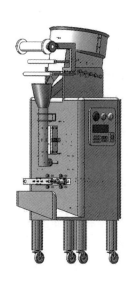

图 3 优秀课程成果展示与答辩

3.3 教学资源

3.3.1 线上课程

为了提高教学质量,便于学生课前预习、课后巩固和问题讨论,教师建设"自动生产线设计及应用"学习通线上课程,包含大量的辅助教学视频,如自动加工、包装、分拣、灌装、贴标等自动化生产线,让课程的学习更贴近实际生产,做到理论联系实际;线上课程题库有丰富的练习题，方便学生检验知识的掌握情况；讨论区搭建了师生和生生交流平台，可针对课程内容、疑难问题、设计方案等进行畅通的交流，碰撞出灵感的火花。

3.3.2 思政案例

为了贯彻教育部提出的课程思政建设方针，课程组教师不断挖掘思政点，将思政与专业知识相结合，在讲授知识的过程中润物细无声地达到育人目标，培养高素质人才。课程思政案例包括"古代自动装置""口罩自动生产线""精益生产""自动生产线上的工匠""创新示范生产线""冬奥智慧餐厅"等，并结合社会时事不断进行优化与补充，做到思政与专业知识无缝衔接且与时俱进。

3.4 教学反思

在课程教学过程中，根据学生学习能力的适应程度，优化设置难易度阶梯变化的课程顶峰成果，满足学生多元化能力发展需求，体现课程的高阶性；找到优势与不足，进行经验总结，调整授课思路，更新教学资源，优化教学过程，激发学生自主学习的内驱力，改善教学效果；转变师生关系，师生平等对话，教师从知识的传授者转变为学习的引导者、促进者，逐渐改变知识主动灌输者的角色，成为学生的良师益友，积极主动转变教学行为和方式，开展课程教学研究，提升课程教学质量。[4]

4 结论

传统课堂按照严格的讲授模式安排教学，偏重于知识的全方位讲授，忽略了课程成果的输出，课程教学对于专业能力的培养效果不明显。以成果输出为导向的新型课堂，注重人才需求，注重专业能力培养，关注学生取得何种学习成果及如何取得学习成果，明确课程结束后学生应该具备的能力和此能力在行业里的价值，学生对专业知识的掌握更加牢固，对专业知识的理解更加深入，专业能力更贴合人才需求。随着研究的不断深入，以成果输出为导向的课程教学模式必将在高等教育中凸显出更大的优势。

参考文献

[1] 包琼. 基于成果导向的《软件工程》教学方法探索[J]. 软件导刊（教育技术），2019，18（9）：49-50.

[2] 代巧，姜学艳，孙志英. 基于OBE理念的理论课与实践环节协同教改——以"过程设备设计"与课程设计为例[J]. 教育教学论坛，2021（30）：66-69.

[3] 苏正烁，高立. 成果导向-反向实施的课程教学探索——以装备构造与原理课程为例[J]. 现代职业教育，2021（24）：128-130.

[4] 周桂宇，陈劲松，黄兴勇. 机械电子类成果导向教育教学模式探析[J]. 教学研究，2020（32）：48-49.

专业认证下的单片机课程教学改革研究与实践[①]

黄 英[②]　叶仁虎　王 睿

（武汉华夏理工学院 智能制造学院，湖北 武汉 430223）

摘　要

　　本文针对传统单片机教学中存在的问题，基于工程教育认证理念，从教学内容、教学方法、课程考核、持续改进等方面对机电专业的"单片机应用系统设计"课程进行教学改革研究与实践。实践证明：以成果为导向，以学生为中心，引入多种教学方法，利用优越的信息化平台，在实验室进行小班教学，虚实结合，边学边练，并建立持续改进机制，可提高学生的学习兴趣、课程的教学质量以及学生的综合实践应用能力。

关键词

　　专业认证；单片机；教学改革；实践

引言

　　工程教育专业认证倡导"学生中心、成果导向、持续改进"三大基本理念，简称OBE理念，以学生为中心，构建以结果为导向的人才培养体系，并进行持续改进。[1-2] "单片机应用系统设计"课程为本校机电专业开设的专业基础课，该课程实践应用性较强，在传统教学过程中以教师课堂讲授为主，先理论后实践，且实践学时较少。由于单片机的概念多，内容抽象，学生学习有困难，学习积极性不高，课程教学质量得不到保障。从后续的单片机实训来看，大部分学生的动手实践和工程应用能力较差。本校培养的是应用型工程技术人才，为了提高课程教学质量，笔者通过十几年的教学经验积累，以工程教育专业认证的理念为导向[3]，从教学内容、教学方法、课程考核、持续改进等方面对机电专业的"单片机应用系统设计"课程进行相关教学改革研究与实践。

---

① 基金项目：武汉华夏理工学院教学研究基金项目（编号：1813）。
② 黄英（1985—　），女，工学硕士，讲师，研究方向：机电一体化。

1 教学改革思路

在充分调研了工程教育专业认证的通用标准、学校的办学思想和办学定位、机电类专业行业需求的基础上,修订教学大纲,确定本课程的教学目标:通过本课程学习,让学生熟悉单片机硬件系统、开发软件 Keil C51 与 Proteus,掌握常用的接口技术等内容,具有扎实的基本功;掌握硬件电路设计及软件编程技巧,具有从事机电产品(系统)设计、测试、应用等工作的基本技能;通过团队合作,自主选取工程实践应用控制对象,实现其特定功能,完成硬件设计、软件设计以及调试,掌握单片机应用系统设计方法,为工业生产、科学研究等领域的控制系统开发打下良好的基础。

1.1 教学内容

围绕教学目标,精选教学内容,以学生为中心,以成果为导向,将知识点融入到项目中。[4] 本课程共安排了 8 个项目,每个项目按照"阶梯式"思路,由易入难,逐渐增加项目难度。每个项目又进行了任务分解,把整体性项目转化为碎片化内容。教学内容一览表见表 1 所示。

表 1 教学内容一览表

内容	案例	仿真	实操	技能要求
项目1 单片机硬件系统的认识	一位 LED 信号灯的控制	√		1. 了解单片机工作原理 2. 掌握单片机的最小系统 3. 掌握单片机与 LED 灯电路搭建 4. 了解单片机应用系统设计过程
项目2 单片机应用系统开发软件	两位信号灯交替闪烁控制仿真	√	√	1. 熟悉 Keil 集成开发系统环境 2. 掌握在 Keil μVision 环境中进行程序仿真调试的方法 3. 掌握 ISP 下载工具的使用方法 4. 熟悉 Proteus 软件的基本操作,掌握在 Proteus 环境中进行单片机系统仿真的方法
项目3 单片机并行 I/O 端口的应用	8 位 LED 灯闪烁的控制	√		1. 了解单片机应用系统设计过程(硬件设计及软件设计) 2. 了解单片机并行 I/O 端口及其应用 3. 了解 C51 语言的基本程序结构

续表

内容	案例	仿真	实操	技能要求
项目3 单片机并行I/O端口的应用	基于单片机的工业顺序控制	√	√	1. 掌握单片机并行I/O端口及其应用 2. 认识C51语言的关键字、数据类型和运算符号 3. 掌握左右移运算符 4. 熟悉C51语言的基本程序结构 5. 掌握ISP下载使用及现场调试技巧
	模拟汽车转向灯的控制	√		1. 掌握硬件设计及软件设计方法 2. 熟悉Keil C51开发软件和Proteus电路软件的使用及联合仿真
	按键控制工作方式	√	√	1. 掌握独立式按键原理及软件消抖方法 2. 掌握硬件设计及软件设计方法 3. 掌握现场调试技巧
	花样流水灯	√		1. 掌握硬件设计及软件设计方法 2. 熟悉Keil C51开发软件和Proteus电路软件的使用及联合仿真
项目4 定时器/计数器与中断系统的应用	外部中断应用	√	√	1. 加深对中断服务机制的理解 2. 掌握中断的编程方法（中断初始化、中断服务函数编写法） 3. 掌握现场调试技巧
	定时器/计数器应用	√	√	1. 加深对定时器/计数器及其中断服务机制的理解 2. 了解定时器/计数器基本结构及工作原理 3. 掌握定时器/计数器编程方法（定时/计数初始化、中断服务函数编写法） 4. 掌握现场调试技巧
	模拟交通信号灯的定时控制	√		1. 掌握硬件设计及软件设计方法 2. 熟悉Keil C51开发软件和Proteus电路软件的使用及联合仿真
	有紧急情况的交通信号灯控制系统	√		1. 掌握硬件设计及软件设计方法 2. 熟悉Keil C51开发软件和Proteus电路软件的使用及联合仿真

续表

内容	案例	仿真	实操	技能要求
项目5 显示器和键盘接口技术的应用	简易秒表	√		1. 了解LED数码管显示器的结构及工作原理 2. 掌握LED数码管的静态显示原理及编程方法
	60s倒计时	√		1. 掌握LED数码管显示器的结构及工作原理 2. 掌握LED数码管的静态显示原理及编程方法 3. 了解数码管显示器应用
	数码管动态显示	√	√	1. 了解LED数码管显示器的结构及工作原理 2. 掌握LED数码管显示器字型码的编码方式 3. 掌握LED数码管的动态显示原理及编程方法 4. 掌握现场调试技巧
	具有控制功能的简易秒表设计	√		1. 掌握LED数码管显示器字型码的编码方式 2. 掌握硬件设计及软件设计方法
项目6 串口接口技术	串转并输出口扩展	√		1. 了解并行通信与串行通信 2. 理解串行口结构及工作方式 3. 掌握串行口工作方式0的应用
	彩灯的远程控制	√		1. 理解串行口结构及工作方式 2. 掌握双机通信工作原理及编程技巧
	串口中断应用（PC机与单片机通信）	√	√	1. 掌握RS-232C串行通信总线标准及接口的使用 2. 掌握PC与单片机通信接口电路及编程
项目7 单片机系统扩展的设计	输出口扩展	√		1. 了解单片机（并行）扩展的基本概念及方法 2. 掌握硬件设计和软件设计方法

续表

内容	案例	仿真	实操	技能要求
项目7 单片机系统扩展的设计	单片机EPROM存储器扩展	√		1. 掌握程序存储器扩展 2. 掌握硬件设计和软件设计方法
	单片机EPRAM存储器扩展	√		1. 掌握静态数据存储器的扩展 2. 掌握硬件设计和软件设计方法
	简单I/O接口的扩展	√	√	1. 学会读懂I/O扩展芯片74LS245说明书 2. 掌握硬件设计和软件设计方法
项目8 DA/AD转换接口技术	波形发生器（锯齿波）	√		1. 了解DA转换器DAC0832芯片的工作原理 2. 了解单片机与DAC芯片的接口扩展及编程方法
	DA模数转换应用	√	√	1. 熟悉DA转换器DAC0832芯片的工作原理 2. 掌握单片机与DAC芯片的接口扩展及编程方法 3. 掌握现场调试技巧
	简易数字电压表	√		1. 了解AD转换器ADC0809芯片的工作原理 2. 了解单片机与ADC芯片的接口扩展及编程方法
	AD模数转换应用	√	√	1. 熟悉AD转换器ADC0809芯片的工作原理 2. 掌握单片机与ADC芯片的接口扩展及编程方法 3. 掌握现场调试技巧

1.2 教学方法

本课程教学模式为线上线下混合式教学，其教学活动可分为课前线上预习、课中线下教学和课后实践应用。

1.2.1 课前线上预习

利用优越的信息化平台"超星学习通"开发本课程资源,包括课程大纲、电子教案、电子课件、知识点视频、章节测试、题库等,教师通过网络教学平台提前发布下节课的学习任务,学生借助网络教学资源了解学习任务,收集学习资料,完成课前预习工作。

1.2.2 课中线下教学

学生带着自学中遇到的问题走进课堂,教师在授课过程中突出学生的主导地位,引入多种教学方法(见表 2)。对机电专业学生在实验室小班开展教学,边学边练,虚实结合,以此调动学生的学习兴趣,提高学生的实践动手能力。教学方法及实施过程,如表 2 所示。

表 2 教学方法及实施过程

教学方法	实施过程
自主学习法	学生提前在学习通线上预习
项目式教学法	通过任务的实现引入相关知识点
案例教学法	创建案例教学库
虚实结合	Proteus 虚拟仿真及实物演示
课堂讨论	在讲授过程中增加学生感兴趣或者易错的问题进行讨论
翻转课堂	通过小组任务的形式,完成单片机应用系统设计,小组成员需完成 PPT 汇报、小组互评、教师评分等环节

1.2.3 课后实践应用

课后学生可以通过回看学习视频,完成学习通的章节测试;也可以在讨论区与教师交流沟通,加强理论知识的掌握程度。完成教师布置的课后作业,例如:要求学生根据任务要求完成单片机的硬件设计、软件设计及虚拟仿真调试,提升学生的实践应用能力;以小组形式,完成工程应用类型的单片机系统设计,并在课程结束前进行成果分享,通过翻转课堂的形式,培养学生解决实际问题的综合实践应用能力和团队合作意识。

1.3 课程考核

本课程考核打破"一考定成绩"的方式,注重学生综合实践应用能力的培养,注重过程考核。对学生的评价方式采取过程性评价和终结性评价相结合的方式,并且加大过程性评价在教学评价中的比例。过程性评价(40%)包括课堂考勤(10%)、课程作业(10%)、在线学习(25%)(学习视频、章节测试、模拟考试、调查问卷、参与活动等)、小组任务(10%)、实操(45%)等,从而获得学生的过程性评价成绩。终结性评价(60%)

主要指最后的笔试成绩，考核学生运用课程知识分析问题、解决问题的能力，同时检查学生对硬件设计方法、软件设计方法等的掌握和理解程度。

1.4 持续改进

根据学生对本课程的评价以及调查问卷，收集学生对本课程的教学内容、教学方式、在线课程平台建设、教学资源建设等的反馈信息，在后续的课程建设和课程教学中进行调整。例如，早期本课程采取传统的教学模式，之后进行案例式教学，现在采取线上线下混合式实验室小班教学。通过不断改进，教学质量得到很大提高，从近两届机电专业学生成绩对比（见表3）可以看出，学生成绩良好率从9.67%提升到23.73%，不及格率从16.13%降到0%。与此同时，也发现了一些问题，如学生成绩优秀率为0%，这与课程难度、学生基础薄弱等因素也有一定的关联，后续在教学内容和教学方法等方面还要进一步优化。

表3 近两届机电专业学生成绩对比

学年	班级	人数	成绩 ≥90分	80~89分	70~79分	60~69分	<60分
2022—2023	机电20级	59	0%	23.73%	49.15%	27.12%	0%
2021—2022	机电19级	62	0%	9.67%	25.81%	48.39%	16.13%

2 课程改革成效

2.1 学生学习兴趣增强

本课程在教学过程中采用了多种教学方法，如自主学习法、项目式教学法、案例教学法、虚实结合、课堂讨论、翻转课堂等，学生学习兴趣浓厚，由原来的被动学习转变为主动学习，并积极主动地参加教科研项目，或者学科类竞赛人数增加，如学生参加院科研项目"基于Arduino的激光雕刻机的研制"（已结项），参加"工程训练综合能力竞赛（物流+赛项）"，参加"全国大学生智能车竞赛"，等等，都获得了不错的成绩。

2.2 课程考核成绩有了很大的提高

本课程采用不同的教学模式，如线上教学（机自2017级）、线下案例式教学（机电2018级）、线上线下混合式教学（机电、机自2019级）。不同教学方式及格率，如图1所示。对比这三种教学方法可知，采用线上线下混合式教学，学生的及格率最高，可取得较好的教学效果。

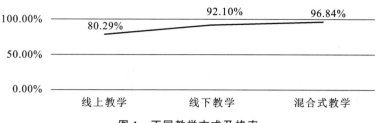

图 1　不同教学方式及格率

2.3　学生综合应用能力提升

在单片机实训、毕业设计等环节，选用单片机实际工程应用题目，如自动浇花装置、扫地机器人、舞蹈机器人、果园喷药机器人等，要求学生制作实物并在答辩现场演示，毕业设计质量及学生的综合实践应用能力都有很大的提高。

3　总结

传统的"单片机应用系统设计"课程教学难以实现课程教学目标及适应应用型工程技术人才培养目标。本文提出以成果为导向，以学生为中心，引入多种教学方法，利用优越的信息化平台，在实验室进行小班教学，虚实结合，边学边练，并建立持续改进机制，提高了学生的学习兴趣，改善了课程教学质量及学生的综合实践应用能力，为其他应用性较强的专业课程教学改革提供了参考。

参考文献

[1] 李志义. 适应认证要求 推进工程教育教学改革[J]. 中国大学教学，2014（6）：9-16.

[2] 谭春娇，陈微，赵亮，等. 工程教育认证理念指导下的教学改革[J]. 计算机教育，2019（2）：123-126.

[3] 杨宇祥，邵伟，高瑞鹏，等. 专业认证背景下的单片机课程教学改革与实践[J]. 教育教学论坛，2020（35），197-198.

[4] 江世明，赵乘麟，付琳. 工程教育专业认证背景下单片机课程教学改革和实践[J]. 中国现代教育装备，2020（21）：28-31.

应用型高校软件工程专业课程体系改革与实践[①]

苏永红[②] 杜 琳 钱小红

(武汉华夏理工学院 信息工程学院,湖北 武汉 430223)

摘 要

随着大数据、人工智能、云计算等技术的普及,我国软件市场规模日益扩大,对人才的要求也相应提高,这就要求高校软件人才培养的课程体系建设,需缩小毕业生的专业水平与软件行业需求之间的差距,以适应信息社会发展对软件行业人才的高要求。本文以武汉华夏理工学院软件工程专业为例,从人才培养模式、课程设置、实践教学、教学改革等多方面研究应用型高校软件工程专业课程体系改革,建设模块化、平台化的课程体系,探索教学内容及教学方法改革。经过实践探索,软件工程专业课程体系改革和人才培养已经取得初步成效。

关键词

软件工程;课程体系改革;实践教学;人才培养

引言

当前,人工智能、大数据、5G、物联网、云计算、机器人等均离不开软件技术的支持。在人才市场上,软件人才所占比例越来越高。国内很多高校都设立了软件工程专业,为社会培养了大量的人才。然而,51job 网、BOSS 直聘网等提供的数据显示:一方面,企业难以招聘到符合企业需求的人才,岗前培训成本过高;另一方面,高校对企业的人才需求缺乏了解,导致人才培养与社会需求相脱节,出现了高校应届毕业生就业难和企业急需合格的 IT 人才的矛盾。[1] 这反映了高校传统的人才培养模式与软件产业对人才规格的要求之间存在较大偏差。因此,改革人才培养模式,优化课程体系结构,构建具有本校特色的软件工程专业课程体系,提升人才培养质量,是本校面临的重要任务之一。

应用型高校软件工程专业培养的是具备科学思维能力、软件开发能力和软件工程实践应用能力,了解和紧跟软件工程专业发展,综合素质较高,适应经济社会发展需要,具有

---

① 基金项目:武汉华夏理工学院校级教研基金项目(编号:2117)。
② 作者简介:苏永红(1980—),女,硕士,讲师,研究方向:分布式计算,网络安全,移动通信。

一定创新能力的应用型人才。[2] 传统的教学体系存在课程较为分散、实践教学不突出、应用能力培养不连贯等问题。新的教学体系以行业需求为导向，注重以学生为中心、以产出为导向，持续改进，培养学生解决复杂工程问题的能力。[3] 将思政教育、实践创新能力培养贯穿于教育教学全过程，使培养的专业人才符合软件行业需求，缩小毕业生水平与软件行业需求之间的差距。下面以武汉华夏理工学院软件工程专业为例，对应用型高校软件工程专业课程体系建设进行具体探讨。

1 人才培养目标与课程体系建设

武汉华夏理工学院软件工程专业在建设教学体系时，本着"以行业需求为导向，以学生为中心，以产出为导向，以提高教学质量为目标，服务区域经济和社会发展"的基本指导思想，形成了"实践教学和能力培养贯穿培养全过程，校企合作深化产教融合"的培养特色。软件工程专业人才能力培养全过程如图1所示。

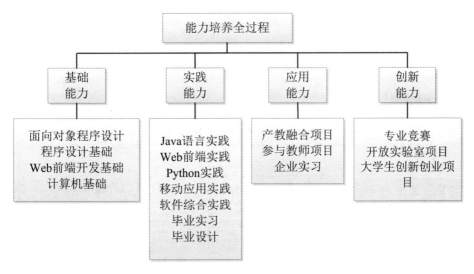

图1 软件工程专业人才能力培养全过程

1.1 应用型人才培养方案

通过对企业、行业专家、兄弟院校、毕业生、招聘机构的调研，制定突出应用型特征的人才培养方案。结合学校办学定位，应用型人才培养方案以社会需求和学生成长需求为导向，以能力培养为核心，深化人才培养模式和考核方式改革，优化课程体系和教学内容，强化实践教学环节，注重学生的个性化和全面发展。

在培养过程中注重学生知识、能力、素质的协调发展，突出系统工程能力和分析解决问题能力的培养，保证毕业生的就业竞争力和岗位适应性，具体包括如下三个方面。

一是加强思想素质培养。把爱国主义情怀、社会主义核心价值观教育融入教育教学全过程，加强课程思政建设。

二是加强实践能力培养。坚持理论与实践相结合,以学生专业能力培养为主线,一方面加强基础理论知识教育,另一方面加强专业实践能力培养,将实践能力培养和创新创业教育融入人才培养全过程。

三是加强创新能力培养。关注社会需求及学科专业发展趋势,确保人才培养方案具有科学性、先进性和前瞻性。借鉴应用型人才培养的先进经验,将行业需求的课程纳入人才培养方案。通过校地、校企深度合作,加强创新创业教育,增强学生的从业能力、创新能力和服务社会的能力。

1.2 模块化、平台化的课程体系

以就业为导向、以能力为核心构建课程体系。课程设置模块化、平台化,全面培养学生的基础知识、个人能力、团队合作能力和系统功能能力。课程体系强调实用性,注重学生综合应用能力和创新能力培养,形成综合素质教育体系。[4]

课程体系由符合知识结构要求的理论教学体系、实践教学体系、素质教育体系和职业技能教育体系四个部分组成,其中通过理论教学体系为学生建立通识教育课、专业基础课、专业方向课三级课程模块平台。软件工程专业课程体系模块化建设示意图,如图2所示。

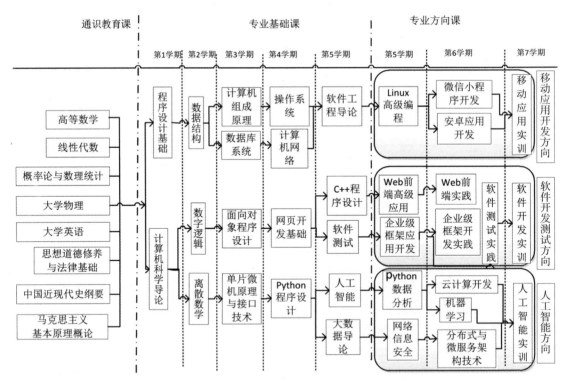

图2 软件工程专业课程体系模块化建设示意图

软件工程专业基础课模块平台主要包括"程序设计基础""面向对象程序设计""Python语言程序设计""数据结构与算法""数据库原理与应用""软件工程""计算机网络""计算机操作系统""计算机组成原理"等课程,通过该模块的设置强调基础教育。

专业方向模块平台分为三个方向——软件开发与测试方向、移动应用开发方向、人工智能应用方向,体现"多方向"性,为学生就业提供多项选择。

根据社会经济发展和科技进步的需要,及时更新知识结构,将新知识理论、新技术融入到教学体系中,培养学生的可持续发展观。[5]

2 教学内容及教学方法改革

2.1 更新课程内容

根据科学研究新进展、实践发展新经验、社会需求新变化及时更新课程内容,逐步增加高阶性、挑战性、创新性一流课程。教师在教学中应合理提升课程难度,将最新的科研成果融入课程教学,将学科竞赛内容融入课程教学,拓展课程深度,使课程内容更加符合专业培养目标。

2.2 推动课程思政

首先,将课程内容融入课程思政,培养学生的爱国精神。如在"网络信息安全"课程中讲解网络信息安全对国家的重要性,结合网络信息安全法、护网行动等相关案例,弘扬爱国精神。

其次,结合课程内容,在布置的作业中融入思政元素。如在"安卓应用开发"课程作业中,布置"科学人物介绍"界面设计作业,帮助学生端正学习态度,学习科学家的爱国奉献精神,养成热爱国家、热爱学习的好习惯。

最后,在考试题目中融入思政内容。如在"网络信息安全"课程中融入习近平总书记关于网络安全方面的讲话内容,在考核专业知识的同时使学生受到爱国主义思想教育。

2.3 改进教学手段

为了适应移动互联网的迅速发展,不断推进信息化课程资源建设,本研究从以下四个方面改进教学手段。一是以省级一流课程建设为抓手,改进教学方式。开展线上一流课程教学、线上线下混合式一流课程教学、线下一流课程教学、虚拟仿真一流课程教学等教学模式的探索,促进启发式、讨论式、参与式、探究式等教学手段的运用,培养学生独立思考、勇于探索、自主创新的精神。如"安卓应用开发"课程采用超星学习通平台的在线课堂进行课堂管理,引导学生进行在线视频学习,形成"自主学习、精讲详解、互动答疑、知识检验、总结反馈"五个阶段的线上教学方式。二是利用智慧课堂工具,加强课堂管理。部分课程在课堂上使用超星学习通的智慧课堂软件进行课堂管理和资料共享,设计点名、抢答、互评等环节,活跃课堂气氛,提高教学效果。三是利用学校网络学习平台,建设立体化网络学习资源。四是利用QQ课程群搭建学习平台,促进课堂内外的学习空间衔接,辅助学生参与相关学习活动。

2.4 改革考核方式

首先,加强能力测试。由单一课本知识的掌握转变为对设计、实践动手能力、自我表达能力、团队合作能力的考核,强化课堂作业的高阶性,提高知识覆盖率、实用性和难度。

其次,注重过程考核。增加过程考核比例和过程考核种类。如考试课程过程考核比例增加到40%,实践课程过程考核比例增加到50%,过程考核成绩低于60分的不能参加终结性考核。过程考核类型多样化,不低于3种,其中参与性比例不高于30%,增加探究性、写作性、测验性、综合性等过程考核方式,过程考核各项成绩要有相关支撑材料。如在"安卓应用开发"课程考核中,为学生布置自主学习内容,加强对学生课下学习的监督,将课堂作业、小组讨论、单元测试、编程测试等成绩纳入过程考核。

2.5 打造第二课堂

为了进一步提高学生的实践动手能力和创新精神,培养应用型人才,结合软件工程的专业优势,精心打造第二课堂,教师团队创建产学研名师工作室,带领学生进行实践项目开发、学科竞赛。先后组建了华创信息工作室、智慧教育工作室、乡晨数据工作室、华夏软联工作室,教师带领学生进行Web项目开发、移动应用项目开发、人工智能项目开发,相关学科培训和竞赛,并引进行业专家进行学科培训,采用"理论+项目+实践"的教学模式和企业管理机制,让学生提前熟悉并适应企业需求。将考核合格学生推荐到教师的横向项目和合作企业参与实践。软件工程专业课外实践特色班如图3所示。

3 实践教学体系建设

3.1 构建多模块实践教学体系

坚持理论教学与实践教学并重的指导思想,引导学生参与教师的横向课题,鼓励学生参加竞赛,构建多模块实践教学体系。根据学生的认知观构建层层递进的实践教学模式[6],包括基础技能实训模块、专业技能实训模块、综合设计实训模块、应用创新实训模块。

为体现实践教学体系的预期目标,重点完成以下三项工作。

第一,分层设置实验。将实验内容划分为不同层次,如验证性、探究性、综合性等层次。将实验内容划分为不同类型,如必做型、选做型、团队合作型等。要求学生学完专业必修课后必须完成1项与专业课相关的实践开发项目且参与项目答辩,并将其转化为教学资源。要求学生大学4年中必须参与1项综合性软件开发项目且参与答辩。通过分层设置实验实现从课内向课内外结合的教学模式的转变,实现了多层次、全过程的实践教学人才培养模式。

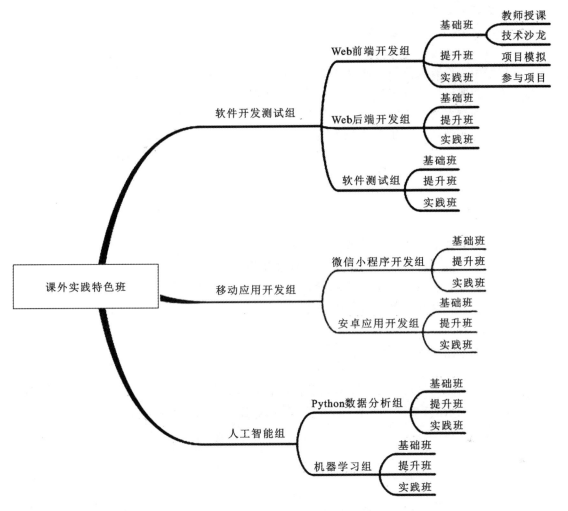

图 3 软件工程专业课外实践特色班

第二，校企联合进行实践教学。引进企业实训项目，让学生从头到尾参加软件开发的全过程。将学生分组，让其扮演不同的角色，体会软件项目的不同阶段。通过校企合作实践教学，增加学生的实践项目经验，提高学生分析、解决问题的能力和实践应用能力。

第三，以赛促学进行实践教学。鼓励学生参加比赛，以赛促学，提高学生运用所学知识分析、解决问题的能力及统筹协作的能力，培养学生的创新意识和团队合作精神。[7] 通过带领学生参加"蓝桥杯"全国软件和信息技术专业人才大赛、全国高校计算机能力挑战赛、"互联网+"全国大学生创新创业大赛、中国大学生程序设计大赛、"新华三杯"数字技术大赛、信创大赛等竞赛，使学生一方面增长知识能力，获得较多奖项；另一方面通过以赛促学，提升其实践应用能力、自学能力、创新意识、合作精神，等等。

3.2 深化校企合作共建

借鉴国内外校企合作的成功办学经验，探索与企业联合的校企合作育人模式。在人才培养方案制定、课程建设、实习、实训、产学研基地建设等方面深化校企合作建设。面向企业争取签订更多的横向项目,或与地方企业合作申报各级各类科研项目,为学生提供更多实践就业机会,培养更多有项目实践能力的软件工程专业人才。

本校与软通动力信息技术(集团)股份有限公司、奇安信科技集团股份有限公司、武汉达梦数据库股份有限公司、武汉金信润天信息技术有限公司、北京千锋互联科技有限公司等公司,在课程培养方案建设、实践教学、实习实训、产学研基地建设等方面均有深入的合作;教师与多个企业签订产学研合作协议和横向项目合同,通过骨干教师建设产学研工作室、中青年教师参与工作室项目建设和学生实践项目培养,带领学生到企业实习实训,培养学生的实践应用能力、自学能力、创新意识、合作精神等,深化校企合作共建。

4 人才培养成效

经过多年的教学实践,武汉华夏理工学院软件工程专业在校生和毕业生在社会服务能力、专业竞赛、参与科研项目、就业等方面取得了较好的成绩,在多项省级、国家级竞赛中获得了较好的成绩。学生参与教师科研项目并将项目应用于毕业设计,发表了多篇论文,申请了多项专利和软著,就业率保持在90%以上,被评为就业免检单位。

4.1 服务社会

学生团队陆续为学校开发了华夏通校园车辆管理系统、科研管理系统、毕业论文管理系统、排课管理系统、校内部门网站等20余套系统,为地方单位和企业建设网站、开发应用软件等10余套。

4.2 参与专业竞赛及科研

通过学生参与教师科研项目,搭建创新创业实践平台,推动了高质量的师生共创,增强了学生的科研能力。近年来,获批大学生创新创业项目30项;学生参与教师横向课题56项,参与软件著作权32项,发表论文10余篇。学生多次在"'挑战杯'全国大学生课外学术科技作品竞赛""中国国际'互联网+'大学生创新创业大赛"等专业竞赛中获奖。

4.3 就业单位反馈

近年来,软件工程专业初次就业率基本稳定在90%,从学生就业率、考研率和就业去向来看,软件工程专业毕业生就业质量较好,与培养目标一致。用人单位对软件工程专业毕业生的道德素养、敬业精神、知识结构、专业技能、适应能力、沟通能力、团队协作能力等较为满意。

5 结语

课程体系构建是应用型本科院校教学工作中的顶层设计,是培养高素质应用型人才的前提条件，对特色专业建设、提高人才培养质量有着重要的意义。武汉华夏理工学院作为应用型本科高校，在探索提升应用型人才培养质量方面进行了许多改革和实践探索，未来将结合工程教育专业认证标准和行业需求进一步完善软件工程专业教学体系，提升人才培养质量。

参考文献

[1] 中国软件行业协会.2022中国软件和信息服务业发展报告[R].北京：中国软件行业协会，2022.

[2] 蒋宗礼.本科工程教育：聚焦学生解决复杂工程问题能力的培养[J].中国大学教学，2016（11）：27-30，84.

[3] 张晓晶，马超，董薇，等.以解决复杂工程问题能力为导向的软件工程专业课程体系的研究[J].教育现代化，2020，7（49）：86-89.

[4] 彭海云，卢欣欣.应用型高校软件工程专业教学体系构建[J].工业和信息化教育，2022（1）：19-23，34.

[5] 蒋宗礼.工程专业认证引导高校工程教育改革之路[J].工业和信息化教育，2014（1）：1-5，12.

[6] 王文发，武忠远，侯业智.软件工程专业"2＋1＋1"校企联合人才培养模式的探索与实践[J].中国大学教学，2015（10）：25-28.

[7] 黄先莉，李娜，吴少平，等.创新型人才培养的探索与实践——以华中师范大学为例[J].工业和信息化教育，2020（5）：1-4，10.

基于"五星-问题链教学法"的混合式课堂教学改革
——以"计算机组成原理"课堂教学为例

李小艳[①]　陈　利

（武汉华夏理工学院 信息工程学院，湖北 武汉 430223）

摘　要

课堂提问一直是教学研究的热点。现阶段混合式课堂得到广泛运用，但存在线上线下割裂、缺乏有效过渡、高层次思维训练较少等问题。本文通过研究"五星—问题链教学法"在混合式课堂中的应用，根据五星教学原理设计教学中的问题链，激发学生的学习兴趣和自主学习能力，促进深度思考，提高课堂教学质量。

关键词

"五星-问题链教学法"；课堂教学；混合式课堂

引言

2017年，教育部启动"新工科"建设，加快培养新兴领域的工程科技人才，改造升级传统工科专业，主动布局未来战略必争领域的人才培养，提升国家硬实力和国际竞争力。[1] 为了主动应对新一轮科技革命与产业变革，促进高等教育人才培养的思想、理念、理论、技术、评价、方法、标准、体系、文化改革创新，推动人才培养模式变革便成为高等教育改革的要点。[2] 各高校结合自身定位提出了相匹配的人才培养方案，教学模式由传统模式向多元化方向发展。随着互联网的普及和科学技术的发展，教育教学资源在网络上不断被共享，大学生慕课、雨课堂、超星、智慧树等教育平台不断涌现，混合式教学应运而生。混合式教学将传统的教学方式与现代化的信息技术相结合，打破了传统教学方式的局限性和瓶颈，为教育教学带来了新的思路和视角。

混合式教学模式因其能够充分利用信息技术的优势，提高教学效率，促进学生个性化学习等诸多优点，而成为近年来教育领域中备受关注的一种教学方式。《国务院关于积极推进"互联网＋"行动的指导意见》中提出了应逐步推进线上线下混合式教学的建议，要求各地教育部门逐步采用线上线下混合式教学方式，引导学校设立线上教学管理机构，加大在线课程建设和推广力度，同时加强线上教师培训，提高教师线上教学能力，使其能够在线上展现

---

① 李小艳（1981— ），女，硕士，副教授，研究方向：软件工程。

出优秀的教学水平。《关于加快建设高水平本科教育全面提高人才培养能力的意见》中提出要积极推广混合式教学等新型教学模式，推动课堂教学革命，激发学生学习兴趣和潜能。[3]

但是混合式教学也存在如下问题。一是线上线下教学缺乏有效的过渡性策略，知识结构易松散。混合式教学通常涉及线上和线下两种存在明显差异的学习环境和学习方式，如果缺乏有效的过渡策略，学生线上和线下学习方式之间的切换存在难度，影响知识掌握和技能培养。二是以知识记忆为主，缺乏高阶思维训练。由于师生均对高阶思维能力的培养认识不足，也缺乏对应的技术平台或者工具支持，在线下学习中，学生更注重知识的记忆和应试，难以激发批判性思维和创造力的培养。在线上学习中，学生借助各种工具和资源获取知识，存在较大的知识碎片化和浅层化风险，学生的系统思考能力和深层次理解能力培养的难度较大。三是合作学习和交流的质量有待提升。尽管混合式教学可以提供给学生更多的合作学习和交流机会，但由于缺乏明确的目标和任务，学生参与度不高，缺乏适当的评价和反馈机制，极大地影响了合作学习和交流的质量。

如何改进混合式教学的不足，提高教育教学效果，成为摆在教师面前的一个重要课题。本研究中，笔者根据五星教学原理，参照教学目标、教学内容和学生已有的知识和经验，针对学习过程中可能产生的困惑，将知识转换为层次鲜明、具有系统性的一连串教学问题，形成环环相扣、层层递进的问题链，在完成线上线下教学过程过渡的同时，解决混合式教学中的高阶思维训练不足、深层次交流较少的问题[4]。

1 "五星-问题链教学法"的设计

"五星-问题链教学法"（简称"五星教学法"）是当代著名教育技术理论家和教育心理学家梅里尔近年来一直倡导的新教学理论，通过逻辑步骤帮助学习者理解和掌握新知识，提高学习效率，提高学生的参与度和自我效能感。五星教学法主要包括五个教学环节：聚焦问题，激活旧知，论证新知，应用新知和融会贯通。"五星-问题链教学法"的实施细节，如图1所示。

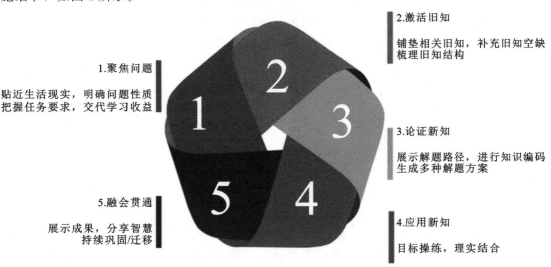

图1 "五星-问题链教学法"的实施细节

第一，聚焦问题：要明确所要解决的问题或任务，以问题或任务为中心，明确教学任务，以此激发学习者的学习兴趣。

第二，激活旧知：以回忆、补充、梳理等方法激活学习者已有的知识，以便其更好地理解和接纳新知。

第三，论证新知：通过展示和论证新的知识点，学习者更好地理解和掌握知识，形成多维度的问题解决方案。

第四，应用新知：学习者在理解新知后进行实践应用，以便巩固和提高。

第五，融会贯通：将所学知识融入到生活或工作中，多展示和分享，持续巩固和迁移，以便达到学以致用的目标。

笔者以这五个教学环节作为指导，采用自上向下的模式设计递进式问题链，并利用ChatGPT将问题进行同义转化，生成问题集，纵向组合，形成不同的问题链，以供学生选择和研究。五星-问题链教学设计，如图2所示。

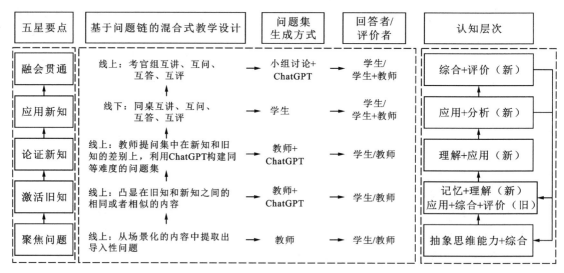

图 2　五星-问题链教学设计

五星-问题链教学设计要点包括：聚焦问题，激活旧知，论证新知，应用新知，融会贯通，层层递进；基于问题链的混合式教学设计，问题集生成方式，以及回答者/评价者三项信息详述。

首先是聚焦问题阶段。教师贴近生活现实甄别选题，设置情景化问题，并明确指出教学目标。此阶段在线上进行，教师为问题提出者，学生为问题回复者，教师予以评价。

其次是激活旧知阶段。线上适度检验相关旧知，并根据旧知和新知之间的相通之处，将旧知和新知进行关联，确定元问题。此阶段教师为问题提出者，学生为问题回复者，教师予以评价。

然后是论证新知阶段。根据元问题，利用ChatGPT生成同质问题集，通过线上平台推送，不同的学生获取同质的不同问题，在增加趣味性的同时提高学生的参与度。

最后，学生以问题为导向，辅以对应视频学习，2人一组或4人一组，采用Think-Pair-Share模式（见图3）进行论证后予以回复。该环节以作业或者测试为主。此阶段教师为问题提出者，学生小团队为问题回复者，教师予以评价。

图 3　Think-Pair-Share 模式

1.1　提出新知阶段

线下课堂中，学生以某知识相关项目为基础，同桌互讲、互问、互答、互评，教师处理争议，具体模式见图 4（同桌互教模式来源于哈佛大学 PI 教学法的核心环节）。此阶段学生为问题提出者、问题回复者、问题评价者，教师为课堂组织和解决争议者。

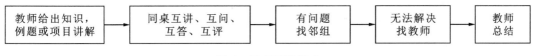

图 4　同桌互教模式

1.2　融会贯通阶段

采用小考官-小评委模式（见图 5）：教师给出问题类型和问题模板；学生组队后，根据问题模板和类型，利用 ChatGPT 讨论出题并初步拟定参考答案，以线上推送的方式推送给其他小组，实现小组互考、互评；教师处理争议。此阶段，学生团队为问题提出者、问题回复者、问题评价者，教师参与对问题质量的评价和处理争议性问题。

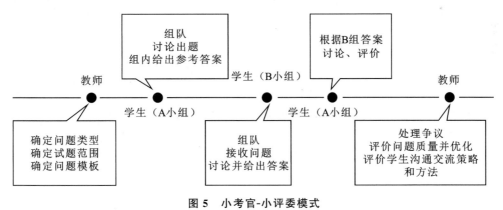

图 5　小考官-小评委模式

1.3　聚焦问题阶段

在对现实问题的表述过程中，需要对问题进行抽象和简化，把具体的问题转化为抽象的概念或模型，才能更好地理解和分析问题的本质，这个过程需要较强的抽象思维能力。而聚焦问题通常涉及多个学科领域的知识和技能，需要极强的综合应用能力，将不同的知识点和技能进行整合和应用。

1.4 激活旧知阶段

在激活旧知的过程中,学生运用已有的应用、综合和评价能力,联结新知需要记忆和理解能力,从而在新知和旧知的关联过程中循环增强对应的综合能力和理解能力。

1.5 论证新知阶段

此阶段是为了提高学生的理解和应用能力,填补学生的认知缺口。相关的旧知被激活了,新知在已被激活的旧知基础上融合、延伸、拓展,解决问题的维度和方法会更多、更全,从而提高学生的理解和应用能力。

1.6 应用新知阶段

学生运用所学的知识和技能对实际问题进行观察、分析、推理和判断,找到问题的解决方案,并通过实践,将其应用到实际情境中,提高自己的应用和分析能力。

1.7 评价反思阶段

学生在理解和应用新知的基础上,将新知与原有的知识体系进行融合,形成更为完整和系统的知识结构,从而更好地理解和掌握所学内容,同时能够对所学知识和技能进行全面的评价和反思,发现不足并进行改进。

2 以计算机硬件系统的构成课程为例

计算机硬件系统的构成是"计算机组成原理"的奠基性章节,属于必须掌握的内容。但其资料丰富、内容易懂,适合做翻转式线上线下混合课堂。笔者用"五星-问题链教学法"设计了多个不同的问题链,以促进学生个性化学习。"五星-问题链教学法"示例,如图6所示。

2.1 问题集的形成

教师或者学生给出问题类型和示例,利用 ChatGPT 做同质问题集,方便形成不同难度的问题链。

2.1.1 问题集1

导入问题,与学生生活、学习密切相关,从学生购买计算机要考虑的要素开始。问题集集中在人们生活中可观测到的内容,在课前线上进行。

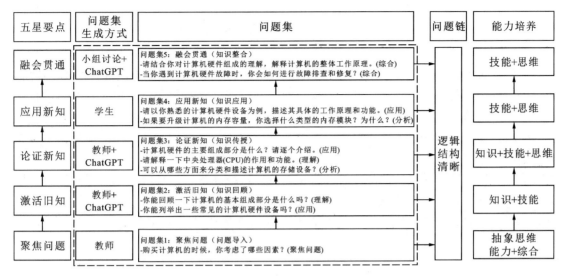

图 6 "五星-问题链教学法"示例

2.1.2 问题集 2

由教师事先确定，根据布鲁姆的教学目标分类，以知识回忆为主。学生需要根据生活经验或者学习经验回答自己购买计算机的主要组成部分，以及通过资料搜索和整理后回答常见的硬件设备。问题集集中在回答"是什么"，在课前线上进行。

2.1.3 问题集 3

由教师事先确定问题导向，主要完成理解和分析能力培养的教学目标。提出问题后，教师推送相关学习视频，承接问题集 2，提出更为深入的问题，让学生独立思考、查阅资料后，给出自己的答案，并和两人组的成员讨论答案，达成一致后提交答案。问题集集中在回答"有什么"，在课中线上进行。

2.1.4 问题集 4

以学生团队合作为主，完成应用和分析能力培养的教学目标。线下教学，同桌互讲、互问、互答、互评，承接问题集 3，就计算机硬件的工作原理或者计算机主要组成部分的性能、评价等方面进行扩展，加深对知识的理解，也将知识应用到生活中，提高分析问题的能力。问题集集中在回答"怎么用"，在课中线下进行。

2.1.5 问题集 5

以小组讨论为主，完成综合能力培养的教学目标。小考官-小评委模式的线上教学，以组为单位，小组出题，小组答题，小组评价，教师处理争议，承接问题集 4，就计算机的整机工作原理进行分析，提高学生合作学习和深层次交流的可能性。问题集集中在回答"怎么用更好"的问题上，在课后线上进行。

2.2 问题链的形成

从问题集 1 到问题集 5，问题之间彼此关联而有序，从现象到本质，再到拓展和应用，无论是渐进性、覆盖面、启发性还是可操作性，都能够有效引导学生完成对计算机硬件组成和工作原理的学习。

问题链的实施能够有效地完成从线上到线下的过渡，知识结构紧凑；能够通过多样化合作学习和交流来提高学生的参与度，及时给予正向反馈，提高学生参与的积极性；逐步提升认知层次，从激活旧知识到理解、应用和分析，最终达到整合的层次。学生通过回顾旧知和理解新知，应用知识进行解释和描述，最终能够整合各个知识点来解释计算机的整体工作原理，并运用知识来排查和修复计算机硬件故障，达到对知识、技能、思维的培养。

3 总结

经过教学改革与实践，厘清了"五星-问题链教学法"在混合式课堂教学改革中的过渡作用，提出了基于五星教学原理的问题链的构建法，从现象到本质，在不断的追问过程中提高了学生提出问题、分析问题和解决问题的能力，强化学生用理论解决实际问题的能力，并在此过程中提高学生之间交互的频率以及沟通的深度，促进了深度思考[5-6]。同时，利用 ChatGPT 形成了每个知识点的问题链库，并将其有效地应用于教学过程中。

参考文献

[1] 么秋香，田少鹏，任花萍，等."以赛促教"与费曼学习法应用于化工设计实践课程的教学改革探索 [J]. 科学咨询（科技·管理），2023（1）：93-95.

[2] 王亚文，徐飞，刘智平，等. 高校创客社团的架构设计与案例分析——以 X 大学网络空间安全创客社团为例 [J]. 现代教育技术，2019，29（7）：106-112.

[3] 中华人民共和国教育部. 教育部关于加快建设高水平本科教育全面提高人才培养能力的意见 [EB/OL]. (2018-10-08) [2023-09-21]. http：//www.moe.gov.cn/srcsite/A08/s7056/201810/t20181017_351887.html.

[4] 何媛媛. 如何有效利用语文教学中的"提问" [J]. 天津教育（中、下旬刊），2018（12）：56.

[5] 康翻莲，基于 GROUP STUDY 的《资产评估》多元教学法研究 [J]. 财会学习，2021（22）：165-167.

[6] 赵金霞. 问题链教学法在《原理》课教学中的探索与实践——以"马克思主义基本原理"课为例 [J]. 青年与社会，2019（26）：113-114.

民办高校科研经费的财务管理问题及对策

陈志忠[①] 彭贝贝

(武汉华夏理工学院 信息工程学院,湖北 武汉 430223)

摘 要

本文以国家提出的"要实现高等教育内涵式发展"为基准要求,调研区域内民办高校科研项目经费的财务管理情况,对民办高校科研师资队伍能力不足导致科研项目经费预算不到位、科研经费管理部门交叉存在明显职责缺失、科研经费的财务管理监管体系落后导致经费滥用情况频现、疏于科研项目的资产管理造成资源浪费这四个方面的问题,提出要简化项目管理,建立科研经费绩效考核体系;完善科研经费财务管理制度,规范科研经费使用;组建高水平科研工作团队,优化项目编制及预算水平;建立科研项目经费网络管理平台,实现财务管理信息化等对策。使民办高校科研经费的财务管理更加高效,有效促进民办高校内涵式发展。

关键词

民办高校;科研项目;财务管理;对策

引言

民办高等教育是在我国改革开放以来,大力实施科教兴国战略、推进教育教学改革,实现国家各类教育跨越式发展的大背景下产生的,是我国多元化办学方针的具体体现。近年来,国家各项政策的大力支持和投资主体单位的资金投入使我国民办高等教育取得了长足的发展,相比于公办高校,民办高校面临着较大的生存挑战,尤其是在国家科研投入、学科发展及高校内涵式发展上有较明显的差距。缩小这些差距势必需要民办高校的办学主体投入更多的财力夯实学校的教育科研,鼓励教师投入更多精力深入进行科学研究,提升学校的整体实力,同时也要做好学校的内部管理等,才能让民办高校在内涵式发展上越来越好。

党的十九大报告中明确指出,要实现高等教育内涵式发展。近年来,在国家利好政策的支持下,民办高校基本完成了转型转设,办学实力也得到了稳步提升,"创品牌塑形象"

---

① 作者简介:陈志忠(1984—),男,硕士,讲师,研究方向:智能计算,企业管理。

成为民办高校发展的主要因素。各级各类科研项目成功获批及科技成果转化等成为各高校提升自身软实力的最好途径，科研项目的发力和投入成了民办高校发展的主要促进因素。

依据《中华人民共和国民办教育促进法》及实施条例，民办高校的设立者要求是除国家机构以外的社会组织或者个人，而学校资金的投入基本来源于举办方，科研力量相对来说比较薄弱。第一，纵向项目经费拨款有限，科研投入主要依靠自筹和横向项目。各高校为了学校内涵式发展，鼓励教师开展横向项目研究，成立名师工作室提升学校的科研能力。民办高校进入内涵式发展阶段，都努力在全方位、多渠道开展科研项目研究。第二，民办高校建立初期在科研上不重视、起步晚、基础薄弱等，科研发展很缓慢，在科研经费的财务管理上也存在诸多问题，主要表现在科研能力和科研经费不足、对科研管理重视不够、弱化会计控制、管理平台落后及效益较低等。本文现就湖北省武汉市区域部分民办高校在科研项目来源、管理及经费上存在的共性问题及处理对策浅谈几点看法。

1 民办高校科研项目来源及管理现状

党的十九大、党的二十大均提出了高等院校要在人才培养上推动、实现教育内涵式发展；中共十九届五中全会提出要建设高质量教育体系。这对经费来源比较单一的民办高校而言，面临机遇，也面临挑战。在科研投入总量较低、科研经费不足的情况下，民办高校势必要拓展科研项目来源和加强科研项目后期跟踪管理，才能让民办高校在内涵式发展上获得较好的发展空间。

1.1 科研项目来源

为推动和实现高等教育内涵式发展，在公办高等院校和同类高校的影响下，为进一步提升办学品牌和实力，近些年部分民办高校引进高级科研人才，指导或负责学校的科研工作，在校内主导成立科研处、校企合作中心、产学研中心或名师工作室等来获批更多的科研项目。获批的科研项目一般为纵向项目和横向项目。在民办高校科研处的指导下，带动更多的教师积极申请国家级、地市级的纵向项目，力争从各级财政获得更多的专项和非专项科研经费拨款。按照项目来源不同，分中央部委科研经费拨款、地方科研经费拨款及其他由行政机关牵头的合同类纵向项目科研经费拨款。[1] 但在获得纵向项目方面由于民办高校师资情况和投资方的原因，相比于公办院校明显处于劣势，名额也有一定的限制。横向项目一般在民办高校科研工作中占据主导地位，通过成立校企合作中心、产学研协同中心和名师工作室作为学校外联的科研攻关部门获得更多的项目资源。另因民办高校的财务管理体系及相关制度的制定和监管不同于公办院校，具备较强的灵活性。领导及学校科研管理部门也鼓励教师通过开展科研及相关活动多渠道与企业建立联系争取横向项目落地、实施和结项，获得更多的科研收入。科研收入主要包括技术开发、技术（委托）咨询、科技成果转化等方面的收入。

以武汉某民办高校 2022 年科研项目来源及对应科研经费到账情况（见图 1）为例。该校 2022 年的纵向项目立项数是 17 项，科研经费到账 49 万元；横向项目立项数是 58 项，科研经费到账 473 万元。不难看出，该民办高校的科研经费到账绝大部分是来自横向项目，获得的各级财政拨款较少。

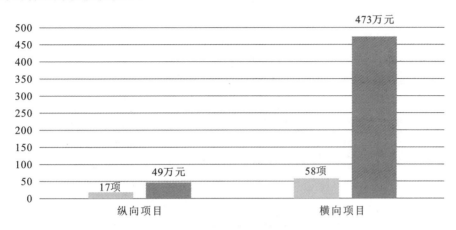

图 1　某民办高校 2022 年科研项目来源及对应科研经费到账情况

1.2　管理现状

民办高校属于企业投资、独立法人承办的营利或非营利性教育机构，在制度管理和财务管理上都具有一定的可变性和随机性，在科研管理上起步较晚，存在着科研项目的来源渠道和数量的差异化情况，在科研项目和科研经费的管理上基本都是参照国家相关规定执行或参照科研管理情况实施较好的高校，也处于不断变化中。以武汉区域某高校为例，该校根据相关产学研合作经费管理办法，对商务经费、专项经费等实行六级管理体系制度。由执行校长直接承担科研经费的领导责任，分管科研的副校长负直接领导责任，科研处处长负责科研活动经费的报销审批。[2] 科研部门负责科研项目的项目管理和合同管理，协助项目负责人编制项目账本及经费预算，并与财务部门做好报销、到账等科研经费管理的相关工作；财务部门负责科研项目的财务管理、会计核算和审查项目决算以及在法规内的科研经费使用。各二级部门及项目负责人是项目的直接管理单位和执行人，负责项目的初审及监督执行情况。某民办高校科研项目管理组织结构图，如图 2 所示。

2　财务管理上存在的问题

随着时间的推移，民办高校的办学经费有了一定的积累，但当前，民办高校的科研水平远远落后于民办高校教育的发展水平，科研项目经费上的投入、项目质量及科研应用的成果转化上远远不够，科研来源上也完全依托于横向项目，但科研经费的财务管理上出现的问题也日益增多，因此，科研经费的管理问题在民办高校财务管理中的地位也日益凸显，同时也是民办高校发展道路上要着重解决和研究的问题。

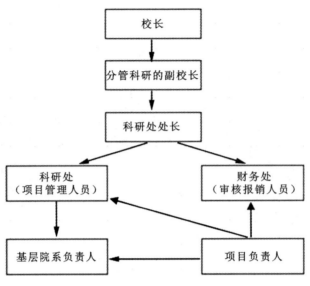

图 2　某民办高校科研项目管理组织结构图

2.1　科研项目经费预算不到位

民办高校办学机制不同于公办高校，学校的运行经费基本是来源于学生缴纳的学费。学校收入绝大部分用于校园维护、校园建设、实验设备采购、教师工资发放和师资培训等。相较于公办高校而言，民办高校的总经费明显不足，因而在各方面的投资都非常地谨慎，在师资队伍建设上重点抓教学主线，极少提及科研的师资建设，认为教师只要能上好课、管理好课堂即可。绝大部分民办高校因资金问题不愿引进高水平的师资，用于完全投入的科研经费少之又少，部分民办高校基本上对科研经费是零投入。长此以往，民办高校在纵向项目申请获批上与公办高校基本上无法相比。

由于民办高校科研师资队伍研究能力的缺乏和教师队伍结构存在不合理的情况，引进的教师科研经验十分匮乏，在承担科研项目任务的时候，基本没有时间进行足够的项目调研和科学测算项目研究经费。另因财务管理经验的缺失，有时为了做科研项目而临时编制科研经费预算，这样的预算不能全面、真实地反映科研项目实际所需要的成本，造成科研项目经费预算不到位，更不明确科研经费的使用规定及范围，最终可能会导致科研项目不能结项。

2.2　部门管理职责缺失

在民办高校中，科研经费的财务管理涉及部门较多[2]，同时按照项目来源（纵向项目、横向项目）分类处理。在武汉某民办高校的科研项目管理上，涉及的部门有科研处、财务处、资产管理处、校企合作中心、产学研中心和名师工作室等。科研处作为科研项目的负责部门，对科研项目的管理及科研经费的合理、规范使用给出指导性意见。财务部门熟悉财务管理的相关制度、票据的有效性及报账核算业务。资产管理处能够对资产资源进行归集,在项目研究所需资产的采购、管理和维护上提供较好的服务。校企合作中心作为校企合作的桥梁,为教师申报项目牵线搭桥。产学研中心在学校科研项目成果转化上起到一定的纽带作用。名师工作室对学校科研项目提供支持,是民办高校内涵式发展的主力军。

从管理角度讲,这种多部门交叉管理的设置是比较合理的,既保证了各管理部门所负责的业务的开展,又在管理上优势互补,对科研经费形成协同管理。但在实际工作的开展中,由于管理过细、交叉融合性较弱等原因,导致权责缺失明显、沟通不畅、制度互不兼容、综合协调能力不足等问题,出现科研经费的多部门管理、简单的事情复杂化,甚至还造成遇事推诿,阻碍了科研经费的合理使用和监管。

2.3 科研经费滥用

前期,因民办高校对科研经费管理工作不够重视,时常会采用"一支笔"的财务支出制度。在财务管理过程中,"一支笔"的财务支出制度极易忽视对项目负责人提供的票据的合法性、真实性、有效性、完整性的审查[3],只注重对支出数额合理性的审批,长期下来就会形成较多无效的票据[4]。财会人员对审批后的科研项目经费,迫于行政命令的压力不得已而为之,造成会计核算工作的被动局面。

民办高校科研经费的来源主要是教师申报的纵向项目或横向项目,而在项目运行的过程中,负责项目的教师基本不按照项目的经费预算,认为自己申请的项目是通过自己的努力获得的,经费自然就属于个人,报销上比较随意,潜意识中会有不用遵守学校财务管理制度与规定的错误认识。这种"重争取、轻管理"的财务管理模式会导致科研资金的流失,少数科研人员想方设法开具票据套取科研项目资金,将个人及家庭生活的一些开支列为科研经费。在横向项目上,利用学校科研经费财务管理漏洞,在学校开展科学研究,特意避开学校对资金票据的审查,造成科研经费的滥用。

长期以来,民办高校对科研项目经费的财务管理制度没有具体的执行流程和时间节点,有时会出现"结项不结款"的情况,对科研项目的中期检查和经费使用上没有一个明确的时间概念,甚至会出现项目结题了2~3年后还在报销项目经费的情况,这样会直接影响到学校财务部门的日常管理工作,造成大量科研经费的闲置累加,严重的会出现浪费或贪污;另外,上级审查部门也会考查学校的科研项目是否开展,开展的科研项目是否发挥出科研的应有市场价值等。所以,必须加强管理,杜绝科研经费滥用情况的发生。

2.4 科研资源浪费

在科研项目经费管理上,虽然有相应的财务管理制度,也设置了科研管理部门、财务部门、基层院系等齐抓共管,但是在此基础上仍然存在着缺位的情况。例如,在开展科研项目研究时,需要购置的科研设备仪器、实验试剂和办公等资产大部分由项目负责人或课题组保管使用,甚至会成为私人财产。在购置设备的过程中,部分民办高校有要求进行资产报备等程序。但是,随着项目数量的增多和项目工作的开展,会出现有的项目使用同类型设备,但因项目负责人不同而重复购买的现象;在遇到项目负责人变更、工作调动或离职的情况时,缺少科研资产交接工作,科研资产在财务管理上无法入账,造成科研资源浪费。

3 提升科研经费管理水平的对策

3.1 简化项目管理,建立科研经费绩效考核体系

在当前促进产教深入融合、校企协同育人的大背景下,民办高校要取得更大的发展空间,就必须建立一套符合自身发展的科研项目管理和科研经费绩效考核体系。

民办高校可以依据学校自身发展情况和科研工作实际,按照科研项目具体规划,简化项目管理过程,全面实现院校二级管理,实行结果导向、过程数据支撑的科研经费绩效考核体系。对科研经费实行细化管理,设置专业的财务管理人员,有效区分项目性质和不同类别的科研经费;修改或取消不合理的项目经费分类,坚决杜绝冗余的科目出现在项目预算和实际报销之中。依据科研项目实际情况科学合理地开支经费,科研管理部门要建立有效的绩效评估机制。[5] 对项目经济效益和市场转化工作,可以邀请行业专家学者进行综合评价或考核;对项目执行单位,根据项目性质及科研经费使用情况,进行年度绩效考核、年终检查等。这样才能有效激励教师专心从事科学研究,甚至还能吸引更多的项目投资,实现真正意义上的产学研深入融合。

3.2 完善科研经费财务管理制度,规范科研经费使用

科研部门和财务管理部门应认真学习《关于进一步加强高校科研经费管理的若干意见》《关于进一步贯彻执行国家科研经费管理政策加强高校科研经费管理的通知》等文件,按照国家规定,严格执行项目预算,不得层层转拨、转包;不得借科研协助之名,将科研经费挪作他用。同时,要将横向项目经费纳入学校财务统一管理,严格实施合同管理,建立科学灵活、操作性强、符合民办高校特色的科研经费财务管理运行制度体系,实行专款专用。有条件的民办高校财务部门可以增设专门的科研财务助理,加强科研项目管理。还可以开展科研经费管理培训,宣传科研经费管理制度,从而减轻科研项目负责人的报账负担。

科研项目负责人或课题组应严格按照科研项目申报书或科研项目合同开展科研工作,所产生的科研经费支出应与实际的科研任务相关,与申报书中的科研预算保持一致,不得将无关的个人或其他支出列入科研经费,更不能以做项目之名通过非法途径开具票据套取科研经费。科研项目结项后,科研负责人或课题组应第一时间凭合法票据进行财务报销。院校二级管理部门应对照申报项目的预算,核对票据金额数是否在合理范围内。财务部门在收到票据后,必须严格按照科研项目预算审核票据,对现场查验的不合理票据应予以退回,让科研项目经费真正用于科研项目,推动民办高校科研水平的提升。

3.3 组建高水平科研工作团队，优化项目编制及预算水平

针对科研人员突出关切，要大力破除不合理的管理规定，激励科研人员全心钻研。要认识到科研工作团队的重要性，没有一个好的科研工作团队是做不好科研项目的。虽然民办高校在财务管理上不同于公办高校，但都有共同目的：建立高水平的科研工作团队，为学校的科研工作服务。

为了进一步建设好民办高校，要切实加强领导，投资集团的董事会领导应督促所属高校的校领导带头开展学术研究，发挥学校中资深教授的示范引领作用，创造条件引进行业专家，让青年教师认识到从事科研项目研究活动既能提升自己的业务能力，也能提升自己的教学管理水平。就民办高校而言，灵活出台一些行之有效的激励措施，鼓励教师成立产学研工作室，吸引热心做科研的教师或学生参与到工作室的项目中。切实让教师积极投入科研工作，组建符合学校发展的高水平科研工作团队，提升科研工作团队的整体研究实力。

在高校科研项目管理中，通过校领导参与、资深教授指导项目研究，进一步完善项目编制能力；而科研经费预算及财务管理可由校领导、科研处、财务处和项目负责人共同完成。项目负责人可以在资深教授的指导下，结合所承担科研项目经费使用的分类做初步预算；科研处和财务处可以同时协助项目负责人编制、审核所承担的科研项目预算，使其既符合科研工作的实际需要又符合财务管理的各项制度，从而大大提高科研项目经费编制及预算水平，使科研项目经费的使用恰到好处，不会导致项目结项时超经费或科研经费累计沉淀。

3.4 建立科研项目经费网络管理平台，实现财务管理信息化

在一些由国家重点建设的公办高校中，科研项目管理及科研经费的财务管理已实现了信息化。而民办高校因办学属性不同及资金投入问题，绝大部分因前期不重视科研项目，并未将科研纳入学校的财务管理信息平台，还处于手工报账状态。民办高校应向先进高校学习，建立科研项目经费网络管理平台，与财务管理信息平台融为一体。将科研项目经费的预算、支出、查询、决算结题、报销票据上传、会计核销、审查和报批等业务实现信息化管理，实现科研工作上的数据共享，建成科研经费网络管理平台，实现科研经费财务管理工作全程信息化。学校各部门通过财务管理信息平台，对科研项目进行动态查询和分析，项目负责人及时方便地获取完整的科研项目信息，也有利于科研管理部门、财务部门和资产管理部门对科研工作开展情况进行有效监督，对使用不合理的科研经费及时"踩刹车"，对科研项目的研究情况及时进行诊断；在上级部门开展审计工作时，也能够及时提供真实的电子材料。财务管理信息平台能够实现对科研经费的全程监督，提升了科研经费管理的透明度，从真正意义上做到有据可查、有章可依，有力提升科研经费财务管理的信息化进程。

4 结论

综上所述,民办高校在财务管理上虽然具备一定的灵活性,但在推动和实现高校内涵式发展的道路上,各民办高校既要寻找更多的科研项目资源,也要重视科研项目经费的财务管理问题。本文调研了湖北省武汉市区域内的几所民办高校的科研经费财务管理情况后,认为做好科研经费财务管理,必须要从完善科研经费财务管理制度、规范科研项目经费使用、建设高水平科研师资队伍、做好科研项目经费预算与审批报销手续、打造科研经费财务管理信息化平台等方面着手,才能合理高效地对民办高校的科研经费进行管理和监督,使得民办高校的科研工作上升到一个新的高度,让民办高等教育在内涵式发展道路上塑造良好的品牌形象,为我国的民办教育事业做贡献。

参考文献

[1] 李文鹏. 论民办高校提升科研经费会计管理水平的方法[J]. 商品与质量,2011(SA):190.

[2] 张海霞. 浅议民办高校科研经费的财务管理[J]. 中国管理信息化,2015,18(5):67-68.

[3] 王玲. 对新形势下民办高校财务管理的思考[J]. 新会计,2014(7):18-20.

[4] 荆新,王化成,刘俊彦. 财务管理学[M]. 8版. 北京:中国人民大学出版社,2018.

[5] 姜蔚. 科研单位科研经费财务管理问题与对策研究[J]. 西部皮革,2017,39(24):17,35.

Chapter 3

人才培养探索

基于学生"五会"能力培养的大学英语通识教育改革
——以武汉华夏理工学院为例[①]

曹勇波[②] 杨 帆

(武汉华夏理工学院 外国语学院,湖北 武汉 430223)

摘 要

通识教育课程(简称"通识课程")是实现通识教育理念的主要载体和渠道,是研究通识教育最重要的切入点。本文在我国教育背景和相关政策的指导思想下,以本土化、本校化为原则,探索适合应用型大学的大学英语通识教育改革路径,以大学英语课程教学设计为切入点,从教学对象、课程目标、课程内容、教学方法和测评考核等方面进行路径探索。通过两次问卷调查的结果,分析教学对象的学习现状、态度、对课程的需求和教学效果等。结果表明,大学英语通识教育改革对课程建设起到了积极推动作用,尤其是测评考核改革取得较大成效,促进了学生"五会"能力的发展。

关键词

通识教育;大学英语;课程设计;调查

引言

关于外语通识教育改革,《英语教育周刊》电子版专题"通识教育:外语专业教学的一把'双刃剑'"介绍了国内重点外国语大学和高水平大学外语专业的通识教育模式。相关专家学者肯定了通识教育的重要性和必要性,同时也提出了异议和困惑。王守仁教授就通识教育跟外语专业教学的关系如何处理提出疑问,梅德明教授质疑从大学一年级开始不分专业地进行通识教育是否符合外语专业的特色和学习规律。[1] 2010年,全国大学英语信息化教学改革成果总结暨外语通识教育与课程设置大会明确提出了高校开展外语通识教育的观点,指出英语教学是大学通识教育形势下必不可少的一个部分,深化大学英语教改的重点是以英语为教学语言推广通识教育。2015年,复旦大学联合清华大学、北京大学、

[①] 基金项目:武汉华夏理工学院校级教学研究项目(名称:课程思政视角下大学英语教学设计与实践研究。编号:2108);武汉华夏理工学院通识教育科学规划专项课题(名称:"基于"五会"能力培养的大学英语通识教育改革研究。编号:21TS09)。

[②] 作者简介:曹勇波(1981—),男,硕士,副教授,研究方向:外语教学。

中山大学发起并成立了"大学通识教育联盟"，使部分应用型本科高校意识到了通识教育的重要性。外语通识教育为深化大学英语通识教育改革提供了思路。语言兼具工具性和人文性，作为工具的通用技能，外语教育可以用来学习与专业有关的学术英语或职业英语；作为文化载体，外语教育可以认识世界，培养心智。

通识教育在落实立德树人根本任务中发挥着重要作用，通识教育的目的是使人成为"真正意义上完善的人"[2]。重视学生在健全人格、人文情怀、科学精神及社会责任感上的收获与成长是通识教育与专业教育的显著区别。虽然国内外一流高校的通识教育改革的走向对各类型与层次的高校通识教育改革具有重要价值，但是教学改革和实践不是简单复制和移植，一定要符合本校实际。因此，本文以本土化、本校化为原则，探索适合我校"大学英语"课程通识教育改革的路径，以培养"五会"（会思考、会学习、会沟通、会动手、会生活）应用创新型人才为根本目标，以课程教学设计为切入点，从教学对象、课程目标、课程内容、教学方法和测评考核等方面进行通识教育规划和改革实践。

1 研究问题

成果导向教育（OBE）理念与能力导向课程设计可以较好地解决大学通识教育在本科教育中的定位与通识课程之间的逻辑和结构关系。[3] 对于通识教育核心课程来说，要重视各项能力和素质的培养情况，如何锚定对应课程与能力目标之间的逻辑关系，如何评价学生的学习成效，都是值得探讨的问题。因此，在考虑本校实际的基础上，本文将通识"五会"能力的培养融入大学英语课程教学设计，提出以下三个问题。

第一个问题：如何在课程教学目标上逐层推进"五会"能力培养和素养发展？
第二个问题：如何在教学过程中融入"五会"能力培养？
第三个问题：如何评价学生的"五会"能力目标实现情况？

2 课程设计

2.1 教学对象

教学对象为一年级非英语和艺体专业本科生，其整体上学习态度端正，接受新事物能力较强，思维活跃，能较快适应新的学习方式和教学模式，但是缺乏学习的内驱力和有效的学习策略，课堂上注意力持续时间较短。高考英语基本合格，位于《中国英语能力等级量表》语言能力三至四级，在语言知识和产出性技能方面较薄弱。

2.2 课程目标

大学英语课程教学目标对应国家和学校育人目标，在《大学英语教学指南（2020版）》中列出的课程总目标的要求下，以学生为中心，以英语学科核心素养为导向，注重培养学生的通识"五会"能力，从而落实立德树人的根本任务。在单元教学中，围绕目标实现，对教学内容、组织实施和多元评价进行整体规划。大学英语通识教育目标图，如图1所示。

图1　大学英语通识教育目标图

2.3　课程内容

课程内容对标课程目标构建基于话题以活动为中心的单元大概念体系，以"大学英语（一）"课程为例，包含单元预览与导入、精读与语法、段落写作、阅读技巧与泛读、文化对比与翻译、视听说六个板块。课程主题及内容，如图2所示。在语言目标的主线下融入思政育人线，构建以主题为统领，依托语篇，整合语言知识、文化知识、语言技能和学习策略的单元育人蓝图。课程配备在线资源包括微课、音视频、文档、图片、习题、课件、报刊、学习网站等。

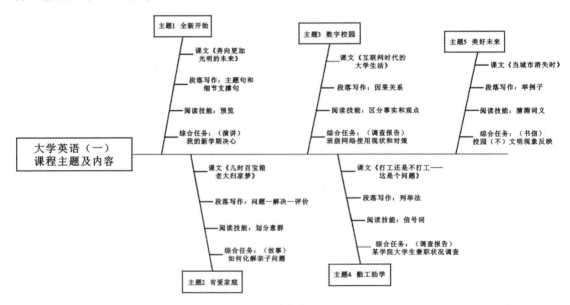

图2　课程主题及内容

每单元以综合任务为驱动，根据学情调整任务的难度和复杂度，选取输入材料，从观点、内容、语言、结构等方面为学生搭建支架，设计渐进多样的教学活动，有针对性地促进任务的完成。

2.4 教学方法

在教学过程中注重"五个结合"的教学策略。

一是读写结合。确定以培养写作能力为重点的单元目标，并将写作任务融入单元综合任务。以单元综合任务为出发点和落脚点，驱动学习兴趣，提供展示学习成果的机会。

二是学思结合。通过"问题链"引导学生探究单元语篇主题意义，在与教师、同伴和文本的不断互动中提升阅读微技能，感知理解重点语言知识，在循环递进的学习活动中促进语言与思维协同发展。

三是讲练结合。通过频次效应，对语言知识各个层面进行归纳讲解和反复练习；在语法教学上突出句法的使用意义，在语言实践活动中内化语法知识。

四是教学评结合。通过多种评价形式诊断学习情况，检测目标实现度，促进学习行为和学习过程中态度、情感等的发展；加强师生之间、学生之间评价信息的互动反馈。

五是课内外结合。课前，利用在线工具和平台发布通知、预习单和单元综合任务；课中，通过讲授与测练、师生互动等形式开展学习活动；课后，学生完成相应作业，并为单元综合任务做准备。教学流程示意图如图3所示。

图3 教学流程示意图

基于"五个结合"策略，采用"一讲二测三链"教学方法。教师主导重难点讲解，通过"前测"了解学生兴趣、诊断知识储备，通过"后测"检验学习成果。依据学习目标和认知层级建立"问题链"，做到问题环环相扣、层层深入；在大概念教学下设计"评价链"，在学习过程中体现评价类型和评价方法的多元化；注重教学环境中的"管理链"，包括班级制度的建立和班风的建设。

2.5 测评考核

课程测评考核成绩由过程考核成绩和终结性考核成绩构成，各占50%。其中，过程考核形式有考勤、作业、课堂表现、口语或在线学习，终结性考核形式为期末考试。作业包括词汇、语法、阅读、写作、翻译、单元综合任务等不同类型。在线学习包括在线课程任务点、在线讨论、在线互动、听力自主学习。各项成绩根据一个学期综合表现或完成质量评价。加大过程考核所占比例，打破"一考定成绩"的评定模式。

课程旨在构建多维度、全过程大学英语测评体系，强化形成性评价，明确评价目标，做好学习证据收集和解释，提供有效反馈。在课堂教学中采用多元评价方式和手段，关注教学的每个环节和过程，关注被评价的个体，反馈改进意见和建议，实现评价对教学的正面导向作用。学生必须主动学、认真学、重视学习过程，并随时接受过程考核的评价；教师必须关注教学过程中的评价，将形成性评价与结果性评价相互参照、有机结合、协调一致。

3 调研过程

3.1 问卷调查

在第一学期初，对2021级大一学生发放"大学英语通识课程学习现状和需求调查问卷"。该问卷由个人基本信息、学习现状和需求情况三部分构成。其中，个人基本信息包括性别和专业；学习现状包括课程满意度、学习目的、学习方式等；需求情况包括教学内容、教学方式、评价方式、拓展课程、第二课堂和大学英语通识教育目标等。最后回收有效问卷300份，其中男生130人（43%）、女生170人（57%）、理工类192人（64%）、非理工类108人（36%）。

大学英语本科课程历时两年，在第四学期末，对2021级大二学生发放"大学英语学习和测评情况调查问卷"。该问卷由个人基本信息、学习现状、学习态度和影响效果四部分构成。其中，学习现状包括对课程考核方式的认识和对各考核指标的完成情况，学习态度包括课程重要性、考核方式构成和比例、过程性考核的看法等，影响效果包括测评方式对学习和能力培养的影响。最后回收有效问卷430份，其中男生159人（37%）、女生271人（63%）。

3.2 结果与讨论

3.2.1 初期调查结果

课程满意度采用五级量表设计，包含4个题项，分别是重要性、态度、内容满意度和评价满意度，均值分别为4.44、3.97、4.07、4.02，因子载荷均大于0.7，克隆巴赫系数为0.775，信度质量较好。

就学习英语的目的而言，排在前三位的分别是满足级别考试、就业和提高自我修养和文化鉴赏力。对问卷Q9（你学习英语的目的是什么）的频数分析，如图4所示。其中满足级别考试频数百分比为82.39%，可见大多数学生学习英语的目的来自外在因素。

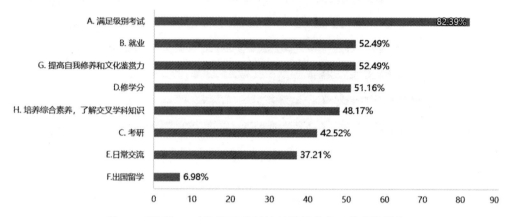

图4　对问卷Q9（你学习英语的目的是什么）的频数分析

在学习方式上，被调查学生对变量"你能积极参与任务（项目）式学习并与小组同学配合"的描述性分析结果（平均值为3.82）表明，被调查学生的态度介于"经常"与"能"之间。学生对合作学习持认可态度，可以在教学中继续尝试并发挥该方式对学习效果的积极作用。

在对大学英语通识教育需求情况的调查中，关于教学内容，被调查学生认为英语教材里应该加入不同类型的文章。按照频数比例，依次是实用类（77.41%）、人文类（56.81%）、专业类（48.84%）和科学类（43.85%）。

对于最欠缺的英语知识，近一半（46.51%）被调查学生认为是英语基础知识。对问卷Q22（你认为自己最欠缺的英语知识是下列哪类）的频数分析，如图5所示。这不仅说明学生英语基础相对薄弱，而且反映出学生在进入大学后仍然需要夯实英语基础和加强语言知识的学习。

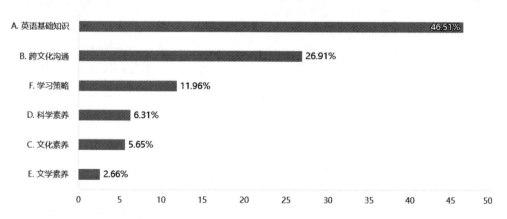

图5　对问卷Q22（你认为自己最欠缺的英语知识是下列哪类）的频数分析

形成性评价方式调查结果（见图6）表明，学生最喜欢的评价方式是自我评价（59.80%），其次是教师反馈（56.15%）、同伴评价（48.17%）和提问（47.18%）。形成性评价是大学英语教学评价的重要手段,对教与学的过程进行跟踪、监督和反馈。[4] 因此,大学英语教师应加强评价知识和技能的学习[5]。

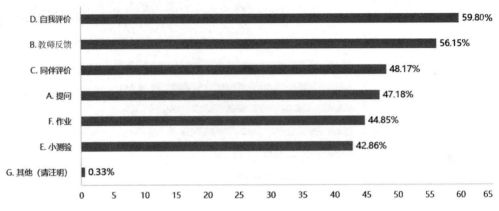

图 6 对 Q25（你比较喜欢的形成性评价方式有哪些）的频数分析

大学英语通识教育的主要目标重要程度排序,如表 1 所示。排在前两位的分别是"掌握英语语言知识""培养语言应用能力,学会用英语来做事、交流"。语言的工具性和人文性决定了语言教学需要承载多维度的目标,语言教学不仅要培养学生的综合语言能力,还要培养学生的思辨能力、跨文化交际能力、自主学习能力等。这些培养目标都非常重要,如果顾此失彼,尤其是忽略语言教学本身的目标,则会偏离语言教学的航向。[6]

表 1 大学英语通识教育的主要目标重要程度排序

选项	综合得分	排序
掌握英语语言知识	4.8	1
培养语言应用能力,学会用英语来做事、交流	4.15	2
提高学习英语的兴趣	3.98	3
帮助在重要考试（如四六级、考研等）中取得好成绩	3.26	4
培养文化意识,通过英语认识世界和本族文化	3.10	5
培养学习能力,学会自我管理,养成良好学习习惯	3.07	6
培养思维品质,提升逻辑性、批判性和创新性	2.94	7
提高综合文化素养,塑造健全人格	2.05	8

3.2.2 后期调查结果

学习现状包括课程考核方式的认识和对各考核指标的完成情况;学习态度包括对英语学习重要性、考核方式构成和比例、过程性考核的看法等;影响效果包括测评方式对学习和能力培养的影响。

在学习现状方面,被调查学生对过程考核的关注度非常高（94%）,并且对考核各指标的完成情况相当重视,会按时完成占 90% 以上,对于不能按时完成的情况会事后做积极的补救,例如作业（85%）、小测（95%）。63% 的被调查学生重视学习反馈并认真总结,从而评估和调整自己的学习策略。可见,恰当的过程性评价能够帮助学生养成学习策略和方法,提高学习的主动性。这一点也在对学习态度的调查中得到证实,50%的被调查学生对大学英语学习采取的态度是积极主动型,但是55%的学生没有明确的学习策略。教师还需要不断地引导和训练学生的学习策略,尤其是元认知策略、认知策略、记忆策略,以及基于数字技术的语言学习策略。

对大学英语形成性评价的作用调查结果(见图7)显示,大部分被调查学生认可"重视过程性学习"(80.93%)和"对学习导向和激励"(66.74%)。形成性评价的促学作用毋庸置疑,教师需要不断提高自身的评价能力和素养,更有效地发挥评价对教学的诊断、导向、激励等功能。

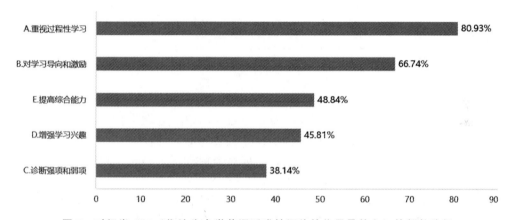

图7 对问卷Q22(你认为大学英语形成性评价的作用是什么)的频数分析

对测评效果的调查采用五级量表设计(见表2),包含8个题项,通过主成分分析提取两个公因子,均值分别为3.81、3.87,各题项因子载荷系数均大于0.9,KMO值大于0.8,克隆巴赫系数为0.93,信度质量较好。结果表明,被调查学生总体上较为认可测评对学习的促进和能力的提升作用。

表2 效度分析结果

名称	因子载荷系数	
	因子1	因子2
27. 你对大学英语课程成绩评定考核方式总体满意度	0.270	0.916
28. 我认为大学英语测评方式能促进我更好地学习	0.334	0.915
29. 我认为同伴评价、自我评价、反思等评价方式就是一种学习方式	0.324	0.911
30. 我认为大学英语测评方式能培养我会思考	0.937	0.123
31. 我认为大学英语测评方式能培养我会学习	0.937	0.154
32. 我认为大学英语测评方式能培养我会动手	0.941	0.132
33. 我认为大学英语测评方式能培养我会沟通	0.922	0.133
34. 我认为大学英语测评方式能培养我会生活	0.937	0.144

续表

名称	因子载荷系数	
	因子1	因子2
特征根值（旋转后）	4.658	2.600
方差解释率（旋转后）	58.23%	32.50%
累积方差解释率（旋转后）	58.23%	90.73%
KMO值	0.879	
巴特球形值	1028.44	
df	28	
p值	0	

3.2.3 讨论

通过两次调查发现，大学英语通识教育改革对课程建设起到了积极的推动作用，尤其是测评考核改革取得了较大成效，促进了学生"五会"能力的发展，研究者对大学英语通识教育课程设计也有了更明确的方向和依据。现对今后大学英语通识教育教学提出以下四条建议。

第一，确立总目标和细目标。没有目标，教学就没有重点，学生就没有方向。总目标为课程提供宏观指导，细目标则是看得见、摸得着的前进方向。[7] 根据本校学生的英语水平，应在大学英语课程总目标的基础上融入并逐级推进"五会"能力培养，把语言能力作为基础，以"会沟通"为驱动，以"会思考""会学习"为核心，在教学活动和任务中融入"会动手"，最终实现课程的通识"育人"功能，达到"会生活"的目标。

第二，合理使用教材。目前大学英语教材依据教育部课程标准或指南等纲领性文件，由遴选出的专家团队负责编写，在内容上能覆盖课程总目标。一线教师应充分利用教学材料，合理规划教学步骤，有效开展教学活动，引导学生实现语言能力、跨文化思辨能力、自主学习能力等多元能力的发展。

第三，创新教学方法。在教学过程中应积极使用任务式、合作式、项目式、探究式等教学方法，还应注重学生自主学习能力的培养，引导和帮助他们掌握学习策略，学会学习、学会反思。同时多吸收和借鉴我国特色外语教育理念和方法，如"产出导向法"[8]、"以续促学法"[9] 等，根据学情和班情针对特定教学环节采用"混合式协作学习"[10]、"师生合作评价"[11] 等。

第四，落实形成性评价。应细化形成性评价循环过程，教师在课堂上持续引出并解读学生的学习证据，动态考察学生课前、课中、课后学习状况；与学习目标进行对比，发现差距，向学生提供反馈，并采取后续行动，进而帮助学生实现更大的发展。

4 结语

通识课程是实现通识教育理念的主要载体和渠道，研究通识教育，课程是最重要的切入点。本研究在我国教育背景和相关政策的指导思想下，以本土化、本校化为原则，探索适合应用型大学的大学英语通识教育改革路径，以大学英语课程教学设计为切入点，从教学对象、课程目标、课程内容、教学方法和测评考核等方面进行路径探索并提供调查依据，帮助外语教师做好向通识教育实践者的转型，促进大学英语通识课程体系建设，为构建校本特色通识课程体系助推加力。本研究也存在不足，后期将推进数字技术和大学英语教学的融合，并应用数据分析模型进行质量分析。同时继续开展不同层次大学英语课程改革与建设项目，继续深化教学模式、课程内容、教学方法等方面的改革，向"以学生为中心"的学习范式转型，打造高阶性、创新性的"金课"。

参考文献

[1] 英语教育周刊.通识教育：外语专业教学的一把"双刃剑"[EB/OL].（2007-03-05）[2023-08-10]. https://paper.i21st.cn/m/story/29668.html.

[2] 哈佛委员会.哈佛通识教育红皮书[M].李曼丽,译.北京：北京大学出版社,2010.

[3] 苏芃,李曼丽.基于OBE理念,构建通识教育课程教学与评估体系——以清华大学为例[J].高等工程教育研究,2018（2）：129-135.

[4] 金艳.大学英语评价与测试的现状调查与改革方向[J].外语界,2020（5）：2-9.

[5] 教育部高等学校大学外语教学指导委员会.大学英语教学指南（2020版）[M].北京：高等教育出版社,2020.

[6] 张文娟.产出导向法理论应用的行动研究[M].北京：外语教学与研究出版社,2022.

[7] 文秋芳.《文献阅读与评价》课程的形成性评估：理论与实践[J].外语测试与教学,2011（3）：39-49.

[8] 文秋芳.构建"产出导向法"理论体系[J].外语教学与研究,2015,47（4）：547-558,640.

[9] 王初明.以"续"促学[J].现代外语,2016,39（6）：784-793,873.

[10] 彭绍东.从面对面的协作学习、计算机支持的协作学习到混合式协作学习[J].电化教育研究,2010（8）：42-50.

[11] 文秋芳."师生合作评价"："产出导向法"创设的新评价形式[J].外语界,2016（5）：37-43.

新工科背景下大数据专业人才培养模式研究与实践[①]

谢 逸[②] 夏 婷 梁梦凡

(武汉华夏理工学院 信息工程学院,湖北 武汉 430223)

摘 要

近年来,大数据专业发展迅速,人才需求旺盛。根据当前大数据专业人才培养的现状,结合新工科的需求,以及行业发展特点和需要,本文分析了民办高校大数据专业人才培养模式,以武汉华夏理工学院数据科学与大数据技术专业为例,从培养模式、课程体系、师资队伍建设、实践教学、创新创业、质量保障等方面总结了在新工科背景下大数据专业人才培养模式的实践情况。

关键词

新工科;人才培养;大数据;数据科学与大数据技术

引言

随着时代的发展和技术的进步,传统工科已经不能满足社会对人才的需求,为了适应时代的发展,新工科的概念应运而生。新工科是相对于传统工科教育发展的一种新思维、新方式。新工科源于新产业、新社会形态萌发的新需求,注重不同领域、不同层次、不同能力的人才培养。[1] 传统的人才培养模式刻意"划清"学科界线,过于看重"专"字,学校培养和社会需要严重脱节。[2] 而新工科恰恰以培养创新、创业、实践能力为目标,注重多学科交叉融合及产学研结合,因此成为当今高等教育发展的趋势。[3]

大数据技术作为新工科中的重要组成部分,近年来发展迅速,人才需求旺盛。《国务院关于印发促进大数据发展行动纲要的通知》(国发〔2015〕50号)中指出,要创新人才培养模式,建立健全多层次、多类型的大数据人才培养体系,鼓励高校设立数据科学和数据工程相关专业,重点培养专业化数据工程师等大数据专业人才。党的十九大报告提出,推动互联网、大数据、人工智能和实体经济深度融合。2019年政府工作报告也提出,要

[①] 基金项目:武汉华夏理工学院重点教研项目(名称:民办高校数据科学与大数据技术专业人才培养模式研究。编号:1803);武汉华夏理工学院新工科专业试点项目(名称:数据科学与大数据技术。编号:2022112)。

[②] 作者简介:谢逸(1980—),男,硕士,讲师,研究方向:人工智能,自然语言处理,大数据技术。

深化大数据、人工智能等研发应用，壮大数字经济。湖北作为科技教育大省，是我国推动实施国家大数据战略的重要基地之一。湖北省委省政府对大数据技术的重视有助于推动湖北省大数据产业的发展。创新大数据专业人才培养模式，对于提高人才培养质量、推动新工科发展具有重要的现实意义。

1 大数据专业人才培养的现状分析

人才培养质量是检验教育教学成果的主要标准。数据科学与大数据技术专业依据新工科专业建设的要求，努力为地方经济和产业发展服务，发挥与地方建设联系紧密的优势，以适应经济发展方式转变、服务区域经济和社会进步的迫切要求。在人才培养过程中存在以下问题，影响才培养质量。[4] 第一，处于专业起步阶段。校企合作模式和方法优势无法凸显，作为新兴工科专业，其专业建设处于起步阶段，校企双方作用无法有效发挥。如何更好地开展育人工作，是我们必须探究的问题。校企间需要搭建高效的协同合作架构，探索并实践多主体共建共管的运行机制，形成以培养新工科人才核心能力素养为目标的多主体协同育人模式。第二，新工科下的人才培养方案和课程设置不合理。数据科学与大数据技术专业是近年来新设立的专业，尚无对应的国家标准，目前的课程体系大多围绕专业体系设置，课程知识迭代慢，缺少跨学科课程，不符合跨学科人才培养的知识需求和新工科建设需求，滞后于市场和产业发展。需要从分析新工科人才应具备的知识与能力结构入手，理顺"新工科"知识能力达成和课程体系之间的对应关系，充分利用社会优质资源，构建适应市场需求的人才培养方案。第三，教学方法和模式有待改进。大数据专业的教学在部分高校仍然是以"你教我学"的传统教学方法为主，传统的教学方法和教学模式以教师为中心，注重"知识"传授，忽视了学生能力和素养的培养，学生缺乏主动构建知识的能力。新工科的建设要求以"学生为中心"，强调创新精神和实践动手能力的培养，需要转变教学理念，改进教学方法和模式。第四，师资队伍建设困境重重。如今的"校本"师资队伍中高职称人群年龄偏高，缺乏中青年带头人和骨干教师，学术型教师占比高，双师型教师占比低，真正双能型教师稀缺，具有工程背景的教师较为缺乏。第五，实践环节比例设置较低，内容陈旧。工科教育需要注重实践环节，包括实验、实习、设计等，帮助学生更好地理解和掌握工程知识和技能。但传统的实践环节缺乏学科交叉，验证性实验较多，设计性实验和综合性实验较少，学生参与创新创业活动积极性普遍不高，这些因素导致学生工程实践能力和创新能力不足，无法独立解决实际复杂工程问题。第六，评价机制不健全，持续改进无法落地。传统的评价机制侧重知识的考核，期末考试成为判定学生能力和素养的唯一标尺，缺少过程性考核。对于评价过程中出现的问题，没有真正将反馈结果用于教学内容的调整、教学方法和手段改革、教学效果提升和考核评价方式改进等培养体系过程中，导致人才培养效果没有得到明显提升。

2 大数据专业人才培养模式

可采取校企联合培养模式[5]，实现高校、企业资源的优势互补，坚持"理论学习＋工程实践+新技术应用"的高等工程应用型人才培养模式，注重学科的交叉与融合，注重实践和创新能力的培养，聚焦大数据系统运维、数据分析及其产品开发等紧缺人才的培养。校企联合培养模式是一种以培养学生的全面素质、综合能力与就业竞争能力为重点，利用学校与企业两种不同的教育环境和教育资源，将课堂教学与学生参加实践有机结合的方式。企业不仅作为学校的实习基地，同时参与研究和制定培养目标、教学计划、教学内容和培养方式，确立了紧密型关系。在校企双方紧密合作过程中，由于培养方案是校企双方共同制定的，学生在前期学习的过程中初步具备了顶岗生产的能力，同时学校让合作企业优先挑选、录用实习中表现出色的学生，使企业降低了人才培养方面的成本和风险，获得了实惠与利益。

2.1 构建"一体两翼四支撑"人才培养模式

基于数据科学与大数据技术应用型人才培养的目标和策略，构建"一体两翼四支撑"人才培养模式：以专业特色为主体，以"融合进阶工学交替"和"全素质链协同育人"为两翼，以"资源、方法、团队、质量保障机制"为支撑系统。"一体两翼四支撑"数据科学与大数据技术应用型人才培养模式，如图1所示。

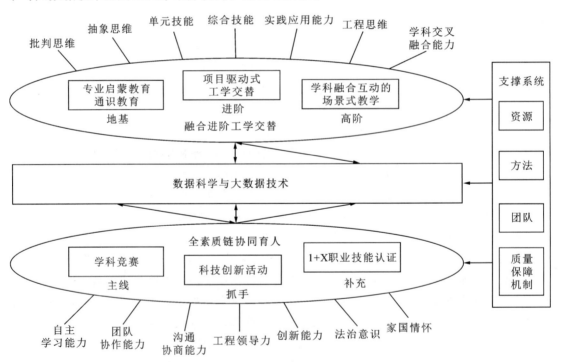

图1 "一体两翼四支撑"数据科学与大数据技术应用型人才培养模式

以专业特色为基础，打造地方政府、高校、行业协会、企业机构（简称"政校行企"）四位一体的协同育人平台，打破体制壁垒。专业技能是学生的核心竞争力，为实现人才培养和社会需求无缝对接，由专业建设委员会进行顶层设计，产教深度融合，制定学科交叉融合的进阶式工学交替人才培养方案，开展专业启蒙教育和跨学科通识教育，打好地基；项目驱动式工学交替，逐步进阶，将企业实际项目脱敏后按模块分解、整合到课程链中，建立"课程设计-小综合实训-大综合实训"不断线的项目驱动式教学体系，校企双方根据学习进度，采用"大学期＋小学期"的模式进行"双螺旋"工学交替；构建以综合素质培养为核心，以学科竞赛为主线，以科技创新活动为抓手，以1＋X职业技能认证为补充的全素质链第二课堂协同育人体系。

2.2 实行"开放、联合、协同"的运行机制

实行"开放、联合、协同"的运行机制，深化校企合作，探索校企合作新模式，大力促进本专业人才培养与产业链、创新链的有机衔接，构建面向产业的创新型工程人才培养体系，实现师资力量、教学平台等各类资源在产业与教育两大系统中的全面共享。

以专业建设委员会为中心，以各相关委员会为支撑，各个委员会和中心均由校企专家共同组建，形成共建共管组织架构。专业建设委员会，制定人才培养目标、质量标准、人才培养方案；选拔和审核任课教师；共同完成人才培养质量评价，强化意见反馈与结果考核，形成质量保障的闭环；教学指导委员会，校企合力打造师资队伍，根据课程类别组建多个工程教育课程组，定期开展课程建设研讨，确定教学大纲，依托企业真实项目，设计教学案例、制定教案、编撰教材等；工程实践指导中心，充分融合"政校行企"的优质资源，建设高水平大数据工程实践教育基地，规划和指导学生工程实践和双师型教师培养；竞赛指导委员会，合作举办或组织参与竞赛活动；产学研指导中心，负责搭建横向与纵向项目合作平台、指导学生创新项目、扶持创业等，"政校行企"合力面对行业发展带来的新问题、新挑战；创新创业俱乐部，负责学科竞赛的组织和策划、科技创新活动的管理和人才输送，制定和实施社团注册制度、活动申报制度、财务管理制度和考核激励制度等；职业发展指导中心，推行"学历证书＋若干职业技能等级证书"即1＋X证书制度。通过与专业建设委员会和教学指导委员会密切对接，将大数据职业技能标准融入学历教育，开展职业技能培训，并为学生设计"在校期间全程职业发展规划"。

2.3 将"工学交替"贯穿于人才培养的全过程

将"工学交替"贯穿于人才培养的全过程，明确数据科学与大数据技术专业人才培养目标和质量评价标准，形成完备的人才培养方案、融合进阶式课程体系，组建工程教育师资团队，完成人才培养质量评价，形成质量保障体系。在教学过程中，校企相互配合、紧密联系，构建学校和企业双元合作、共同推动、资源互补的有机整体。在教学工作中，学校和企业都要作为主体参与进来，充分发挥学校的理论知识教学优势和企业的职业技能及实践能力教学优势，增强企业定岗培训所需专业型人才的意识，提高企业和学校教育资源利用与互通的效率，完成企业和学校互惠互利的目标。学校和企业在专业人才培训以及课程体系安排上要共同完成，通过"工学交替"人才培养模式，不仅增加了企业的经济效益或者有利于企业的长远发展，还能增强学校对人才的培养力度和提高学校的办学质量。

以对接产业发展为先导，共建高水平工程实践教育基地，成立"竞赛指导委员会"和"产学研创新创业指导中心"，开展横向与纵向项目合作，成立项目孵化中心，推进"项目

驱动、工程训练贯穿、学研互动、德技并修"人才培养创新,切实提高学生的分析能力、动手能力和创新能力,从而真正实现人才培养全要素、全过程、全方位深度协作。

3 新工科背景下大数据专业人才培养实践

将课程内容与行业标准、生产流程等科学对接,采取校企联合培养模式,坚持"理论学习＋工程实践＋新技术应用"的新工科应用型人才培养模式,注重学科交叉融合,注重实践和创新能力培养,聚焦大数据系统运维、数据分析及产品开发等紧缺人才的培养。

3.1 落实立德树人根本任务

"十年树木,百年树人",专业课教师应把教书育人观念深植于心。教学生知识点容易,培养学生能力难,深入学生内心,培养学生价值观、人生观更难。

将思政教育贯穿到大数据技术全链条课程教学和实践中,在大数据相关课程中加大"信创"的教学与实践。在大数据技术架构中讲授华为云技术,在计算机操作系统课程中引入鸿蒙操作系统关键技术,在课程设计、综合实训、毕业设计中加大国产软件的使用比例,培养学生的家国情怀,增强学习使命感。通过修订培养方案来确定数据科学与大数据技术专业要培养什么样的专业人才(提出目标)、怎样培养(归于开设的课程),同时修订教学大纲,把课程思政的培养目标分解到每一门课程中,在教学大纲的课程知识培养中加入思想培养和能力培养。这些都有利于课程思政融入专业课教学。

3.2 构建不断更新迭代的课程体系

数据科学与大数据技术专业应注重培养学生的数据全生命周期管理(PLM)的能力,主要包括:数据采集能力,数据存储与管理能力,数据分析与处理能力,利用数据进行决策的能力,以及对数据的展现和可视化能力等。以"大数据认识→大数据采集与预处理→大数据存储管理→大数据挖掘与分析→大数据可视化→综合实践应用"为主线,组建通识教育、大数据技术、大数据管理理论与方法、大数据实践等四大类课程群,形成具有系统性的课程体系。

构建贴合社会需求的逐步进阶的专业理论课程体系、实践课程体系和创新创业体系(见图2)。注重通专融合、学科交叉,在公共基础课和专业群共享课中打通学院师资、共建共享课程资源。在实习实训中,引入智慧交通、智慧城市等企业综合性项目,大数据、计算机、软件工程、物联网等相关专业的学生组建项目团队,协同开发。让学生通过实验教学熟练掌握大数据相关技能,并且通过项目案例熟悉真实大数据处理流程。选取企业在金融、社会统计、生物医药等领域的项目加入到教学案例中,提升学科交叉融合能力。

注重"线上＋线下"混合式教学,优先在专业核心课程中进行在线开放课程建设,应用翻转课堂、混合学习等教学模式,依托各种网络教学平台,建设在线资源并开展线上教学活动,校企共同编写教材。

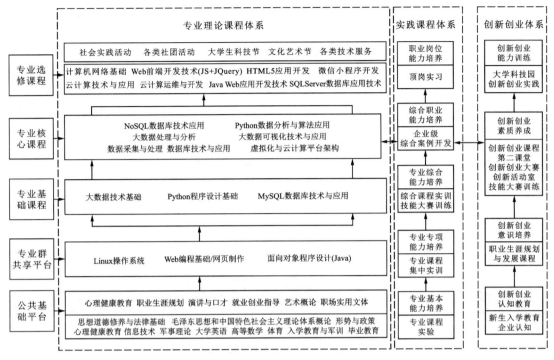

图 2　数据科学与大数据技术专业课程体系

3.3　产教融合校企合作，共筑创新创业平台

产教融合校企合作是一种重要的合作模式，通过学校和企业之间的紧密合作与协同，共同构建创新创业平台。学校和企业拥有丰富的资源，包括技术、人才、设备等。产教融合校企合作可以实现资源的共享，学校可以借助企业的技术和设备，提供更好的教学环境和培养平台，而企业也可以通过与学校合作，获得学校的专业知识和研究成果。产教融合校企合作可以为学生提供更多的实践机会。学生可以参与到企业的项目中，接触真实的商业环境和问题，提高解决问题的能力。同时，学生还可以通过与企业的合作，将所学的理论知识应用于实际情况，提升自己的专业素养和职业竞争力。产教融合校企合作可以为创新创业提供有力支持。学校和企业的合作可以促进科研成果的转化和商业化应用，推动创新技术和产品的发展。同时，通过与企业的合作，学校可以为学生提供创业孵化服务和创业资源，帮助他们实现创业梦想。

通过共同构建创新创业平台，可以为学生提供更好的实践机会和人才培养环境，促进创新创业的发展，推动产业升级和社会进步。

本专业按照工程逻辑构建模块化课程体系，将专业课程划分为多个专业方向或模块，将企业实际项目脱敏后按方向或模块分解、整合到各个课程的教学中。采用循序渐进的方式开展实践教学环节，建立"课程设计-小综合实训-大综合实训"不断线的项目驱动式教学体系。

校企双方根据学习进度,采用"大学期+小学期"的模式进行工学交替。将每个学期拆分为一大一小两个学期。大二阶段,经过3~4个月的大学期学习了一个模块的课程后,利用1~2个月的小学期,进行一次小综合实训,训练学生的单元技能。大三阶段,在学习了多个模块课程后,每学期利用1~2个月的小学期进行一次大综合实训,提升学生的综合技能。"融合进阶工学交替"人才培养方案,如图3所示。

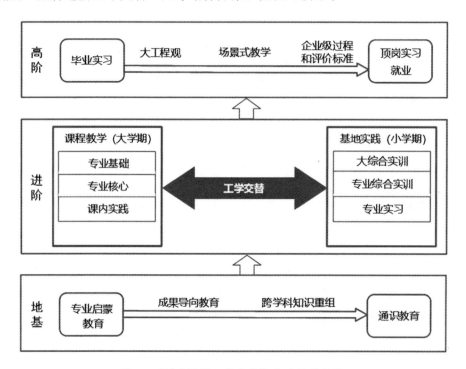

图3 "融合进阶工学交替"人才培养方案

构建以综合素质培养为核心,以学科竞赛为主线,以科技创新活动为抓手,以1+X职业技能认证为补充的全素质链第二课堂协同育人体系。

以创新创业俱乐部为载体,全员参与第二课堂,对学生进行分层分类培养。

以学科竞赛为主线。统筹规划参加各种竞赛活动,并联合"政校行企"举办竞赛活动。培养学生的团队协作能力、沟通协商能力和工程领导能力。

以科技创新活动为抓手。组建团队申报和开发各类创新创业计划项目,聘请有创新创业实践经验的企业家作为指导教师、创业一对一帮扶导师等,潜移默化地培养学生的创新能力、自主学习能力、法治意识等。

3.4 强化"双师双能"型教师队伍建设

强化"双师双能"型教师队伍建设,是提高教育质量和推动教育改革的重要举措。"双师双能"型教师指的是具备学科专业知识和教育教学能力的教师。本专业采取以下五项措施加强教师队伍建设。

第一项,加强继续教育。为在职教师提供持续的教育培训机会,使其能够不断更新自己的学科知识和教育教学方法,每学期定期选派一批教师参加各种技能培训班的学习,并取得对口的资格证书。

第二项,校企互聘。实行校企人才双向流动机制,企业优秀技术和管理人才到高校任教,开展了校企导师联合授课、联合指导,企业设常驻学校的教学管理导师、就业导师;高校教师到企业挂职实践,通过校企互聘的方式,使企业科研和学校教学互为补充,共同受益,逐步建成"双师双能型"教师培训基地。

第三项,建立良好的评价体系。建立全面客观的评价体系,对教师的学科知识和教学能力进行评估,并将其与晋升、奖励等挂钩。这有助于激发教师的积极性和主动性,促使他们提升自己的专业素质。

第四项,为教师提供资源支持。为教师提供必要的教学资源,包括教材、实验设备、科研经费等。这有助于教师开展创新教学活动和教育研究,提高他们的学科水平和教学能力。

第五项,建立合作交流平台。鼓励教师之间的合作交流,促进经验分享和教学互助。主要通过组织教研活动、开展教学观摩、建立在线社区等方式来实现。

3.5 构建工科专业内部质量保障体系

形成校企共建共管组织架构,共同审定人才培养方案、制定实习实训标准、审核任课教师资格等。建立线上线下同步运行的过程监控机制,分析学生能力素质与培养标准和行业需求的差距。若阶段性能力素质达成度不够或有外因扰动时,通过及时调整当前和之后的教学内容和形式,实时改进。实行"企业导师＋高校专业教师＋企业班主任＋高校辅导员＋职业导师"多维导师制,企业导师和高校专业教师共同负责课程育人、培养方案中专业技能项目的开展及实施,企业班主任和高校辅导员联合开展学生管理、心理健康教育、思想与价值引领,职业导师主要承担职业生涯规划、就业创业指导等。形成"一班级一导师团队"的保障机制。建立以就业单位和毕业生为主体的跟踪反馈机制,据此生成准确、立体的学生实际能力画像,比较学生的实际能力素质和期望能力素质指标,若匹配度不够,则调整教学环节,持续改进。双闭环质量保障机制,如图4所示。

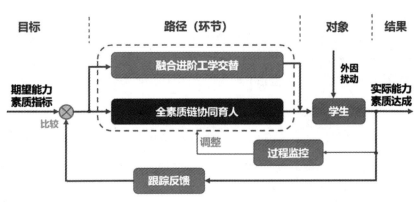

图 4 双闭环质量保障机制

4　结语

在新工科背景下，大数据专业人才培养模式研究与实践是非常重要的。探究如何培养出高素质的大数据专业人才，具有重要的现实意义。本文中的研究与实践主要围绕大数据专业人才培养模式展开，详细阐述了大数据行业的需求和挑战，结合学校的教育资源和实践条件，提出了一套切实可行的人才培养方案。

首先，以产教融合为契机，深化协同育人模式革新，推进"产学研"带动教学模式创新，积极引入企业教育资源，让学生能够及时了解本专业的社会需求变化以及就业方面的最新动态。在校企合作的实训过程中，通过企业级项目的开发，进一步锻炼学生将理论知识转化为实际应用的能力，以产业需求进一步促进教学与研究，为传统工科专业的改革及其他新工科专业的建设和发展提供思路和示范。在人才培养模式研究与实践中，注重实际应用与产学研结合的方式。通过与企业和科研机构的合作，学生能够接触到真实的大数据项目和实际情境，提高他们的实践能力并增强他们的就业竞争力。

其次，明确了大数据专业人才应具备的基本能力和核心技术。主要包括数据采集能力、数据存储与管理能力、数据处理与分析能力、数据挖掘与机器学习技术、数据库管理能力和云计算技术等。基于这些能力和技术，笔者设计了一系列的课程设置和实践环节，以培养学生的实际操作能力和问题解决能力。

最后，强调跨学科和团队合作的重要性。大数据行业的发展需要多学科的知识和技能的融合，同时需要团队合作来解决复杂问题。因此，笔者构建了跨学科合作机制，鼓励学生参与到实际的项目中，并通过团队合作来完成任务。

总之，新工科背景下大数据专业人才培养模式研究与实践是一项具有重要意义的工作。通过本次研究与实践，笔者对大数据专业人才的培养模式有了更深入的理解，并提出了一套切实可行的培养方案。希望这些研究成果能够对相关领域的教育改革和人才培养工作起到积极的推动作用。

参考文献

[1] 张鹏，张晖，杨学南. 新工科背景下地方院校大数据专业人才培养探索与实践[J]. 当代教育实践与教学研究，2019（23）：202-204.

[2] 罗福强，熊永福. 基于CDIO的云计算与大数据专业人才培养方案[J]. 计算机教育，2015（1）：52-56.

[3] 孙宁，李鹏，毛伟民，等. 新工科背景下自动化人才培养的探索与实践[J]. 科技风，2021（28）：146-148.

[4] 达列雄，李薇，陈涛，等. 新工科背景下计算机类"融通"人才培养模式[J]. 计算机教育，2023（9）：6-9.

[5] 王莹. 大数据技术专业人才培养中的校企合作模式实践研究[J]. 黑龙江科学，2022，13（3）：50-51.

"1+X"培养的网络实践教学平台特色研究[①]

田夏利[②]　熊莹

(武汉华夏理工学院 信息工程学院，湖北 武汉 430223)

摘　要

　　在人工智能、大数据、云计算广泛应用的互联网时代，高素质应用型人才培养已经成为高等院校关注的重点，而将多维度职业技能培养模式应用到专业教育之中为高等教育带来了新变化。本文以计算机网络课程为基础，研究"1+X"多维度职业技能培养（简称"1+X"培养）的网络实践教学平台建设，鼓励学生在进行学历教育的同时，获取多种职业技能证书。探讨课程与社会价值目标深度结合的育人全过程，将知识传授与思想引领相结合，培养有理想有信念、能奋斗敢担当、高素质的复合技能型专业人才。

关键词

　　职业技能；网络实践教学；"1+X"人才培养；教学；研究

引言

　　2019年，国务院、教育部等部门连续印发《国家职业教育改革实施方案》《关于在院校实施"学历证书+若干职业技能等级证书"制度试点方案》等文件，提出职业院校及应用型高校"1+X"的教育模式，鼓励学生在取得学历证书的同时，获取多种职业技能证书，培养具有执着的信念、优良的品德、丰富的知识、过硬的本领的复合型技能人才。

　　现代社会，网络已经渗透到生活的每一个角落，"计算机网络"作为一门专业课程，主要讲述网络的发展情况、网络体系结构及各层相关协议和技术等内容。而"1+X"多维度职业技能培养模式在学历教育中嵌入职业技能培训，使学生在获得学历的同时还获得与其专业门类相匹配或跨专业门类的技能，为学生职业生涯的可持续性发展开拓新思路，是服务于国家需要、市场需求和提升学生就业能力的更全面、更具个性化创新的教育教学模式。

[①] 基金项目：湖北高校省级教学研究项目（名称：基于"1+X"的多维度职业技能培养的网络实践教学平台研究与应用。编号：2021519）。

[②] 田夏利（1973—　），男，硕士，副教授，高级工程师，全国高等学校计算机教育研究会理事，研究方向：计算机网络及网络安全，计算机通信。

人才的培养有不同的层面，包括价值观的塑造、知识的传授、能力的培养，其中价值观的塑造应该放在人才培养最高、最重要的层面。在知识传授和能力培养之中融入价值观的塑造，立德树人、育人育心。"计算机网络"课程与"1＋X"培养相结合的网络实践教学平台，以高素质应用型人才培养为目标，有机融入课程思政教育，实现知识传授与价值引领相结合的特色化培养路径，把育人育心贯穿到人才培养的全过程，有助于学生塑造正确的世界观、人生观和价值观，培养有理想有信念、能奋斗敢担当的时代新人。

1 "1＋X"培养的网络实践教学平台培养目标

当前网络已经渗透到生活的每一个角落，网络空间成为人类生产生活的新空间，大数据、云计算、人工智能的发展，需要人们更好地把握网络安全的规律和本质，加强网络文明建设，净化网络生态，形成凝心聚力、风清气正的网络空间，筑牢国家网络安全屏障，不断增强网络强国的软实力。计算机网络作为一门专业课程，主要讲述网络的发展情况、网络体系结构及各层相关协议和技术等内容。通过课程学习及实训环节教学，使学生能够系统地了解计算机网络的发展和体系结构；熟悉数据通信的基本原理和方法；理解并掌握TCP/IP各层的功能、工作原理和主要协议；熟悉网络安全研究的内容和方法；掌握计算机网络的概念、原理，解决网络系统设计、组网、分析、管理等技术问题，为未来向网络技术的深度和广度发展奠定必要的基础。其先修课程为"程序设计基础""计算机组成原理""计算机操作系统"等课程，后续教学包括"Linux高级编程""网络信息安全"等课程及专业综合实训、毕业设计等实践环节。在课程教学中，着重培养学生的辩证思维能力，树立理论联系实际的优良学风，提高学生分析问题、解决问题的能力。

"计算机网络"专业课程与以培养高素质应用型人才为目标的"1＋X"多维度职业技能培养模式相结合，使学生在接受专业培养的同时可以实现职业技能的学习，在获得学历的同时还能获得与其专业门类相匹配或跨专业门类的技能，综合素质得以提升；给予学生提前接触和了解现实社会对专业需求的情况，从而激发当前的学习；这种模式是更全面，更具个性化的创新教育教学模式。根据专业培养目标要求，在能力培养的过程中注重价值观的塑造，使学生在获得知识和技能的同时，还能充分利用知识、技能、态度和价值观来应对复杂的需求。"1＋X"网络实践教学平台人才培养目标研究，如表1所示。

表1 "1＋X"网络实践教学平台人才培养目标研究

多维度职业技能培养		能力目标	价值目标
计算机网络实训	网络常用工具的使用	1. 掌握T568A和T568B双绞线的制作方法。 2. 掌握常用网络工具的命令模式及使用方法；网络组建、配置、监视、测试、分析、评价和控制技术	1. 制作符合应用标准的通信连接线，培养学生的工匠精神。 2. 掌握网络测试工具的使用，践行理论联系实际的理念，学以致用

续表

多维度职业技能培养		能力目标	价值目标
计算机网络实训	数据链路层-交换机的基本配置	掌握交换机的管理特性，熟悉交换机配置常用的几种命令模式和基本命令；了解计算机局域网的组网方法	1. 实现网络通信，需要网络设备遵循各种通信协议，生活中也需要遵守各项规章制度。 2. 网络强国需要硬件设施过硬的技术能力
	网络层-路由器的基本配置	1. 掌握IP路由原理和基本命令（静态路由及动态路由），掌握子网划分的基本方法。 2. 掌握VLAN技术，IP路由表的建立和维护	1. 路由协议原理与实验配置，思考如何选择最适合自己的道路来实现人生自我价值。 2. ICMP协议原理，通过收集站点数据、延时等各种信息，综合分析网络实际状态。在面临人生抉择时，不要只关注结果，而是要关注过程，还有途径
	应用层-设置和使用FTP（WEB、DNS等）服务端	1. 了解应用层协议的基本原理和概念，掌握设置和使用应用层（WEB/FTP/DNS）服务器和客户端。 2. 分析各协议的工作过程，掌握网站发布的一般方法	1. 介绍与应用层紧密相关的数据爬虫技术和秘钥技术，禁止攻击、破坏、干扰网站；禁止非法获取、篡改、买卖数据；通过钓鱼网站、电信诈骗等案例引导学生在网络购物、网上支付、朋友圈等方面要注意个人信息安全，培养学生遵守网络的相关法律法规。 2. 域名服务器是互联网世界的道路交通导航系统，理解域名系统结构，帮助学生以辩证的、战略的思维理解网络域名服务对于国家信息安全的重要意义。 3. 从IPv4发展到IPv6，互联网发展迈入了一个新阶段。标准就是话语权，掌握国际标准的制定权，就相当于掌握了游戏规则。我国在IPv6和5G技术上均走在世界前列，引导学生发奋图强，敢于担当

续表

多维度职业技能培养		能力目标	价值目标
计算机网络实训	网络安全实验-ACL	1. 掌握网络安全领域中的基本概念，分解网络安全要达到的目标，掌握加密文件系统的特点与方法。 2. 掌握基于 IP 访问控制列表的设计方法	1. 通过配置实验掌握访问控制列表的原理，掌握基本网络安全理念。没有网络安全就没有国家安全，没有信息化就没有现代化。 2. 网络安全为人民，网络安全靠人民，努力提高学生的网络安全意识，遵守网络空间的法律法规，树立正确的网络安全观[1]
综合类实训项目	IP 数据报头模拟分析程序/海明码的计算/模拟实现 CRC 校验算法/异位密码算法的模拟实现/子网的划分模拟程序	1. 通过设计，编写计算机程序模拟网络通信的某些功能，使学生理解并掌握网络通信系统的基本工作原理及工作过程。 2. 使理论知识得到验证，并且能够了解网络应用系统开发的方法、步骤、细节，提高动手能力。 3. 使学生经历网络应用系统开发且经历一次综合训练，以便能较全面地理解、掌握和综合运用所学的知识，在实践中培养分析问题和解决问题的能力	1. 通过网络编程实践（课程设计），理解并掌握 TCP/IP 层次模型，共同完成通信应用程序的开发，培养学生严谨认真、不畏困难的精神和团队合作精神。[2] 2. 通过网络数据传输原理求证实验，进行网络安全法律法规教育，树立正确的网络安全观。网络技术在物联网、云计算、电子商务、智能城市、大数据分析中的应用，特别是华为 5G 技术的推广应用，让学生充分感受到祖国科学技术的快速发展，厚植家国情怀，增强民族自豪感
技能及证书类	计算机等级考试/软考及各类计算机专业考试/学科竞赛/网络系统建设与运维能力认证/智能计算平台应用开发技能认证	1. 掌握对系统的需求分析、规划设计、部署实施、测评、运行维护等实际应用能力。 2. 培养学生动手能力和实际问题解决能力。 3. 学会网络设计、硬件安装、网络调测、故障处理、网络优化。 4. 掌握系统管理调测、数据采集处理、机器学习基础算法建模	1. 独立思考、团结协作、创新意识、敢于担当、抓住机遇、合作能力、实践能力、自主创新。 2. 规则意识、法治意识、责任意识、网络安全意识

2 "1+X"培养的网络实践教学平台教学研究

"1+X"培养的网络实践教学平台不仅要求在教学中优化人才培养目标，变革教学模式，重组教学机制，还要综合运用课堂、实训、网络等个性化、多元化的教学方式，充分发挥学生的积极性、主动性，激发学生的学习兴趣。

"1+X"培养的网络实践教学平台以学生为主体，注重个性化教学。在教学过程中充分引导学生，发挥学生的主观能动性，通过对原有知识的整合迁移、对新知识逐步理解掌握到灵活运用，逐步培养学生对新知识的建构能力。[3]针对行业企业对人才的需求和学生个人职业生涯发展需求，强调教育教学对接产业需求、课程内容对接职业标准、教学过程对接生产过程。根据学生的学习能力和证书的个性化需要，有针对性地开展课堂及网络教学，通过参加学科竞赛项目如华为ICT大赛、"新华三杯"全国大学生数字技术大赛、全国高校计算机能力挑战赛、中国高校计算机大赛（C4）等竞赛，提高实战能力和综合能力，通过程序员、计算机等级考试、华为"网络系统建设与运维"和"智能计算平台应用开发"等相关职业认证，构建"平台＋专业技能＋高阶"模块化专业课程教育体系，通过整合多方资源，弥补传统单一课堂教学的不足，通过知识的传授和价值的引领有机融合，贯穿育人思维，满足学生的个性化发展需求，实现深度学习，全面提高学生核心素养。今年我校已经成功举办和参加计算机类竞赛8场，参加学生150余人次，获得多项省级、国家级奖项。例如：华为ICT大赛，获省赛三等奖2项；"新华三杯"全国大学生数字技术大赛，获省赛三等奖3项；全国高校计算机能力挑战赛，获区域赛一等奖12项、二等奖11项、三等奖9项，决赛获一等奖2项、二等奖5项、三等奖4项；大学生数字技能应用大赛，获二等奖1项、三等奖2项、优秀奖2项。积极鼓励低年级学生提前参加各类专业学科竞赛，了解专业知识的应用领域，通过一系列的课堂与实践相结合，逐渐总结出一套因材施教、自定节奏的教学新模式。例如：在全国高校计算机能力挑战赛中获得office高级应用赛奖项的学生，可以申请免考"计算机基础"课程；获程序设计赛道奖项的学生，可以申请免考相应的"程序设计"课程。

3 "1+X"实践教学平台思政育人特色

借助网络实践教学平台，将课程思政融入"1+X"多维度人才培养，充分挖掘专业知识背后的逻辑、精神、思想、价值等，重点围绕政治认同、家国情怀、文化素养、法治意识、道德修养，重点针对教学内容如何激发学生兴趣，教学方法如何因材施教，在按照传统方式讲解科学原理和方程公式的基础上，把科学的世界观、方法论教育与专业课润物细无声地结合起来，提升专业课程的育人水准。

3.1 育人目标特色

将"爱国意识教育""网络强国战略""网络安全教育""工匠精神教育""职业素养教

育"等思政内容融入到授课过程中,结合国家科教兴国战略,计算机网络行业发展,国家及行业需求,学生个性发展、能力提升等需求,展开教学设计,培养具有实际动手能力、创新意识的高素质应用型人才。课程思政育人目标,如图1所示。

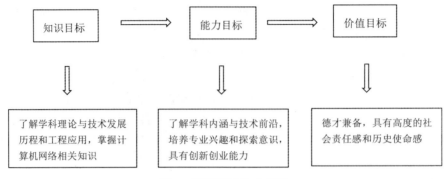

图 1 课程思政育人目标

3.2 课程思政育人特色的研究

3.2.1 建设高水平的师资力量

专业课教师,不仅要有良好的专业技术水平和较强的学术及科研能力,还要有新时代的大视野、大格局,了解行业及相关企业的人才需求,主动承担起为党育人、为国育才的时代重任。在把专业知识传授好的同时,还需要立德育人,加强自省,提高个人的师德修养,有效利用课堂这个教育平台,既传播知识、传授技能,又传播思想、传播真理,通过自身的言行给予学生潜移默化的影响。在教育过程中不断提高学生的思想水平、政治觉悟、道德品质、文化素养,增强网络安全意识,让学生成为德才兼备的应用型技术人才[4]。

3.2.2 构建课程思政教育价值体系

"1+X"培养的网络实践教学平台从家国情怀、人文素养和科学精神三个方面构建课程思政教育价值体系,与人才培养方案有机融合;把握教师、课程、教学三个关键要素,深化课程思政内涵建设,着力提升教师课程思政的意识与能力,强化课程建设及教材管理,着力推动课堂教学方式创新;在教学过程中融入计算机网络的新技术、新规范、新标准,服务社会的道德观念和业务素养,将专业知识、职业技能、核心素养有机融合,培养学生解决复杂问题的综合能力和高阶思维能力;课程内容强调贴合工程实际,培养学生科学思维方法和工程伦理素养,做到学、思、用贯通,知、信、行统一;教学内容体现网络学科的时代性与先进性,将前沿科研成果引入课程,优化教学方法,积极推进现代信息技术与教学深度融合,采用线上线下结合的方式,借助小组讨论、案例解析、资料收集、实践操作等形式引导学生进行探究式与个性化学习。

首先,结合计算机网络课程明确思政元素以及融入点,将专业应用技能和思政元素充分融合到专业人才培养方案中,以基础课、专业课为框架,全方位将思政元素融入到专业教学、综合实训、学科竞赛、职业认证等环节中。采用顶层设计，遵循总线控制原则。其次，设置专业课程思政目标，在专业教学、实践教学环节中挖掘与思政元素的"结合点""切入点"，将大国重器之原理、社会生活之利器、工业生产之前沿中的专业理论知识传授给学生，将知识目标体系里蕴含的价值观传递给学生，引领学生完成多维度职业技能和职业精神的塑造，实现知识技能传授与价值引领的双赢效果。"1＋X"培养的网络实践教学平台课程思政教育价值体系，如图 2 所示。

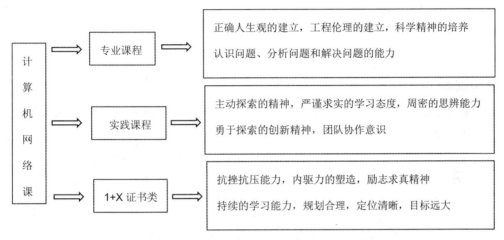

图 2 "1＋X"培养的网络实践教学平台课程思政教育价值体系

3.2.3 制定科学的评价体系

实现全课程育人、全过程育人、全方位育人还需要制定合理的评价体系，用科学的评价提升专业课程教学效果，综合采用过程评价、动态评价、结果评价等方式，把学生成长、成才的规律和情况充分、及时地反映出来。课程考核包括平时过程考核和期末考核，其中平时过程考核分别来自线上和线下学习过程的综合性考量，结合了学生学习过程中的课后作业、实训报告、章节测试、小组研讨、作品展示、互动问答等，关注学生学习参与度、表现度，以及学生的思维、逻辑、观点输出等。[5]

注重过程评价的实际意义，通过合理设定各项考核评价标准和权重，体现"思政素养＋专业素养＋能力素养"的学生多元评价导向。思政考核主要体现在平时的过程考核中，包括学习态度、学习积极性、独立思考能力、主动探索精神等方面。专业素养考核主要体现在学习能力、知识掌握程度、归纳总结能力、分析与解决问题能力等方面。素养考核主要体现在实践能力、创新能力、团队协作能力、可持续发展能力等方面。重视细节，逐层考察，将客观量化评价与责任意识、敬业精神等素质结合起来，制定出更为系统、全面的评价指标，实现课程中知识传授与价值引领的紧密结合，使学生努力学习、突破自我、激发内在潜力，从而实现自我成长和能力提升。[6]

4 结语

未来，高校会逐步打破校内学习和校外工作的界限，或者两者交替进行。学生的学习将逐步过渡到重知识强能力的过程。学生通过掌握逻辑思辨能力、社会调查能力、数理分析能力、有效沟通能力等，根据自身的需求将知识和技能进行灵活组合，实现专业技术能力的提升、知识的深度构建，从而进一步获得可持续发展的能力。而"1＋X"培养的网络实践教学平台符合未来教育的发展方向，是应用型高校提高人才培养质量、畅通人才发展渠道的创新教育；秉承立德树人、知行合一和理论联系实际的育人理念，增强人才培养的针对性和适应性以及职业发展的可持续性，培养高素质高技术人才；把课程思政融入专业课程建设，引导学生内外兼修，立大志、明大德、成大材，从而培养出具有坚定理想信念、能担当民族复兴大任的时代新人。

参考文献

[1] 熊师洵，张登银，陈梦婷，等．计算机网络课上—课下多元协同课程思政教学探索［J］．软件导刊，2023，22（3）：207-211.

[2] 万良田，王菲，孙璐，等．"高级计算机网络"课程思政方案设计与研究［J］．教育教学论坛，2022（52）：138-142.

[3] 毋建军．"1＋X"证书制度背景下的专业课程思政建设路径与方法研究［J］．吉林工程技术师范学院学报．2022，38（3）：18-20.

[4] 丁琳，谭敏生，谭邦．基于混合式教学的计算机网络课程思政建设［J］．计算机教育，2022（9）：77-80.

[5] 张彦斌，林萍．课程思政在"计算机网络实验"课程中的探索与实践［J］．教育教学论坛，2022（16）：90-94.

[6] 姚秋艳，景秀眉．课程思政与1＋X证书制度协同育人的价值耦合及实施路径——以网络安全类职业技能等级证书为例［J］．武汉冶金管理干部学院学报，2022，32（2）：73-76.

智慧学习环境中外语学习者体验度的影响因素研究[①]

陈丹丹[②]　刘　沛

（武汉华夏理工学院 外国语学院，湖北 武汉 430223）

摘　要

　　本文采用问卷调查法分析智慧学习环境下，外语学习者学习体验度的影响因素。学习体验度包括学习空间、信息技术和教学法三个维度。研究结果表明：信息技术维度对学习体验度的影响最大，对外语学习者而言，智慧教室对听力的提高最有帮助，因此有效提高外语学习者的学习体验度需要更有效地利用信息技术，打造强交互性的外语智慧实验室，以促进学生听、说、读、写、译等技能的深度学习。

关键词

　　智慧教室；外语学习；学习体验度

引言

　　在全球信息化背景下，教育部于 2018 年正式提出了《教育信息化 2.0 行动计划》，旨在全面推行教育现代化，开启智能教育时代。为了实现教育信息化目标，许多高校已从数字化教育建设阶段转入以智慧教室和智慧校园建设为标志的智慧教育阶段。作为教学环境的新形态，智慧教室和智慧学习平台成了教育领域的研究热点。智慧教室和智慧学习平台构成了智慧学习环境，是信息技术与教育教学深度融合过程中的产物，是实现教育信息化的具体途径与方法。

　　目前，我国外语教学仍然是以传统的多媒体课堂教学为主。传统的多媒体课堂教学模式是指在传统的课堂教学中，主要以传统黑板和投影幕布相结合的方法开展多媒体课堂教学。教师通常是课堂教学的中心，以教学内容为向导，通过训练和练习来驱动课堂教学，师生之间，生生之间的互动较少。2021 年教育部发布的《普通高等学校本科英语类专业教学指南》指出，在外语教育发展的新时代，外语教学旨在培养具备家国情怀、国际视

[①] 基金项目：湖北省教育科学规划 2021 年度重点课题（名称：智慧学习环境中外语教学模式构建与应用研究。编号：2021GA069）阶段性成果。

[②] 作者简介：陈丹丹（1984—　），女，硕士，副教授，研究方向：翻译与口译。

野、沟通能力和人文素养的复合型外语人才。由此可见，为了适应国家战略发展和全球化发展趋势，新时代的外语人才除了需要具备扎实的语言功底外，还需要具备良好的德育素质、综合素质以及创新思维能力。这也意味着传统的单向性、缺少互动的外语课堂教学模式已经无法满足新时代多元人才的培养要求，智慧教室和智慧学习平台的出现适应了"互联网+教学"时代的发展需求，为变革传统外语课堂模式提供了新思路。[1]

1　研究目的

体验的概念起源于哲学，之后逐渐成为心理学的研究热点。[1] 杨俊锋将学习体验定义为学习者在正式或非正式学习场景中的主观感受[2]。李宁将智慧教室学习体验界定为以学习者自身在智慧教室中的亲身经历为中心，经过学习者反复的实践和活动，最终形成的对智慧教室物理环境、智慧教室教学法、智慧教室信息技术的感知、情感和态度。[3] 胡永斌、黄荣怀对"体验"的相关术语进行了梳理，将智慧学习环境的学习体验界定为学习者对智慧学习环境、学习活动和学习支持服务等学习过程中涉及的诸多教学要素的感知、反应和行为表现，他们以刺激对象为依据，将智慧学习环境学习体验的构成要素归纳为信息技术（自然客观对象）、学习空间（人造客观对象）和教学法（主观对象）等三类刺激物带来的体验。[4] 徐晶晶等认为，智慧教室中学习体验的三个层面为感知、交互和绩效，分别对应学习空间、信息技术和教学法三个维度。[5] 以上哪一个维度对学习体验的影响最大？教室是师生教学的主要场所与重要依托，技术丰富的教学环境会直接影响学习者的学习体验度和学习效果。[6] 基于智慧环境学习体验度的构成要素（学习空间、信息技术和教学法），本研究利用问卷调查法，研究智慧教室环境下外语学习者体验度的影响因素，旨在发现智慧教室在外语教学应用中的实际效果，进一步发现智慧教室在支撑外语教学实施中存在的问题，优化智慧学习环境建设，改善外语专业教师的教学方法，提高外语专业课程的教学效果。

2　研究方法

问卷调查法是目前广泛使用的一种实证研究方法，本研究以智慧学习环境学习体验的构成维度及内涵为依据，在各个维度分别设置相应的题目，编制了智慧学习环境中外语学习体验量表，研究发放一次问卷，以武汉华夏理工学院商务英语专业的 100 名学生为调查对象并收集分析数据。智慧学习环境中外语学习体验量表共发放 100 份，其中回收有效问卷 99 份，回收率为 99%。

依据智慧学习环境学习体验各维度的内涵，研究者编写了各维度的题项，最终确定各维度的题项数量为：学习空间 4 题、信息技术 2 题、教学法 6 题。利用 SPSSAU 计算出整个问卷的克隆巴赫系数为 0.825，高于 0.8，综合说明数据信度质量较高。使用 KMO 和 Bartlett 检验 KMO 值为 0.717，说明研究数据适合提取信息，问卷效度较好。智慧学习环境调查研究的维度及题项（局部），如表 1 所示。

表 1 智慧学习环境调查研究的维度及题项（局部）

层面	维度	题项
感知层面	学习空间	在智慧学习环境中，你认为比较理想的上课人数是多少？
	学习空间	相比传统教学，你认为智慧学习环境最突出的特点是什么？（单选）
	学习空间	根据你的学习体验，请对智慧教室的整体环境进行评分
	学习空间	针对智慧教室的整体环境，让你比较满意的是：（可多选）
交互层面	信息技术	根据你的学习体验，你赞同以下哪一种说法？ A. 听力 B. 语法 C. 翻译 D. 阅读 E. 写作
	信息技术	针对教师在智慧学习环境下的授课情况，你认为：（单选）
绩效层面	教学法	针对外语学习，你认为智慧学习环境的优势是什么？（可多选）
	教学法	在外语学习中，你认为智慧学习环境对于以下哪一项的提高最有帮助？（单选）
	教学法	根据你的学习体验，请对智慧学习环境中教师的授课情况进行评分
	教学法	根据你的学习经验，请对自己的课堂参与度进行评分
	教学法	根据你的学习经验，你认为智慧学习环境下教师的授课方式有哪些变化？（可多选）
	教学法	在智慧学习环境中，你的学习情况发生了哪些变化？

3 影响学习者体验的因素解析

为了研究学习空间、信息技术和教学法对学习体验的影响，特选取了影响学习者体验的维度及选项，如表 2 所示。

表 2 影响学习者体验的维度及选项

层面	维度	子维度	选项
感知层面	学习空间	物理环境	每张桌子均配有麦克风
		座位布局	以小组为单位的桌椅布置
交互层面	信息技术	设备获取	网速很快
		资源获取	开展练习和实践的平台很强大，不再局限于课堂
			各种教学平台可以自如切换
		内容呈现	语言学习内容更具高阶性，呈现方式更有趣
			投屏形式更灵活更直观
			主屏幕的各种小工具便于演示
		人人交互	课堂活动更丰富，尤其是小组活动的效果更好
		人机交互	改变了传统的作业模式，采用了更多电子作业的形式

续表

层面	维度	子维度	选项
绩效层面	教学法	学习方式	自主学习能力有提高
			从教师主导课堂，转变为学生主导课堂，开展了探究式学习
		教学方式	学习过程更加灵活，可以按照自己的节奏进行适当调整
			教师在课上讲授的部分变少了，课堂活动更多了
		学习支持	提供了更加个性化的学习模式，能及时提供帮助和指导

利用SPSSAU软件对影响学习者体验因素进行权重分析，结果如图1所示。

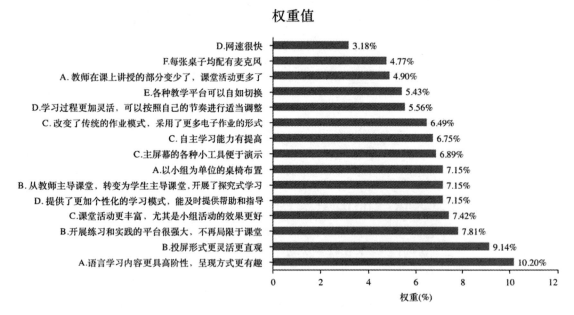

图1 SPSSAU对影响学习者体验因素的权重分析

根据图1显示，"语言学习内容更具高阶性，呈现方式更有趣"这一选项占比最高，达到了10.20%。这项数据说明交互层面中的信息技术对智慧环境中外语学习者体验度影响最大，内容呈现最大限度地决定了外语学习者的体验感。

4 研究结论与建议

4.1 研究结论

4.1.1 感知层面

对于本研究的外语学习者而言，智慧教室、语音室和互联网被认为是智慧学习环境中较重要的组成部分，而 MOOC、翻转课堂和 U Class 的应用相对较少。这项结果说明了智慧教室是智慧学习的主要载体，学生对智慧教室的期望值较高。但 MOOC、翻转课堂和 U Class 并未有效地被学习者感知。

4.1.2 交互层面

本研究中的大部分外语学习者学生认为课上应该使用手机，这说明手机是智慧学习环境中重要的学习工具。

研究还发现，投屏形式更灵活更直观是智慧教室中最受欢迎的特点，其次是以小组为单位的桌椅布置和主屏幕的各种小工具便于演示。各种教学平台可以自如切换和每张桌子均配有麦克风，也是一些人比较满意的特点。因此，交互层面中，内容呈现是影响学习体验的重要因素。

4.1.3 绩效层面

研究结果显示，大部分教师能够充分利用智慧教室的资源，并且教学设计合理新颖。少部分教师在使用智慧教室资源方面还存在一定的限制。教师的多样化授课方式和丰富的教学内容、手段成为智慧学习环境较突出的特点。同时，教室环境的高级设备和课堂氛围的活跃互动也是智慧学习环境的重要特点。但评估体系的完善相对较少被提及。在智慧学习环境下，教师的授课方式发生了较大的变化，更注重学生的参与和互动，倾向于学生主导课堂和开展探究式学习，采用更多电子作业形式，提供个性化的学习模式。这些变化有助于提高学生的学习效果和兴趣。

对于学生而言，智慧学习环境对学生的学习情况产生了积极的影响，包括提高课堂参与度、改善作业完成情况、增强自主学习能力、提高学习效果以及增加对课程和教师的喜欢程度。

学生认为智慧学习环境可以提供更加灵活的学习过程，可以按照自己的节奏进行适当调整。这对于满足学生个体差异和学习需求及提高学习效果具有积极的影响。

4.2 研究建议

本研究问卷中，共有 99 人参与了对智慧教室整体环境的评分。其中，31.31% 的人选择了选项 A，表示非常满意；48.48% 的人选择了选项 B，表示比较满意；20.21% 的人选择了选项 C，表示一般满意。而选项 D 和选项 E 的选择人数均为 0，表示没有人选择不太满意和非常不满意的选项。综合来看，大部分人对智慧教室的整体环境感到满意，其中比较满意的人数最多。这说明智慧教室在整体环境方面得到了较高的评价，但仍有一部分人对其环境感到一般满意。

根据学习者的反馈数据，对智慧学习环境中教师的授课情况进行评分，结果如下：大部分学习者对智慧学习环境中教师的授课情况持较为满意的态度，其中比较满意的比例最高，达到了 48.48%。然而，也有一部分学习者对教师的授课情况持一般态度，占比 14.14%。

需要进一步了解学习者对教师授课的具体需求和意见，以便提升教学质量和满足学习者的学习需求。

课堂参与度的评分结果显示，31.31％的人选择了"非常积极"，45.46％的人选择了"比较积极"，22.22％的人选择了"一般"，1.01％的人选择了"不太积极"，没有人选择"非常不积极"。可见，大多数人对自己的课堂参与度持积极态度，其中以"比较积极"为最多。

综上所述，虽然智慧教室为教师和学生提供了智慧教学环境，能够帮助教师更高效地呈现授课内容，实现教学目标，促进学生的有效学习，提高学习的主动性和学习绩效，但是仍不能完全满足学生个性化的学习需求。本研究根据目前存在的问题，从以下三个方面提出学习体验度提升的建议。

第一，学习空间方面。智慧教室是教学活动的主要场所，然而智慧教室数量有限，课时安排紧凑，教师和学生无法利用闲暇时间进入智慧教室了解智慧教室的功能设置，对智慧教室的感知易用性较低。因此，提供智慧教室开放日，有必要给予教师和学生熟悉智慧环境中硬件和软件的机会、组织课前培训。

第二，信息技术方面。目前大部分投入使用的智慧教室是利用物联网技术、云计算技术构建的新型教室。引领第四次工业革命的人工智能等技术还没有被完全应用于智慧教室，人机交互并没有本质意义上的实现。只有将人工智能技术应用于智慧环境，只有让机器听得懂"人话"，为人服务，才能真正实现教育技术的创新，让教师更轻松地教学，学生更有效地学习。

本研究结果显示，对于外语学习者而言，智慧学习环境对听力的提高最有帮助，其次是翻译、阅读、语法和写作。可以看出，听力是外语学习中最受智慧学习环境影响的方面。而其他方面的技能并没有得到有效的提升。原因在于现有智慧教室与专业无相关性。提升外语学习者的学习绩效，必须利用技术，为语言教学的听、说、读、写、译提供必要支撑。[7] 例如打造虚拟仿真实验室、3D情景交互训练系统、可视化外语教学系统等。

第三，教师数字素养方面。2022年，教育部为提升教师利用数字技术优化、创新和变革教育教学活动的意识、能力和责任，研制并发布了《教师数字素养》标准，这标志着当前教师发展要求更加强调和聚焦于数字素养。[8] 只有教师的数字素养提高了，才能在教学中使用数字资源，展开教育实践和创新。所以，学校应定期开展信息化教学技能培训，提升教师的信息技术教学能力，引导学生积极开展小组合作学习，充分调动学生的学习热情，促进深度学习的发生。

参考文献

[1] Englbert，M，Carruthers P. Descriptive experience sampling：what is it good for？[J]. Journal of Consciousness Studies，2011，18（1）：130-149.

[2] 杨俊锋. 技术促进学习的课堂环境评测与优化 [J]. 电化教育研究，2016，37（12）：99-105.

[3] 李宁. 智慧学习环境中学习者满意度研究 [D]. 太原：山西师范大学，2019.

［4］胡永斌，黄荣怀．智慧学习环境的学习体验：定义、要素与量表开发［J］．电化教育研究，2016，37（12）：67-73．

［5］徐晶晶，田阳，高步云，等．智慧教室中基于学习体验的学习者满意度研究［J］．现代教育技术，2018，28（9）：40-46．

［6］Whiteside A L，Brooks D C，Walker J D．Making the case for space：three years of empirical research on learning environments［J］．Educause Quarterly，2010（3）：1-17．

［7］贾巍，陈建国．基于智慧校园的外语教学环境建设研究［J］．软件导刊（教育技术），2017，16（10）：61-63．

［8］吴砥，桂徐君，周驰，等．教师数字素养：内涵、标准与评价［J］．电化教育研究，2023，44（8）：108-114，128．

新时代高校"以体育人"的价值意蕴与实施进路研究

吴 飞

(武汉华夏理工学院 体育学院,湖北 武汉 430223)

摘 要

高校体育承载着民族复兴、青年成长的强大精神动力和健康保障,蕴含着深层的育人内涵和独特的育人价值。本文运用文献分析、田野调查法对"以体育人"现有研究与实践成果进行梳理分析,运用跨学科研究法进行多学科理论交叉研究,运用实证研究法总结高校"以体育人"工作推进现状。在理论上,对高校"以体育人"的内涵做出框定,对其生成逻辑、价值引领进行辨析,并归纳"以体育人"的主要范围、特征;在实践上,针对实施"以体育人"面临的主要问题,提出了构建高校"以体育人"的结构体系与有效育人机制,旨在为高校体育高质量发展提供理论依据,厘清内涵、搭建体系机制,并付诸具体实践。

关键词

关键词:新时代;高校体育;"以体育人";育人价值;育人路径

引言

习近平总书记在全国教育大会上发表重要讲话,要求高校体育坚持立德树人目标,彻底改革教育评价体系,尽快补齐教育短板,以"享受乐趣、增强体质、健全人格、锤炼意志"四位一体为改革目标,让体育成为健全人格和锤炼意志的重要途径。习近平总书记的讲话明确了高校体育价值意蕴、教学改革方向及体育育人目标。在新发展阶段,高校体育具有不可推卸的时代使命,高校体育是一流大学建设的重要基石和校园文化载体之一,也是新时代我国大学培养全面发展人才的手段之一。中共中央办公厅、国务院办公厅印发了《关于全面加强和改进新时代学校体育工作的意见》,指出,学校体育是实现立德树人根本任务、提升学生综合素质的基础性工程,是加快推进教育现代化、建设教育强国和体育强国的重要工作。实施"健康中国"战略,推进"体育强国"建设,已经成为新时代体育事

---

① 基金项目:湖北省教学改革研究项目(编号:2022516);湖北省教学改革研究项目(编号:2023572);武汉华夏理工学院教学改革研究项目(编号:2209);武汉华夏理工学院教学改革研究项目(编号:2309)。

② 作者简介:吴飞(1983—),女,硕士,副教授,研究方向:体育教育与训练。

业的发展主题,而高校体育是我国体育事业的坚实基础和发展重点,回顾新中国成立以来高校体育的发展历程,高校体育教育的目标定位始终与国家的发展方向同向同行。在新发展阶段,体育教育目标从新中国成立之初"增强体质、能够劳动、保家卫国"的能力要求,逐渐向"享受乐趣、增强体质、健全人格、锤炼意志"的素质要求转变。在新发展观的引领下,高校"以体育人"研究将在价值引领、结构体系以及"三全育人"等方面展开,特别是对"以体育人"的内在机理和推进策略急需进行融合性研究,以培养社会主义高素质青年人才。

1 新时代高校体育的价值意蕴

立德树人为本的体育教育新理念,既是体育回归教育本体的哲学高度论述,也是新时代高校体育教育改革发展的根本政治方向和课程思政化的基本价值导向。[1] 高校以立德树人为教育的根本任务,"五育"是基础。体育教育是高校的底色教育,在高校人才培养中占据重要地位,并在应用型人才培养中具备一定的适切性。体育以育体、育德、育心为根本,进而实现"享受乐趣、增强体质、健全人格、锤炼意志"的素质要求,充分发挥高校体育的育人功能,助力高校体育更好地贯彻立德树人根本任务。

1.1 底色、红色、本色、成色四色并育的价值意蕴

高校是健康知识、健康理念的传播者和倡导者,也是健康教育、体育教育的组织者和实施者。高校体育对民族复兴和青年成长发挥着重要促进作用,具有较深层的育人价值内核。[2] 新时代高校体育"以体育人"的价值意蕴主要体现在其育人四色,即做强底色、点亮红色、坚守本色、再添成色。

1.1.1 为育人做强底色

体育是每所高校的基础教育,亦是底色教育,从体育课堂到体育课外活动、体育社团、体育运动竞赛及校园体育文化,无不是高校体育教学中不可或缺的一部分。大学体育课程作为一门必修课,在高等教育中作为通识教育凸显教育底色。高校体育作为学校的底色教育有助于充分发挥高校体育在全员、全程、全方位育人过程中的重要作用,对助力高校体育更好地落实立德树人根本任务具有积极作用。

1.1.2 为育人点亮红色

体育课程思政为高校培养担当民族复兴大任的时代新人奠定根基。正确认识体育在德智体美劳完整的知识体系中该有的价值,明确体育在全面发展教育中的作用,是学校开展其他教育领域的基础。[3] 体育课程思政是新时代高校思想政治教育体系新探索,但并非重新赋予了体育课程新功能。思想政治教育从始至终就存在于体育教学全过程,为育人点亮红色。体育课程思政弘扬自强不息、勇于拼搏的民族精神,彰显家国情怀、人文素养。"野蛮其体魄,文明其精神",即是对体育育人独特作用的诠释。

1.1.3 为育人坚守本色

体育的本色就是以身体练习为主要手段,锻炼身体,增强体质,促进人的全面发展,为社会发展服务。增强体质、增进健康、享受乐趣自始至终都是体育的主要功能。高校在育人过程中始终发挥着体育的身心调节功能,在提升学生身体素质和心理健康上坚守本色,帮助当代大学生筑牢身心健康基础,引导学生快乐健康地学习与生活。

1.1.4 为育人再添成色

新时代体育教学创新新发展阶段高校育人机制,以体育为载体,帮助学生实现从单一的强身健体向健全人格塑造的转变,帮助大学生树立爱锻炼、会锻炼、勤锻炼、重规则、乐分享的行为习惯,培育新发展阶段大学生会学习、会生活、会沟通、会思考、会动手的"五会"能力。深化高校大学体育课程改革,重塑高校体育课程内容,改革教学模式,完善评价机制,通过"活化学练""脑体兼动""寓体于心",以实现育体、育德、育心的大学体育育人新局面。

1.2 育体、育德、育心三阶互融的价值意蕴

1.2.1 以体育体,提升身体素质

增强体质是体育育人的基石,健康的体魄是高校人才培养的基础与根本。高校体育教育对学生的学习、生活、情感、升学、就业和人际交往都具有良好的促进和调节作用。体育教学最基本的目标就是教会学生各种体育技能和方法,并引导学生养成良好的锻炼习惯,提升学生身体素质,使其具有强健的体魄。具体表现为通过体育运动可以促进身体发展、提升身体素质、改善健康水平,对增强体质,提升心肺功能、耐力水平、身体协调能力等方面都有显著作用。

1.2.2 以体育德,塑造良好品德

体育有其独特的育人特性,课程思政是高校人才培养课程体系建设的新命题,承担着培养高素质人才的历史使命。将显性教育与隐性教育相融合,通过讲好体育故事、传播体育文化、体验体育赛事、学习体育楷模,进而弘扬体育精神,提高学生的人格修养,立德修身,充分发挥和增强高校体育思政育人的功能。具体表现为,通过体育可对学生进行情感启迪、道德指引、品格塑造,培养其顽强拼搏、坚强不屈、超越自我的体育精神;让学生了解中国体育奋斗史,树立体育强国的理想信念和责任,形成遵守规则、诚信自律和公平公正的道德规范;培养相互尊重、团结合作的思想意识并形成正确的胜负观。

1.2.3 以体育心,强化思想导向

高校体育不仅能够使学生学到知识、掌握技能、强身健体、提升素养,还能够引领学生通过切身锻炼明晰体育运动的价值取向,树立正确的健康观、价值观,弘扬中华体育精

神，增强社会责任感和爱国主义情怀。同时，还能启智育美，促进大脑发育，推动智力发展，优化技能习得，改善思维，提升记忆力、注意力和观察力，养成健康的体魄、优美的姿态、得体的装束、和谐的节奏。高校在人才培养的过程中，要充分发挥"以体育人"的思想引导功能，坚持育人导向，注重思想引领，在言传身教和体育实践中，引导教育学生正确认识和理解体育运动的价值取向和思想内涵，引领学生自觉投身于和谐社会建设、乡村振兴建设，用实际行动诠释健康的意义所在。

2　新时代高校"以体育人"实施进路

本文以高校体育课程思政为逻辑起点，重点对高校体育课程思政学理阐述、育人现状与问题、育人效果评价体系构建、育人机制及践行路径等方面内容进行研究，以科学诠释体育课程思政的内涵、学理，拓展课程思政的理论研究深度；梳理体育课程思政推进中的困扰、障碍，明晰解决问题的方法、措施；提出课程思政推进策略与践行路径，构建体育课程思政的效益评价体系。

2.1　新时代高校体育课程思政学理阐述

高校体育课程思政建设是体育教学与体育活动将思想政治教育贯穿于高校人才培养体系的理念、任务、方法和过程的总和，是高校体育落实立德树人要求的基础工程。体育课程思政建设进程中要实现高校体育"修体"与"修德"的兼顾、"精技"与"明德"的互融、"健体"与"践德"的互通。要建立体育课程德育共同体，确保学生的身体素养培育与思想教育协调同步进行；突出体育课程思政顶层设计与学校德育协同效应的一致性；强化体育课程思政引领学生体育学科核心素养的培育导向和进程。在立德树人要求的指引下，使体育课程思政的理论内涵和底蕴更加丰富，实践的范式和形态更加完善，推动体育课程思政建设结构的实践性和操作性更加符合体育课程改革的需要。[4]

高校体育课程思政的学理是"以体育人"的理论基础和逻辑指引，具体内容包括：第一，剖析当代在校大学生的思想特征，以及新时代背景下大学生思想政治教育的具体要求，阐明新发展理念、课程思政、体育课程思政等概念的内涵，阐释高校体育课程思政的学理、价值引领、生成逻辑，解析高校体育课程思政与思政教育协同发展的关系；第二，探究高校体育课程思政与思政课程协同发展的过程、机制，构建高校体育课程思政的结构体系，探索高校体育课程思政的育人机制与践行路径。

2.2　新时代高校体育发展制约因素

通过对高校体育课程思政开展情况进行调查研究，基于对实施现状的剖析和对已有文献资料的梳理，明晰我国高校体育课程思政的现状、高校体育课程思政的推进情况与面临的主要问题。

新时代高校体育发展受到一些因素的影响与制约。一是高校体育课程建设缺乏新理念，传统体育教学具有"重体轻育"的局限性。二是教师教学过程中缺乏新活力。由于教师对教学环境的隐性教育作用重视不够，教师实施的多是常规性的教学活动，学生的学习过程则相对被动和机械，尤其是一些体育技术动作的一招一式更是经久不变，容易让学生成为被动学习与训练的"机器"，很难实现学生在个人意志力、体育情感、健康信念等方面素质的有效培养。[5] 三是学生参与体育教学活动缺乏新动力。部分学生参与体育运动还是处于被动状态，由于对身体健康认识不足或因学习任务过重而缺乏参与运动的动力，体育课程仅以修满学分为目标。四是师生关系欠融洽，缺乏"新"纽带。学生受传统观点的影响，仍把体育课程当作一门副科，课后与体育教师缺乏交流和沟通，应拓宽师生交流平台和渠道。

对新时代高校体育内涵式发展现实困境的破解之道，一是创新思路，融入新文科、跨学科及终身体育的新理念；二是推陈出新，结合校园体育赛事发展，调动教师积极性，提升教师职业成就感；三是积极引导，丰富课程内容，完善高校大学体育课程评价机制；四是共情理解，多接纳、巧沟通，促进师生关系良性互动与发展。

新时代高校体育课程改革的优化研究要立足国情，突出体育人文精神的重塑和培养；突出特色，注重学科之间的交叉融合；着眼本校，寻求教育方式和学习方法的革新；面向未来，打造问题导向型的体育人才培养模式。从育人目标的设定到现实困境的分析、优化路径的遵循机制，为体育课程改革创新提供了有效依据。高校体育课程改革优化路径如图1所示。

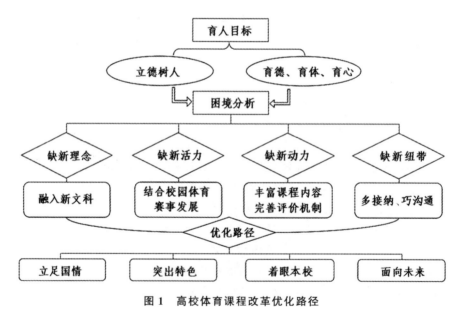

图 1 高校体育课程改革优化路径

2.3 高校体育课程育人效果评价体系构建

高校体育课程育人效果评价体系构建要考虑以下因素：一是选择、设计高校体育课程思政效果评价方法，通过德尔菲法筛选出一系列指标，遵循动态、层次性原则对其进行分层，建立多级指标，并结合专家赋分确定权重，建立评价方法体系；二是合理设计体育课程思政效果评价指标体系，包括学校层面和教师层面，内容涵盖顶层设计、实践平台、联动部门、评价维度、质量保障和成果产出等多个维度。

育人效果往往缺乏科学系统的评价体系，学生参与体育教学活动是多维度的，体育教学活动也不仅仅局限于体育教学单位，因此对评价体系也应多维度、跨部门进行设定。可以通过实验对比不同育人方法、育人模式、育人策略所达成的育人效果，构建高校"以体育人"效果的五维五联评价体系。"五维"即从体育课堂教学效果、大学生身体素质测试成绩、学生运动竞赛成绩、大学生心理健康水平测评、校园体育活动开展情况五个维度进行量化评价；"五联"即体育学院（或体育课部）、大学生体质健康测试中心、大学生心理健康咨询中心、校团委、学生工作部五部门联动，对"以体育人"效果进行综合评价。三平台一体化育人模式及五维五联评价体系架构，如图2所示。

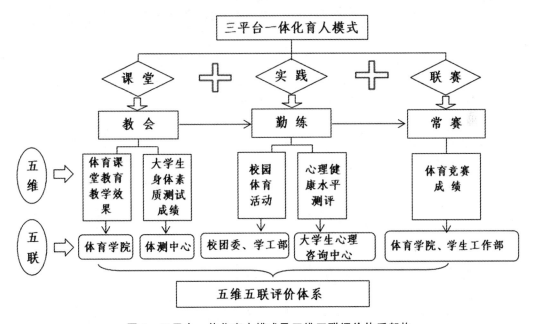

图 2　三平台一体化育人模式及五维五联评价体系架构

2.4　高校体育课程思政的育人机制

主要是框定高校体育课程思政的内容、挖掘体育课程思政新元素。具体包括：第一，体育课程思政的研究范畴、具体实施内容；第二，体育课程思政的案例设计原则与基本构思；第三，体育课程思政的结构特点与教学模式。

2.4.1　体育课程思政内容

体育课程思政内容的提炼可从家国情怀、体育精神、规则意识和健全人格等维度入手。从社会责任、体育文化、时代精神、国情观念等方面升华学生的家国情怀；从坚持不懈、吃苦耐劳、勇于拼搏、努力超越等方面升华体育精神；从尊重对手、公平竞争、诚实守信、行为习惯等方面培养规则意识；从意志品质、创新意识、协作意识、耐挫能力等方面健全人格。

2.4.2 体育课程思政元素的挖掘

体育课程思政元素的挖掘，即是在体育课堂中通过教学活动各环节的设计来带领学生解读体育精神的显性教育和隐性教育相融合的过程。应主要从以下几个方面进行体育课程思政元素的挖掘。

（1）从核心素养挖掘。

通过言传进行显性教育，从历史教育到当今教育、从社会层面上升到国家层面、从文件解读到个人体验等方面增加课程的知识性、人文性、引领性、时代性和开放性，以不同元素丰富体育课堂，让学生享受课堂乐趣；通过身教进行显性教育，引导学生养成勇于探索的创新精神、善于解决问题的实践能力，并注重学思结合、知行统一。

（2）从课程内容挖掘。

通过课外健康跑、发展第二课堂激发学生崇尚体育、热爱体育，享受终身锻炼的乐趣，达到增强学生体质的目的。体育教学本身也有着天然的美育功效，通过言传身教来提升学生审美素养，陶冶情操，温润心灵，激发创新能力。

（3）从课程设计挖掘。

树立健康第一的教育理念，用红色教育、奥林匹克体育精神教育作为隐性教育在潜移默化中坚定学生的理想信念，注重爱国主义教育和传统文化教育，培养学生顽强拼搏、勇敢坚定的自我信念，激发学生提升民族自豪感及社会责任感，锤炼学生意志。通过信息技术法，利用"体育课程在线开放课程平台"建立线上思政教育案例资源库，发布紧扣育人主题的微视频，给予学生思想上的冲击。

2.5 高校体育课程思政育人的践行路径

基于我国高校体育课程思政的目标任务及要求，从思想政治教育和体育融合的思路提出高校体育课程思政的实现路径：第一，建立高校体育课程思政育人组织保障体系，打破单一的组织保障机制，完善协同育人机制；第二，丰富和完善高校体育教学在育人内容上的不同途径和举措，加强高校体育思政课程推进力度；第三，促进体育课程思政教学新方案的设计，加强体育课程思政保障措施的落实，推动体育教学模式改革与管理方式创新。

2.5.1 高校体育教学组织保障体系

新时代高校体育教学组织保障体系主要应从高校体育工作组织领导、体育师资队伍建设、体育场馆设施建设、体育工作激励机制建设、体育工作质量监测等五个方面进行调查研究，查漏补缺，以确保高校体育教学组织保障体系的制度化和完整性，为高校"以体育人"提供有力支持和创造良好环境。

2.5.2 "三练四学五赛"的育人实践平台

新时代高校体育教学在育人内容上可通过不同途径和举措得以完善和丰富，结合国情、校情，通过理论与实践相结合的方法，运用教学变量、教育评价等系列方法与举措，帮助教师掌握现代教育理念、丰富教学手段、提升教学效果。例如：以开展"三练"为基础，提高训练强度，"三练"即早晨练、课堂练、课后练；以组织"四学"为核心，提升核心素养，"四学"即学习体育精神、学习体育理论知识、学习体育基本技能、学习体育专项运动技能；以参加"五赛"为驱动，拓宽交流展示平台，"五赛"即以班赛、校赛、市赛、省赛、国赛为一体的五级联动竞赛体系。从而构建"课堂＋联赛＋实践"三平台一体化体育综合改革实践育人模式，实现"以体育人"，落实立德树人。

2.5.3 "双融双循"的体育课程思政新模式

新时代背景下，信息技术高速发展，教育教学也进入了信息化时代。在体育教学中探索实践"一引一用一融"的思政方法，构建"线上线下双融合、课内课外双循环"的思政模式。"一引一用一融"的课程思政融入法，即妙引自身实例、善用社会热点、巧融体育明星，发挥体育之天然育人功效，将思政元素有机融入教学。"线上线下双融合、课内课外双循环"（简称"双融双循"）的思政育人模式，即以线下教学为主、线上教学为辅的教学模式，将体育思政元素与教学内容进行矩阵对应，思政育人元素贯穿于课内课外、线上线下。

3 结语

新时代高校"以体育人"实施进路应主要侧重于以下几个方面。一是加强顶层设计，明确内涵发展。以立德树人理念与高校大学体育内涵发展为逻辑起点，探讨高校大学体育的内涵发展与改革走向，深研"教会、勤练、常赛"三阶目标，共探"五育"推进实施进路。二是丰富育人内容，变革教学方式。以开展"三练"为基础，提高训练强度；以组织"四学"为核心，提升核心素养；以参加"五赛"为驱动，拓宽交流展示平台。三是完善教学评价，提高教学质量。构建高校"以体育人"效果的"五维五联"评价体系，从体育课堂教育教学效果、大学生身体素质测试成绩、学生运动竞赛成绩、大学生心理健康水平测评、校园体育活动开展情况五个维度进行量化评价；体育学院（或体育课部）、大学生体质健康测试中心、大学生心理健康咨询中心、校团委、学生工作部五部门联动，对"以体育人"效果进行综合评价。

参考文献

[1] 布特，李佼慕，闵思成. 新时代立德树人体育教育新理念的哲学内涵与时代价值[J]. 北京体育大学学报，2022，45（6）：96-107.

[2] 冯刚，陈飞. 新时代高校体育的育人蕴涵与实现路径[J]. 中国高等教育，2020（12）：25-27.

[3] 赵心炜. 立德树人视域下高校体育课程思政建设内涵、价值与实现路径[J]. 体育文化导刊，2021（11）：98-103.

[4]赵学富,陈蔚,王杰."立德树人"视域下体育课程思政建设的五重维度及实践路向研究[J].武汉体育学院学报,2020,54(4):80-86.

[5]袁威.高校体育的育人功能及育人环境构建策略[J].教育理论与实践,2020,40(15):62-64.